평생교육실습론

LIFELONG EDUCATION PRACTICE THEORY

조현구 · 김미자 · 박란정 · 박수용 · 양정옥 공저

학지사

머리말

    21세기의 현대사회에는 정보와 기술의 급격한 변화와 발전으로 인한 제4차 산업혁명의 물결이 사람의 삶의 질을 혁신적으로 변화시키고 있다. 현대의학의 발전은 평균 수명을 증가시키고 있으며, 인간다운 삶을 영위하기 위하여 평생교육, 평생학습은 시대적인 요청이 되었다. 평생학습사회에서 평생교육사의 역할은 단순히 기능적 역할이 아닌 주체적인 평생학습자로서 교육을 통해 생산성을 높이는 데 있다.

    평생교육사 현장실습은 평생교육 전공자들이 학교에서 배운 이론과 기술을 현장에 적용해 봄으로써 예비 평생교육사로서의 자기 역량을 키우고 진로 분야 선택의 기회를 갖는 중요한 과정이다. 그래서 평생교육사의 양성을 위한 현장실습은 아무리 강조를 해도 지나치지 않다.

    2018년 「평생교육법」이 개정되면서 평생교육실습은 필수과목에 포함되었고, 실습시간도 160시간으로 늘었다. 뿐만 아니라 이론 강의 후 현장에서 4주간의 실습을 체험하도록 강화되었다. 평생교육실습은 평생교육사가 되기 위해서 꼭 필요한 과목이 된 것이다.

    이 책은 모두 12개 장으로 구성되어 있으며, 그 주요 내용은 다음과 같다.

    제1장 평생교육사에 대한 이해와 제2장 평생교육기관 인력은 박수용 박사가, 제4장 평생교육사 현장실습기관과 제5장 평생교육사 현장실습의 이해는 김미자 박사가 집필하였다. 제8장 평생교육사 현장실습기관에서의 실습 진행과정은 양정옥 박사가, 제9장 평생교육사 현장실습일지 작성과 제10장 평생교육사 현장실습 실무는 박란정 박사가 집필하였다. 그리고 제3장 평생교육사의 자격제도 운영, 제6장 평생교육사 현장실습을 위한 준비과정, 제7장 평생교육사 양성기관에서의 실습 진행과

정, 제11장 평생교육사의 의사소통은 조현구 박사가 집필하였다.

이 책의 저자들은 대학에서 강의를 하거나 평생교육 현장실습을 담당하는 평생교육 전공 박사들이다. 평생교육사 양성기관과 실습기관, 평생교육기관이 상생의 협력관계를 형성하도록 돕고, 현장실습과정에서 실습지도자와 실습생이 겪는 어려움을 해결하는 데 조금이나마 보탬이 되고자 공동집필을 하였다. 평생교육현장에서 강의하는 교수와 현장실습에 임하는 예비 평생교육사, 실습기관과 실습기관 지도자 그리고 평생교육기관과 평생교육사에게 이 책이 도움이 되기를 바란다. 집필상 부족한 부분과 한계점 등에 대하여 아낌없는 충고를 바라며, 독자 여러분의 많은 관심과 격려를 부탁드린다.

끝으로 이 책을 추천해 주신 온정적 합리주의 평생교육박사회와 출판을 위해 아낌없는 지원을 해 주신 학지사 김진환 사장님 그리고 편집부 이영민 과장님에게 깊은 감사를 드린다.

2023년 6월
저자 일동

차례

제 **1** 장

평생교육사에 대한 이해

지성을 소유하고, 또 그렇다는 것을 아는 사람은 그렇지 못한 열 사람에게 언제나 승리한다.

- Bernard Shaw -

학습목표

1. 평생교육사라는 호칭의 유래와 정의를 요약하여 설명할 수 있다.
2. 업무를 바탕으로, 학습자 관계 차원에서, 내부조직 관점 및 외부조직 관점에서, 기관·단체 관점에서 평생교육사의 역할을 설명할 수 있다.
3. 공공(자치단체 포함) 또는 민간교육기관에서 평생교육사의 직무를 알아보고 역할수행을 할 수 있어야 한다.
4. 평생교육사의 자질과 자격에 대해 요약하여 설명할 수 있어야 한다.

학습개요

이 장에서는 평생교육기관의 인적자원관리에 대해 개념과 목적을 이해하고 기관에서 활동하는 인력의 구성과 구성원 각각의 직무에서의 역할에 대하여 학습하고자 한다. 이를 위하여, 첫째, 평생교육기관에서의 인적자원관리에 대한 개념과 목적을 이해하고 인력구성에 대해 알아본다. 둘째, 평생교육기관에서의 교수자란 어떤 사람인지 정의를 이해하고 평생교육 교수자 역할과 역량 및 기술에 대해 학습하며 교수자 선발 시 요구되는 열 가지 역량을 학습하고 역량과 기술을 평생교육 현장에서 활용할 수 있도록 한다. 셋째, 평생교육기관에서 프로그램 개발자의 역할에 대해 학습하고 프로그램 개발자의 활동과 역량에 대해 이해한다. 마지막으로 평생교육기관에서 관리자로서 갖추어야 할 네 가지 역할에 대해 학습하고 평생교육기관의 관리자로서 역량과 특성, 책무에 대해 알아본다.

1. 평생교육사의 정의

평생교육사라는 호칭은 처음부터 평생교육사라는 호칭이 아니라 사회교육종사자, 사회교육자, 사회교육지도자 등과 같이 사회교육이라는 명칭을 반영해서 다양하게 불려 왔다. 평생교육은 그 영역이 광범위하고 종사자들의 역할과 기능이 매우 다양하였음에도 불구하고 「사회교육법」이 제정되기 전까지는 평생교육에 종사하는 사람들을 통칭하는 전문적인 용어가 제대로 확립되지 않았다. 이유는 평생교육의 개념이 정립되기 전에 일반적으로 사회교육이라는 표현이 많이 쓰였기 때문이다. 점차 사회가 발전함에 따라 평생교육에 대한 관심이 높아지면서 전문성에 대한 국가적 인증도 필요해졌다. 그에 따라 평생교육 종사자 중 일정한 자격을 부여받은 사람들의 명칭을 사회교육전문요원이라 부르게 되었다.

1998년 8월에 「평생교육법」이 제정되고, 2000년 3월에 시행령이 공포되면서 평생교육이 법령에 따른 시행에 들어갔다. 「평생교육법」은 국민의 평생학습 지원 및 확대에 역점을 두었다. 이에 따라서 평생교육 종사자 중 일정 자격요건을 갖춘 전문 인력을 지칭하는 호칭이 사회교육전문요원에서 평생교육사로 바뀌었다. 「평생교육법」의 제정과 시행으로 인한 가장 큰 변화는 교육자 중심의 사회교육보다는 학습자 중심의 평생학습으로 평생학습 운영전략이 바뀌었다는 것이다. 「평생교육법」 제24조 2항에 의하면 평생교육사의 직무는 "평생교육의 기획, 진행, 분석, 평가 및 교수 업무를 수행"한다. 「평생교육법 시행령」 17조에 의한 구체적인 직무 범위는 다음과 같다.

① 평생교육 프로그램의 요구분석, 개발, 운영, 평가, 컨설팅
② 학습자에 대한 학습정보 제공, 생애 능력 개발 상담, 교수
③ 그 밖의 평생교육 진흥 관련 사업계획 및 관련업을 수행하는 것

따라서 평생교육 현장의 전문가로서 평생교육사는, 첫째, 개발자로서 평생교육 프로그램에 대한 요구분석을 바탕으로 기획하고, 둘째, 운영자로서 개발된 교육과정을 효율적으로 진행하며, 셋째, 교수자로서 교육과정에 대한 학습정보를 학습자

◾◾◾ 그림 1-1　**평생교육사의 역할**

에게 전달하고 생애 개발을 지원, 상담, 강의하는 교수 업무를 수행하고, 넷째, 학습자들에게 제공한 교육과정의 효과를 분석 및 평가하는 등의 직무수행을 할 수 있어야 한다. 이를 도표로 나타내면 [그림 1-1]과 같다.

따라서 평생교육사란 "평생교육의 기획, 진행, 분석, 평가 및 교수 업무를 수행하는 평생교육 전문 인력"으로 정의할 수 있다.

2. 평생교육사의 역할

평생교육사는 시·도 평생교육진흥원, 장애인평생교육시설, 시·군·구 평생학습관 등 기관에 배치되어 평생교육의 기획·진행·분석·평가 및 교수 업무를 수행하는 역할을 한다.

이 절에서는 평생교육법과 평생교육 관련 지방자치단체 조례에 명시되어 있는 평생교육 업무를 바탕으로 자치단체에서 평생교육사의 역할, 학습자 관계 차원에서 평생교육사의 역할, 내부조직 관점에서 평생교육사의 역할, 외부조직 관점에서 평생교육사의 역할, 기관·단체에서 평생교육사의 역할에 대해 알아보겠다.

1) 자치단체 평생교육기관에서 평생교육사의 역할

자치단체에서 평생교육사가 직무를 성공적으로 수행하기 위해서는 평생교육사로서의 역량과 다양한 역할이 요구된다. 자치단체에서 평생교육사는 경영자로서 역할, 기획자로서 역할, 평가자로서 역할, 네트워커 및 링커로서 역할, 선도자로서 역할 등 다양한 역할을 수행할 수 있어야 한다. 그 내용을 살펴보면 다음과 같다.

(1) 경영자로서 역할

시·도 평생교육진흥원은 하나의 평생교육기관이지만 지역사회 평생교육의 구심체이다. 따라서 평생교육사는 경영의 폭을 기관에 한정하는 것이 아니라 지역사회로 넓혀야 한다. 즉, 사회의 변화에 적절하게 대응할 수 있는 유연성을 갖추어 지역의 정책과 연계하고, 지역의 요구와 필요가 평생교육진흥원의 사업에 반영되도록 역할을 해야 한다.

(2) 기획자로서 역할

평생교육사에게 요구되는 기획력은 단위 사업 혹은 프로그램에 국한되는 것이 아니라, 기관을 경영하기 위한 총합적인 기획력을 요구한다. 지역의 자원을 조사하고 분석한 후 지역사회 발전을 위한 사업을 구상하고 체계화하여 실천으로 이어질 수 있도록 체계적인 사고를 통해 일감을 찾아 나가야 한다. 따라서 기관의 새로운 비전과 목적, 체계를 갖추어 가는 데 있어서 충분한 기획력을 갖춘 평생교육사의 역할은 매우 중요하며 시급하다고 할 수 있다.

(3) 평가자로서 역할

지역 평생교육 지원을 위해서는 지역 평생교육에 대한 진단과 평가가 우선시되어야 한다. 평생교육사는 지역사회에서 추진되고 있는 다양한 평생교육 사업에 대한 가치를 정확하게 파악하여 지원이 필요한 곳에 적절하게 자원을 투입할 수 있어야 하며, 그 성과를 체계적으로 관리하여야 한다. 따라서 평가자로서 평생교육사의 역할은 지역 단위 또는 광역 단위에서 더욱더 중요하다고 할 수 있다.

(4) 네트워커 및 링커 역할

국가 평생교육 정책과 지역의 단위 평생교육 사업은 동일한 가치를 지니고 있다. 따라서 평생교육사는 국가 평생교육을 진흥하기 위한 허리 역할을 담당하여야 한다. 평생교육사는 우선 평생학습도시와 비평생학습도시 간의 불균형을 해소하기 위한 다양한 관계망을 형성하여 도시와 도시, 기관과 기관, 도시와 기관, 그리고 학습자들과의 연결고리로서 역할을 수행하여 광역 단위의 평생교육이 유기적으로 연계되도록 해야 한다.

(5) 선도자로서 역할

국가와 지역사회의 노력으로 평생교육은 많은 성장을 가져왔다. 하지만 해결해야 할 평생교육 현장의 문제는 여전히 산재해 있다. 그러므로 평생교육사는 세월의 흐름에 따라 가치가 퇴색되고 기존 틀에서 반복적으로 운영되는 평생교육 사업에 변화를 주고, 끊임없이 열악한 환경을 찾아 선도적으로 혁신을 시도함으로써 새로운 성과를 창출할 수 있는 도전 의식을 갖춘 선도자의 역할을 꾸준히 실천하여야 한다. 이러한 평생교육사의 선도자로서 역할 시도는 평생교육 진흥의 새로운 모델이 될 수 있다.

2) 학습자와 관계 차원에서 평생교육사의 역할

평생교육사는 학습자와의 관계를 중심으로 관점을 변화시키는 방법, 패러다임을 전환하는 방법, 세상을 해석하는 대안적 방법 등을 학습하는 학습자를 도와줄 수 있는 능력과 자질이 필요하다. 따라서 학습 과정의 교수자, 조력자, 촉진자, 자문가, 멘토, 중계자, 변화 촉진자로 다양한 역할을 수행할 수 있어야 한다.

또한 학습자가 타인 주도적인 경우, 자기 주도적인 경우, 그리고 상호주관적인 경우의 세 가지 측면에 있어 평생교육사의 역할을 나누어 볼 수 있다. 학습자가 타인 주도적인 경우 평생교육사는 전문가, 계획자, 교수자로서 역할을 수행하고, 학습자가 자기 주도적인 경우 조력자, 자원 인사, 관리자로서 역할을 수행하며, 학습자가 상호주관적인 경우 멘토, 협력학습자, 개혁자, 반성적 실천가, 연구자로서 역할을 수행한다.

다른 측면에서 국내 기관별로 평생교육사의 역할을 살펴보면, 한국직업능력개발원에서는 "평생교육 프로그램에 대한 요구분석 및 기획과 관련된 프로그래머로서 역할, 개발된 교육과정을 효율적으로 진행·운영하는 운영자로서 역할, 교육과정의 효과를 분석하고 평가하는 평가자로서 역할, 학습자들에게 학습정보를 제공하고 생애 개발을 지원하는 상담자로서 역할, 개발된 교육과정을 학습자에게 전달하고 강의하는 교수자로서 역할"을 수행한다.

한편, 한국교육개발원에서는 "조직자, 방향잡이와 계도자, 정보제공자, 전문가, 촉진자 및 장려자, 조정자 및 화합자, 교육지도자, 공동학습자, 개혁가, 성찰적 실천가, 연구자, 학습관리자, 계획자, 교수자 역할"을 수행한다.

이와 같이 학습자와의 관계 차원에서 학자들의 연구와 국내 기관들의 평생교육사의 역할을 정리해 보면 단순히 프로그램을 제공하거나 교수자로서의 역할을 수행하기보다는 학습자의 관점을 변화시킬 수 있고 학습자를 위한 프로그램의 디렉터로서 자기 주도적으로 학습자를 지원하고 조력하는 학습의 촉진자로서 역할을 수행하는 것을 알 수가 있다.

앞에서 살펴본 바와 같이 평생교육사의 역할은 타인에게 매우 중요한 영향을 미칠 수 있으며, 학습자와의 상호작용을 통해 역할 수행에 따른 효과성을 직접적이고 명확하게 습득할 수 있다고 볼 수 있다.

3) 내부조직 관점에서 평생교육사의 역할

내부조직의 관점에서 평생교육사의 역할을 살펴보면, 평생교육사는 행정가로서 역할, 프로그램 운영자로서 역할, 연구자로서 역할을 수행하여야 한다. 또한 평생교육사의 실천적인 측면에서는 프로그램 기획자로서 역할, 상담·자문가로서 역할, 요구분석가로서 역할, 교과과정 개발자로서 역할, 프로그램 개발자로서 역할, 관리자로서 역할을 수행하여야 한다.

따라서 평생교육사는 평생교육 지도자로서 그에 적합한 리더십과 역량을 발휘해야 하며 평생교육 지도자는 기관의 목표를 달성하기 위해 프로그램 개발, 마케팅, 인사, 재무 등과 관련된 활동의 계획·조직화·지휘·통제를 통해 기관을 경영하는 역할을 수행한다.

내부조직 관점에서의 평생교육사 역할을 종합하여 정리해 보면, 평생교육사는 기관에 소속된 구성원으로서 조직 내에서 주어진 업무를 수행해 나가며 평생교육 프로그램을 기획, 운영하고 평가하는 것뿐 아니라 소속된 기관의 행정적인 업무를 수행해야 하는 기관 운영자로서의 의미가 크다고 할 수 있다. 즉, 평생교육사의 역할이 학습조력자이자 교육전문가의 역할 외에도 평생교육 운영에 관한 행정가 역할을 포함하는 것으로, 평생교육사의 역할은 부분적인 업무 수행보다는 평생교육에 관한 전체 단위의 업무를 완성해야 하는 총체적인 것이라 할 수 있다.

4) 외부조직 관점에서 평생교육사의 역할

외부조직 관점에서 평생교육사의 역할은 외부의 인적 · 물적 자원과의 관계 형성 및 네트워킹의 주체자로서 역할이 강조되고 있다. 이는 평생교육사가 업무 수행과정에서 학습자와의 일대일 관계, 조직 내부 구성원으로서 역할을 벗어나 학습자와 조직, 그리고 평생교육사 개인을 둘러싸고 있는 내 · 외부 관계자들과의 협력과 네트워킹이 중요함을 의미한다.

또한 평생교육사의 역할은 개인적 차원에서만 이루어질 수 있는 것이 아니라 타인과의 관계 형성을 통해 이루어지며, 그 과정에서 유동적으로 일어날 수 있는 일들을 즉각적으로 수행해야 하므로, 평생교육사의 업무 수행과정에서 독립성과 재량권이 확보되고 자율적인 직무 수행의 역할을 통해 책임과 권한이 주어져야 한다. 즉, 평생교육사의 역할이 다양하고 복잡하며, 단일 차원의 것이 아님을 알 수 있다. 따라서 평생교육사 역할의 다양성과 복잡성을 고려해 볼 때 평생교육기관에서는 평생교육사 직무 설계 및 분배 시 직무 특성이론의 구성 요소인 기술 다양성, 과업 정체성, 과업 중요성, 자율성, 피드백을 반영하고 역할 수행에 따른 지원 및 직무 수행 여건을 마련하는 것이 필요하다.

5) 기관 · 단체에서 평생교육사의 역할

기관 · 단체에서 평생교육사의 역할은 학습자의 요구(needs)와 학습에 대한 목표를 달성하도록 도와주는 멘토로서, 기관의 요구와 목표 달성을 도와주는 프로그램 개발·운영자로서, 사회와 국가의 요구 및 목표 달성을 도와주는 교육자로 크게 세 가지 역할로 나눌 수 있다.

(1) 학습자 요구와 학습목표 달성을 도와주는 멘토

평생교육사의 첫 번째 역할은 학습자들의 개인적 요구를 만족시키고 그들이 희망하는 목표를 달성하도록 돕는 일이다. 따라서 평생교육사는 개인이 이러한 노력과 학습을 할 수 있도록 환경을 조성하고, 끊임없이 도전할 수 있도록 자극을 주어야 한다. 이런 의미에서 평생교육사는 학습자의 요구와 학습목표 달성을 도와주는 멘토로서 역할을 수행할 수 있어야 한다.

(2) 기관의 목표 달성을 도와주는 프로그램 개발·운영자로서 역할

평생교육사의 두 번째 역할은 자신이 속한 기관의 요구와 목표를 달성할 수 있도록 도와주는 역할이다. 평생교육기관과 단체에서 평생교육자에 대한 요구는 다음과 같이 크게 세 가지로 나누어 볼 수 있다.

첫째, 평생교육기관과 단체 설립 취지에 따라 개인들의 발달을 가져오게 하는 것
둘째, 평생교육기관이나 단체의 지속적인 성장과 발전을 추구하는 것
셋째, 지역사회의 공적인 이해와 협조를 구하는 것

따라서 평생교육사는 평생교육기관의 요구와 목표 달성을 도와주는 프로그램을 개발하고 운영자로서의 역할을 수행할 수 있어야 한다.

(3) 국가와 사회의 요구와 목표 달성을 도와주는 교육자로서 역할

시대와 상황에 따라 요구되는 시민상이 달라질 수 있다. 따라서 평생교육사는 그들이 속한 사회의 시민들이 그 사회가 요구하는 자질을 갖추도록 도와주어야 한다. 이를 위해 평생교육사는 사회 지도자적 사명 의식을 갖고, 구체적인 시민교육의 내용과 방법에 대해서도 파악하고 있어야 한다.

3. 평생교육사의 직무

이 절에서는 평생교육기관에서의 평생교육사의 직무와 자치단체에서의 평생교육사의 직무에 대해 살펴보고자 한다.

1) 평생교육기관에서 평생교육사의 직무

「평생교육법」 제24조제2항과 「평생교육법 시행령」 제17조에 따르면 평생교육사의 직무는 사회(국가)의 평생교육 진흥을 위하여 "평생교육의 기획, 진행, 분석, 평가 및 교수 업무를 수행하는 것"이다. 이를 구체적으로 나누어 보면 "평생교육 프로그램의 요구분석, 개발, 운영, 평가, 컨설팅과 학습자에 대한 학습정보 제공, 생애능력 개발 상담, 교수와 그 밖의 평생교육 진흥 관련 사업계획 및 관련업을 수행하는 것"이다.

전체교육 기획 직무에서는 사회와 조직의 교육 요구 분석하기, 교육 조직 및 기관의 비전 수립하기, 교육전략 수집하기, 중장기 계획 수립하기, 연간 계획 수립하기, 마케팅하기, 성과 분석하기 등이 포함된다.

프로그램 개발 직무에서는 프로그램 타당성 검토, 프로그램 개발을 위한 공동작업, 교육 요구분석 및 파악, 프로그램 목표 설정, 프로그램 내용의 선정, 프로그램 설계, 그리고 프로그램 실행 매뉴얼 만들기 등이 핵심 과업이다.

프로그램 운영 직무에서는 프로그램 운영에 필요한 시설 및 매체 확보하기, 강사(교수자) 섭외, 프로그램 홍보 및 마케팅, 프로그램의 실행, 교육매체 조작하기, 성과 분석하기 등이 핵심 과업이다.

기관 관리 직무에서는 행정업무, 재정관리, 조직 관리 및 개발, 법규 정책 해석 및 활용, 교육시설 및 환경 관리, 학습자 관리, 강사 관리, 기관 홍보 등이 포함된다.

네트워킹 및 지원 직무에서는 지역사회 학습 자원 조사하기, 인적 · 물적 자원 교류하기, 정보 공유하기, 사업 제휴하기, 공동연수하기, 네트워킹 조직 구축하기 등이 핵심 과업이다.

교수학습 직무에서는 교수 대상자 분석하기, 교수계획 세우기, 교수 자료 수집하기, 교수 자료 개발하기, 강의 실행하기, 강의 평가하기 등이 핵심 과업이다.

　　교육의 질은 전적으로 교육자의 질에 달려 있다. 여기에는 리더로서 자질, 지각 능력, 유머 감각, 인내력, 풍부한 지식, 민주주의에 대한 신념, 좋은 화술 능력, 융통성, 열정적인 성격, 인간에 대한 애착 등이 추가로 요구된다.

‖ 표 1-1 ‖　**평생교육 담당자의 역할과 하위 영역별 전문기술**

직무(역할)		의미	특징적 기술
프로그램 개발자	프로그램 기획	프로그램의 개발 여부 및 내용에 관한 의사결정, 목표의 확인과 정교화 작업	목표형성과 관련된 의사결정능력, 학습집단의 계획 수립 과정에의 참여 유인
	요구분석	학습자 요구 확인 및 상황분석	각종 요구분석 및 판단 방법
	설계	프로그램 내용 및 방법의 선정과 조직	프로그램의 내용 및 방법 편성기법
	운영 및 평가	프로그램의 전반적인 운영 및 평가	프로그램의 효율적 운영과 관련된 전문기법, 표준화 평가기법 등의 숙지
교수자	가르치는 전문가	그 분야의 정보, 개념, 관점을 전달	청취, 수업 준비, 자료구성 및 발표 질문에 대한 답변
	공식적인 권위자	목표 설정 및 목표 달성을 위한 절차의 설정	구조 및 우수성의 기준 정의, 행위 평가
	사회와의 매개자	수업 차원을 넘어서 삶의 목표와 과정을 명확히 제시	특정 가치, 신념, 태도와 관련된 장점과 사회의 요구 조건을 명확히 함
	학습 촉진자	학습자 스스로 창의성과 성장을 도모하게 함. 학습의 장애물을 극복하도록 도와줌	학습자들의 흥미나 기술에 대한 의식을 첨예화하고 학습자들이 목표에 도달하고 장애물을 극복하도록 통찰력이나 문제해결력을 사용하게 함
	이성적 자아 제공자	주어진 분야의 기쁨과 지적 탐구의 가치를 전달함	교육적 자료나 목표가 궁극적으로 가치가 있다는 것을 알려 주고 개인적인 신념을 보여 줌
	인간주의적 접근	지적 활동과 관련이 있거나 유지되는 인간 욕구의 전체 영역을 보여 줌. 인간으로서 인정받고 학습자를 인정함	눈앞의 과제를 넘어서서 자신의 모습을 명확히 하는 방법으로 자신을 드러냄. 학습자들도 또한 마음을 열 정도로 신뢰성을 보여 주고 따뜻하게 해 줌

관리자	조직의 발전유지	조직의 효율성과 효과성을 제고하기 위한 조직 및 인사관리 역할	의사결정, 조직의 효율성 제고를 위한 조직관리 기법, 조직 활성화 노력
	프로그램 관리집행	예산 편성 및 운영, 홍보 및 광고전략의 설계와 활용, 자원의 효율적 집행 등과 관련된 역할 담당	자원의 효율적 운영과 관련된 제반 기법, 홍보 관련 전략의 수립 및 집행
변화 촉진자	조직구조 풍토개선	변화를 위한 문제의 인식 및 요구 개발, 조직변화를 위한 체계적인 노력	사회 및 조직환경에 대한 정보 분석, 고객 반응 수렴, 대안적 방향의 수렴 및 집행
협력자	과업조정 및 통합	학습자, 동료, 지역사회의 인사 등 대내외적인 접촉 및 의견 조정과 협력을 유도하기 위한 각종 활동	인간관계 능력 및 갈등 조정 능력

출처: https://blog.naver.com/rhkrtjdaks1/221673240066

2) 자치단체 평생교육사의 주요 직무

평생교육법과 조례에 명시되어 있는 것을 참조하여 광역자치단체 평생교육사의 주요 직무를 살펴보면 평생교육 정책개발 및 연구, 평생교육 데이터베이스 구축 및 관리, 평생교육 종사자 연수, 평생학습 네트워크 운영, 평생학습계좌제 운영으로 나누어 볼 수 있다.

(1) 평생교육 정책개발 및 연구

평생교육사의 가장 중요한 업무는 평생교육 정책개발 및 연구이다. 평생교육 진흥의 방향은 국가 정책의 지역 정착과 기초단위의 사업에 대한 지원이라는 관점이 반영되어야 한다. 특히 지역 평생교육 진흥을 위한 각종 정책과 특화사업 개발 연구는 평생 학습도시 중심의 지역 평생교육 사업확산에 도움이 된다.

또한 평생교육 연구도 정책 중시의 연구에만 그칠 것이 아니라, 평생교육 인프라에 관한 연구, 학습자에 관한 연구, 프로그램에 관한 연구, 지역사회개발과 관련된 연구 등 다양하게 수행되어 지역사회 평생교육 진흥이 이론적 틀 속에서 추진될 수 있도록 직무를 수행해야 한다.

(2) 평생교육 데이터베이스 구축 및 관리

평생교육 데이터베이스 구축의 핵심은 내용과 활용이다. 하지만 무엇을 데이터베이스화할 것인가, 그리고 어떻게 활용할 것인가에 대한 답을 찾는 평생교육 데이터베이스가 구축되어야 함에도 불구하고 국가 수준의 평생교육 통계도 제대로 이루어지지 않고 있다.

지역의 평생교육 데이터베이스는 평생교육기관 및 프로그램, 평생교육 강사, 학습동아리 등 현황 중심의 일차적인 데이터베이스에 그쳐 활용 정도가 매우 낮은 편이다. 하지만 평생교육 데이터베이스는 단순한 정보의 묶음이 아니라 평생교육의 역사를 기록하는 것이기 때문에, 평생교육사는 국가 평생교육 데이터베이스와 지역 평생교육 데이터베이스를 연계하여 평생교육 현황의 변동추이 등 각종 성과에 대한 누적 관리를 통해, 현장의 불필요한 중복업무를 줄이고 국가 및 지역사회 평생교육의 성장 틀을 갖추도록 직무를 수행해야 한다.

(3) 평생교육 종사자 연수

지역사회에서 추진되고 있는 평생교육 사업의 질적 성장은 지역사회 발전의 원동력이다. 이에 실효성을 갖추고 상시적이고 체계적으로 운영되어 실질적으로 종사자들의 역량을 강화하도록 해야 한다. 특히 평생교육 종사자의 인식 제고와 전문성 향상을 위한 연수사업은 시·도 평생교육진흥원의 상시적인 사업으로 추진되어야 한다.

따라서 평생교육사는 평생교육 현장에 새로 진입하는 종사자들을 위한 입문과정, 경영 및 관리의 역량을 갖출 수 있는 관리자 과정, 지역사회 평생교육 활성화 지원을 강화하기 위한 연수 과정을 개설하여 운영할 수 있는 직무를 수행하여야 한다.

(4) 평생학습 네트워크 운영

평생교육 현장에서 가장 강조되고 있는 것은 평생학습 네트워크이다. 평생학습 네트워크는 국가 정책과 지역사업이 연계될 수 있도록 허브 역할을 함과 동시에 지역사업 지원을 위한 컨트롤 타워 역할을 수행할 수 있기 때문이다.

따라서 각 기관의 평생교육사는 평생교육 추진 파트너인 시·도 교육청과 협력적 관계를 유지하여 평생학습도시와 평생교육기관으로 이어지는 지원 중심의 네트워킹을 활성화할 수 있는 직무를 수행하여야 한다.

(5) 평생학습 계좌제 운영

지역사회 곳곳에서 추진되고 있는 평생교육 사업의 질적 성장으로는 지역사회 발전의 국가 정책으로 추진되어 온 평생학습 계좌제를 들 수 있다. 이는 2010년 사무 배분의 성격으로 지방에 이양되어 광역자치단체에 새롭게 추가된 업무이다.

하지만 평생학습기관과 학습자들의 인식 부족으로 효과적인 사업추진이 이루어지지 않고 있다. 비록 평생학습 계좌제의 운영체제가 미흡하고 실효성이 다소 떨어지는 문제점을 노출하고 있으나, 학습자들의 무형식 · 비형식 학습에 대한 누적 관리와 자기 주도적 평생학습 설계를 도와준다는 점에서 매우 유용한 제도이므로, 평생교육사는 평생학습 계좌제 운영의 효율성과 활용 방안을 개발하여 기관과 학습자 모두 적극적으로 활용하도록 지원할 수 있는 직무를 수행하여야 한다.

4. 평생교육사의 자질과 자격

평생교육과 평생학습의 장에서 현대인의 수행성취역량(personal fulfillment), 직업역량(employability), 생활문화의 질(quality of living culture), 사회적 통합(social inclusion)과 공동체(community), 자치역량을 갖춘 시민성(governmentality)에 전문적으로 개입하고 있는 평생교육 실천가의 활동이 점차 우리 사회에 자리 잡으면서 평생교육사(平生敎育師, lifelong educator)라는 직업적 전문 명칭이 등장하였다.

지식정보사회라는 시대적 거대 패러다임 속에서 시민과 국민의 자기 테크놀로지(technology of the self)의 향상, 사회통합과 공동체 형성, 지역재생과 창조를 위해 전문성을 발휘하고 있는 교육전문가로서 평생교육사는 새로운 직업인으로 주목받고 있다.

지식정보사회는 평생학습으로 통한다. 즉, 평생학습은 현대사회를 지칭하는 하나의 거대한 사상인 것이다. 또한 평생학습은 지식정보사회에서는 없어서는 안 될 매력적인 사고의 도구로서 과거 교육 영역(educational sector)에 한정된 전통적 사고의 틀을 뛰어넘어 경제, 사회, 문화, 의료, 행정, 과학 영역 등과 접목되어 다양한 근본적 문제를 해결하기 위한 최상의 방책으로 간주되고 있다. 평생교육사의 직업적 위상은 평생학습 체제와 평생학습 정책이라는 지식정보사회의 주도개념(master concept)이다. 따라서 이 절에서는 평생교육사의 자질과 자격(전문성)에 대해 알아보고자 한다.

1) 평생교육사의 자질

자질은 "타고난 성품이나 소질" 또는 "자기가 맡아서 하는 일에 관한 실력의 정도"라고 풀이할 수 있는데, 자격, 권한, 수행 능력이라는 의미와 서로 관련이 있다. 학교에서 교원의 자질과 전문성이 학교 교육의 성과를 결정짓는 가장 큰 요인이듯이, 평생교육에 있어서 평생교육 프로그램의 성과는 평생교육사의 전문성과 자질에 따라 달리 나타날 것이 자명하다.

평생교육사의 전문성과 자질을 논함에 있어서 평생교육사의 역할을 살펴볼 필요가 있다. 「평생교육법」 제24조제4항에 의하면, 평생교육사의 역할은 기획, 진행, 분석, 평가 및 교수 업무의 수행으로 규정되어 있다. 그리고 「평생교육법 시행령」 제17조에는 평생교육사의 직무 범위가 규정되어 있는데, 첫째, 평생교육 프로그램의 요구분석 · 개발 · 운영 · 평가 · 컨설팅 업무, 둘째, 학습자에 대한 학습정보 제공, 생애 능력 개발 상담 · 교수 업무, 셋째, 그 밖에 평생교육 진흥 관련 사업계획 등 관련 업무를 수행한다고 명시되어 있다.

물론, 평생교육의 영역이 매우 광범위하고 각 영역과 관련된 직무 종사자의 역할과 기능 또한 매우 다양하므로 평생교육사 자질을 한마디로 정의하는 것이 그리 쉬운 일은 아니다. 하지만 분명한 것은 평생교육사가 평생교육 활동을 단순히 수행하는 데에만 그치는 것이 아니라, 법적 자격을 지닌 전문가로서 높은 역량을 제고시킬 수 있어야 질 높은 평생교육이 실현될 수 있다는 것이다. 평생교육사의 역량과 관련해서 국내외 학자들이 이야기하는 역량의 의미를 살펴보면 다음과 같다.

McLagan(1989)은 역량(competency)을 "특정 분야에서 결과물을 산출하는 결정적인 영향을 주는 지식과 기술의 영역"으로 정의하였다. Spencer와 Spencer(1993)는 역량(competency)은 "특정한 상황이나 직무에서 준거에 따른 효과적이고 우수한 수행의 원인이 되는 개인의 내적 특성"으로, 역량의 구조는 "지식, 기술 등의 표면적이고 가시적인 보유 능력 부분과 가치, 태도, 개인적 특질 등 내면적이고 잠재적인 동기요인 부분으로 구성된다."라고 하였다. Parry(1996)는 역량의 개념을 "지식, 기술 그리고 태도의 집합체"로 표현된다고 하였다. 권두승(1999)은 평생교육 담당자가 역할 수행을 위해 갖추어야 할 역량을 "특정적인 기술"이라고 표현하면서 평생교육사의 역할을 교수자, 프로그램 개발자, 관리자, 변화 촉진자, 협력자의 다섯 가지로 구분하였다. 이 다섯 가지 역할을 다시 세분화하여 교수자는 가르치는 전문가, 공식적인 권위자, 사회화의 매개자, 학습 촉진자, 이상적 자아 제공자, 인간주의적 접근으로 구분하였다. 프로그램 개발자는 요구분석, 설계, 운영 및 평가로, 관리자는 조직의 발전 및 유지, 프로그램 관리 및 집행으로 세분화하였고 변화 촉진자는 조직구조 및 풍토개선으로, 협력자는 과업 조정 및 통합으로 세분화하였다. 또한 이 세부적인 평생교육사의 역할에 대한 개념을 정리하고, 그 역할을 특정적 기술로 제시한 것이다.

평생교육사의 역량에 대한 선행연구들을 분석하면, Parry(1996)가 주장한 것처럼 크게 지식, 기술 그리고 태도 등 세 가지로 구분이 가능하다. 먼저, '지식' 측면에서는 평생학습 참여자의 특성에 대한 이해, 평생교육에 대한 전문적인 지식, 학습자에 대한 지식 등이 포함될 수 있다. 다음으로, '기술' 측면에서는 상황에 대한 정확한 인지와 통찰력, 당면한 문제를 해결할 수 있는 문제해결 능력, 평생교육 프로그램의 운영 및 관리 능력, 대인 관계기술 등이 될 수 있다. 마지막으로, '태도' 측면에서는 평생교육 담당자의 평생교육에 대한 철학, 평생학습을 실현하기 위한 열정 등이 포함될 수 있다. 특히 평생교육에 대한 잠재적 동기요인들은 평생교육사에게 요구되는 중요한 역량으로 강조되고 있다.

2) 평생교육사의 자격(전문성)

평생교육 영역이 점차 확대되고 평생교육 참여자 및 평생교육기관이 증가함에 따라 평생교육사에게 요구되는 역할과 직무도 다양해졌다. 앞서 살펴본 평생교육사의 역할과 직무에 대한 다양한 관점을 통해서 평생교육사는 학습의 조력자이자 프로그램 기획, 운영자, 행정가, 네트워킹 수행자 등 다양한 역할을 수행하며 부분보다 전체 단위의 업무를 수행함을 알 수 있다.

따라서 체계적이고 효율성 있는 평생교육 운영을 위해서는 평생교육사의 역량 개발 및 전문성 향상이 요구되며, 이에 평생교육사의 직업적 전문성을 확인하고 그들의 전문성과 역량 개발을 위한 방법을 모색하는 것은 평생교육사의 위상 제고를 위해 전략적으로 추진해야 할 과제라고 할 수 있다.

일반적으로 전문직 종사자가 가지는 전문성은 일반 직종과는 달리 그 업무 수행에 있어 고도의 지식과 기술이 특별히 필요하며, 일정한 규정에 의해 자격요건을 갖춰야 한다. 전문성에 관한 초창기 정의에 의하면 전문성은 본질적으로 지적인 활동으로서 개인적 책임을 수반하며 단순히 일상적이 아닌 지식에 근본을 두고 학습된다. 그리고 전문성은 단순히 학문적이거나 이론적인 것이 아니라 실질적인 것이며 전문적 교육에 의해서 습득된다. 또한 내부적으로 조직화되어 있고 사회의 선을 위한 이타주의에 기반을 둔다.

이에 이 절에서는 전문성에 대한 개념과 정의를 바탕으로 평생교육사의 전문성에 관한 국내 선행연구를 살펴보고 전문성 개발을 위해 필요한 점이 무엇인지 정리해 보고자 한다.

이경아와 김경희(2006)는 이러한 정의에 관해 이상주의적인 전문적 특성이론으로서 전문성에 대한 새로운 해석이 요구되며, 전문성에 대한 새로운 조망은 정적으로 해석될 것이 아니라 동적이고 지속적으로 변화하는 환경 속에서 고객과의 관계 맺음과 스스로를 전문가로 업그레이드하려는 학습의 노력 및 헌신이 강조되는 개념이라고 하였다. 그러면서 이러한 관점은 평생교육사의 전문성 정의에서도 합의점을 제공할 것으로 보고, 그동안 평생교육사의 다양한 역할을 토대로 한 직무 기술에 더하여 평생교육사로서 헌신하고 끊임없이 자기 향상을 이루려는 노력, 학습자와의 관계 맺음 속에서 학습자의 의미 있는 학습 성과를 위해 배려하는 등의 능력이 평생교육사의 전문성 구인으로 고려되어야 한다고 설명하였다.

권두순과 김진화(2011)는 평생교육사의 직업적 전문성은 전문직 사회학의 과정이론에 비추어 볼 때 직업적 전문성을 갖춘 직업으로 이행되고 있으며, 사회적 과제이론에서 볼 때 컨설턴트, 연구분석가, 관리 운영가, 설계자, 교수자 등으로 특성화되고 있다고 하였다. 이에 평생교육사의 직업적 전문성 향상을 위한 과제로는 평생교육사 자격제도, 양성체계 및 교육과정, 재교육 등을 논의의 대상으로 끌어들여 통합적인 모델을 설정하여 전략화하는 것이 필요하다고 하였다.

김경희(2009)는 평생교육사의 전문적 역량과 관련하여 개념적 검토와 실천적 차원의 검토를 통해 그 성격과 특성을 설명하였다. 먼저, 개념적 검토를 통해 평생교육사의 전문적 역량을 평생교육의 각 영역별 상황에 적합하게 생성되어야 할 행동 특성으로 이해하고, 평생교육사가 자신의 역할과 직무를 반성적으로 접근할 수 있는 지적 능력과 판단력을 키우는 것도 중요한 역량임을 밝혔다. 그리고 평생교육사의 실천 행위는 도구적이고 기능적인 것이 아닌 의미와 가치를 찾고 만들어 가는 목적 가치론적 도덕적 행위의 성격이 강하다는 것을 밝힘으로써 평생교육사의 전문적 역량을 이해하는 데 중요한 요소임을 강조했다.

또한 실천적 차원의 검토를 통해서 평생교육사는 자신의 직무를 본인의 노력에 의해 다양한 의미가 창출된다고 이해하고 접근하며, 평생교육을 잘 모르는 사람들과 함께하는 평생교육 현장에서 평생교육 업무에 대한 의미와 가치를 타인에게 설득하고 이해시킬 수 있는 역량을 키워야 한다는 것을 확인하였다. 또한, 평생교육사의 전문적 역량의 특성은 단순한 기술과 기능 차원이 아닌 지식과 아이디어 차원의 역량이며, 전체 업무에 대한 총체적 지식과 능력이라는 점을 밝혔다. 따라서 그 지식과 아이디어를 교류하고 소통할 수 있는 역량을 기르는 것이 중요함을 강조하고, 평생교육사 자신도 안목을 넓히고 새로운 아이디어를 찾고 사고를 확대하기 위한 학습을 원하고 있음을 밝혔다.

한편, 동미정과 배을규(2009)는 평생교육 현장의 실천가로서 평생교육사가 다양한 활동과 경험을 통해 요구받고 획득하는 실천적 역량에 관해 설명하였다. 평생교육사의 실천적 역량으로 확고한 평생교육 가치관, 상황적 지식과 기술, 다양한 이해관계자와의 관계 형성 기술, 자아 통합적 정체성, 자기 주도적인 자세, 조직 문화와 절차의 이해를 도출했다. 이러한 평생교육사의 실천적 역량은 단순한 노하우 이상의 의미를 지니고, 자질적 측면이 강조되고 요구되는 실천적 역량의 범위와 정도는 조직의 특성과 활동 내용에 따라 달라지며, 다양한 경험과 실천이 실천적 역량의 질을 제고한다고 하였다.

이러한 평생교육사의 전문성과 역량에 관한 선행연구들을 종합하여 볼 때 다양하고 복잡한 평생교육 현장에서 평생교육을 실천하는 평생교육사는 전문성이나 전문직의 개념에 따라 직업적 전문성을 가지고 있음을 알 수 있다. 즉, 평생교육사는 끊임없이 변화하는 평생교육 현장 속에서 평생교육의 실천 행위에 대한 의미와 가치를 스스로 찾아가고 지속적인 타인과의 관계 형성 및 상황 맥락적이고 총체적인 지식과 기술, 아이디어가 요구되는 직업이라고 할 수 있다. 따라서 평생교육사의 직업적 전문성은 평생교육사가 다양한 지식과 정보를 상황 즉각적이고 가변적으로 활용하며, 부분보다는 전체 단위의 업무를 수행함에 따라 업무 처리의 자율성이 주어지는 업무 수행 과정과 연관된다.

이에 빠르게 변화하는 평생교육 환경에 기존의 평생교육사 역할과 직무 규정은 환경변화에 부응하지 못하므로 평생교육사가 직업적 전문성을 발휘하기 위해서는 평생교육 현장의 특성을 반영한 평생교육사의 전문성에 초점을 맞추고 전문성 개발에 노력을 기울여야 한다. 평생교육사의 전문성 개발은 평생교육사 개인에게는 직업적 전문성을 향상시킬 기회가 되고, 이는 곧 그들이 속한 평생교육기관의 효과성 향상으로 이어질 수 있다는 점에서 평생교육사의 직업적 전문성에 대한 이해는 매우 중요하다.

 토론문제

1. 평생교육사의 직무범위와 정의에 대해 요약해서 설명하시오.

2. 자치단체 평생교육기관에서 평생교육사의 역할 다섯 가지를 설명하시오.

3. 자치단체 평생교육사의 다섯 가지 주요 직무를 설명하시오.

참고문헌

권두순, 김진화(2011). 온라인 커뮤니티에서 자기결정성이 사회적 실재감에 미치는 영향. 디지털융복합연구, 9(3), 81-94.

권두승(1999). 평생교육기관 실태조사분석을 통한 성인교육 참여율 제고방안. 교육부.

권인탁(2009). 평생교육경영론. 학지사.

김경희(2009). Appropriating Confucius' conception of lifelong learning: Reconsidering neoliberal perspective. *KEDI Journal of Educational Policy*, 6(2), 141-160.

김진화, 김한별, 고영화, 김소현, 성수현, 박새봄(2008). 평생교육사 직무모델 개발 및 타당화 연구. 평생교육학연구, 14(1), 1-31.

김혜영(2010). 다문화 문식성 교육 내용 체계화 연구. 부산대학교 대학원 박사학위논문.

나항진(2011). 평생교육론. 양서원.

동미정, 배을규(2009). 연구논문: 평생교육사 경험에 기반한 실천적 역량 연구. 교육문화연구, 15(2), 159-182.

방희봉, 이은상, 박하진(2017). 대학부설평생교육원 성인학습자의 학습자특성과 교육기관특성이 학습성과에 미치는 영향. 예술인문사회융합멀티미디어논문지, 7(6), 317-336.

유네스코(1999). 유네스코 제2차 세계직업기술교육회의 결과. 한국직업능력개발원.

이경아, 김경희(2006). 평생교육사 전문성 구인 타당화 및 전문성 형성에 영향을 미치는 요인 탐색에 관한 실증 연구. 평생교육학연구, 12(2), 91-119.

전도근(2006). 평생교육사 양성교육의 효과. 한국학술정보.

전우택, 양은배(2003). 인문사회의학과 의학교육의 미래. 연세대학교 출판부.

한국교육개발원(2003). 서울지역 평생학습관 평생교육 프로그램 개발 연구. 한국교육개발원.

한국교육개발원(2006). 평생학습시대 평생교육사의 새로운 역할. 한국교육개발원.

한숭희(2009). (학습사회를 위한) 평생교육론. 학지사.

현영섭(2011). 사회적 네트워크 관련 HRD 및 평생교육 연구동향: 개념연결망 분석을 활용하여. HRD연구, 13(4), 1-29.

Brookfield, S. (1986). *Understanding and facilitating adult learning: A comprehensive analysis of principles and effective practices*.

Cranton, P. (1992). *Working with Adult Learners*. Wall & Emerson, Inc., 3210 South Main St., PO Box 448686, Middletown, OH 45044-8686.

Imel, S. (1999). Using groups in adult learning: Theory and practice. *Journal of continuing education in the health professions*, 19(1), 54-61.

Knowles, J. R. (1980). Enzyme-catalyzed phosphoryl transfer reactions. *Annual review of biochemistry*, 49(1), 877-919.

Knox, A. B. (1980). Proficiency theory of adult learning. *Contemporary educational psychology*, *5*(4), 378-404.

Kowalski, R. A. (1988). The early years of logic programming. *Communications of the ACM*, *31*(1), 38-43.

McLagan, P. A. (1989). Models for HRD practice. *Training & development journal*, *43*(9), 49-60.

Parry, S. B. (1996). Just What Is a Competency?(And Why Should You Care?). *Training*, *35*(6), 58.

Spencer, L., & Spencer, S. (1993). *Competence at work: Models for superior performance*. John Wiley & Sons, Inc.

Uggla, E. (2008). *Genetic correlation between feet and leg type traits and claw health in Swedish dairy cattle*.

제 2 장

평생교육기관 인력

자신은 할 수 없다고 생각하고 있는 동안은 사실은 그것을 하기 싫다고 다짐하고 있는 것이다.
그러므로 그것은 실행되지 않는 것이다.
- Spinoza -

학습목표

1. 평생교육기관 인적자원관리의 목적과 인적자원구성을 설명할 수 있어야 한다.
2. 평생교육 교수자의 정의와 역량 및 기술을 설명할 수 있어야 한다.
3. 평생교육 프로그램 개발자의 역할을 기술하고 활동과 역량을 설명할 수 있어야 한다.
4. 평생교육기관 관리자의 네 가지 역할과 관리자로서의 역량과 특성, 책무를 설명할 수 있어야 한다.

학습개요

이 장에서는 평생교육기관의 인적자원관리에 대해 개념과 목적을 이해하고 기관에서 활동하고 있는 인력의 구성과 직무에서의 역할에 대하여 학습하고자 한다. 이를 위하여, 첫째, 평생교육기관에서의 인적자원관리에 대한 개념과 목적을 이해하고 인력구성에 대해 알아본다. 둘째, 평생교육기관에서의 교수자란 어떤 사람인지 정의를 이해하고 평생교육 교수자의 역할과 역량과 기술에 대해 학습하며 교수자 선발 시 요구되는 열 가지 역량을 학습하고 역량과 기술을 평생교육 현장에서 활용할 수 있도록 한다. 셋째, 평생교육기관에서 프로그램 개발자의 역할에 대해 학습하고 프로그램 개발자의 활동과 역량에 대해 이해한다. 마지막으로 평생교육기관에서 관리자로서 갖추어야 할 네 가지 역할과 평생교육기관의 관리자로서 역량 및 특성, 책무에 대해 학습한다.

1. 평생교육기관 인력구성

이 절에서는 평생교육기관에서 활동하는 인력의 구성과 각각의 직무에서의 역할에 대해 알아본다.

1) 평생교육기관의 인적자원관리

조직 경영은 곧 사람 경영이라 표현할 정도로, 인적자원관리(Human Resources Management: HRM)는 평생교육기관의 경영활동에 있어서 가장 핵심적인 요소이다. 인적자원관리에 대한 개념을 협의와 광의의 개념으로 나누어 살펴볼 수 있다.

협의의 개념은 '인사 활동'이다. 즉, 인재의 채용과 교육훈련, 그리고 배치 등에 관련된 활동이다. 광의의 개념은 '인사 활동과 노사 관계관리 활동'이다. 즉, 조직에 있어서 사람과 관련된 모든 활동이라고 할 수 있다. 따라서 평생교육기관의 인적자원관리란 "기관의 인사 활동의 일부분으로서 기관에서 일할 사람을 고용해서 교육훈련을 시킨 후에 적정한 시점에서 적절한 위치에 배치하는 활동으로, 기관의 인적자원계획 수립부터 모집, 선발과 교육훈련, 업무평가를 통한 보상관리까지를 포함하는 순환 과정"을 의미한다고 할 수 있다.

2) 평생교육기관 인적자원관리의 목적

평생교육기관에서 인적자원관리의 목적은 "기관에 근무하는 인적자원의 역량을 최대한 발휘하게 하여 능력을 최고로 향상"시키는 데 있다. 즉, 내부적으로는 기관 구성원들의 개인적 업무 만족과 교육 실천에 따른 보람과 구성원 상호 간에 돈독한 유대감을 형성하도록 도움을 주고, 대외적으로는 평생교육기관이 추구하는 교육이념과 목표를 효과적이고 효율적으로 달성할 수 있도록 구성원들의 배치나 적정 직무를 부여하는 데 그 목적이 있다.

3) 평생교육기관의 인력구성

평생교육기관의 인적자원구성은 내부 인적자원과 외부 인적자원으로 나누어 볼 수 있다. 내부 인적자원은 평생교육기관 운영에 필요한 핵심 인력으로 기관 관리자, 프로그램 관리 운영자, 교수자, 섭외활동자 등이며, 외부 인력은 기관 운영에 도움을 주는 사람들로서 강사, 자원봉사자 등이 있다.

이처럼 평생교육기관의 인력구성은 기관 운영주체와 성격, 목적과 기능, 그리고 교육내용에 따라 달라질 수 있다.

2. 평생교육 교수자

1) 평생교육 교수자

평생교육에서 수업을 담당하는 전문가를 부를 때 우리는 교수자, 훈련가, 조력자 같은 용어들을 사용한다. 평생교육 교수자는 평생교육에 참여하는 학습자에게 정보를 제공하고, 경험을 활용하여 배우도록 한다. 즉, 평생교육 교수자는 "평생교육 학습자들에게 유의미하고 쓰임새 있는 정보를 제공하는 사람"을 말하며, 지식과 업무 경험을 연결하여 평생교육에 참여하는 학습자들이 새로운 지식과 정보를 업무와 일상생활에 활용하도록 돕는다.

2) 평생교육 교수자의 역할

평생교육기관에서는 모든 구성인력의 역할이 중요하지만 그중에서도 교수자의 역할만큼 중요한 것은 없다. 여기에서는 교수자의 역할을 다섯 가지로 나누어 설명하고자 한다.

첫째, 평생교육기관에서 교수자는 유의미하고 쓰임새 있는 정보를 교육에 참여하는 학습자들의 삶과 연결하기 위한 노력을 하여야 한다. 즉, 새로운 지식이나 정보를 학습자 개인에게 친숙한 일반적인 경험을 통해 설명해 주어야 한다. 간단한 것으로부터 시작하여 복잡한 것까지 논리적으로 정보를 제시해야 학습자가 어려운 개념을 더 잘 이해할 수 있다.

둘째, 교수자는 항상 수업을 철저히 준비해야 한다. 그래야만 수강하는 학습자들에 앞서서 새로운 관점과 통찰력을 가질 수 있다.

셋째, 교수자는 학습자들이 자신의 경력에 대한 발전적 관점을 갖도록 동기를 부여해야 한다. 뿐만 아니라 교수자로서 수업에 참여하고 있는 학습자들에게 정보를 제공하여 학습자들의 성장과 발전에 도움을 줄 수 있어야 한다. 동시에 학습 요구를 파악하고 그 요구에 적합한 학습활동들을 개발하며, 정보를 공유하고 교환하는 학습 환경을 조성해야 한다.

넷째, 교수자는 학습목표를 설정하고 지식과 기술 역량을 제고를 하는 교수 방법을 선택하여 학습참여자의 행동과 태도를 개선시켜야 한다. 교수자는 학습의 전달자이다. 또한 지식, 기술, 역량, 행동 개선을 책임지는 학습에서의 변화 촉진자이다. 따라서 평생교육기관의 교수자는 교육 프로그램에서 학습 과정의 관리자로서 다음과 같은 역할을 수행해야 한다.

- 평가자
- 집단 촉진자
- 수업자료 작성자
- 교수자
- 매체 전문가
- 요구분석가
- 프로그램 설계자
- 과업 분석가
- 전이 촉진자

다섯째, 교수자는 학습자와 학습활동을 평가해야 한다. 학습활동을 평가할 때는 그것이 학습자에게 미친 효과뿐만 아니라 조직에 미친 영향도 고려해야 한다.

3) 평생교육 교수자의 선발

평생교육에서 교수자가 맡은 프로그램뿐만 아니라 교수자 개인도 성공하기 위해서는 적합한 사람을 선발하여야 한다. 하지만 평생교육기관이 교수자를 선발하는 데 어려움을 겪는 경우가 많다. 그 이유는 교수자 선발 이유, 즉 목적이 다양하기 때문이다. 교수자를 선발할 때는 직무에 대한 지식과 이해가 높아서 선발하기도 하고, 대인관계 능력이 뛰어나기 때문에 선발하기도 한다. 어떤 기관에서는 강의 기술과 언어 구사력을 보고 교수자를 선발한다. 하지만 선발하는 이유가 무엇이든 간에, 평생교육기관의 교수자는 교육 참가자들의 학습과 행동 변화에 대한 책무를 맡는다. 따라서 평생교육기관의 교수자는 열정적이며 흥미롭게 학습을 촉진할 수 있어야 한다. 그리고 교육 참가자들이 스스로 지식, 기술, 역량, 행동을 개선할 수 있도록 북돋아야 한다.

여기에서는 평생교육기관에서 교수자를 뽑을 때 어려움을 고려하여 〈표 2-1〉과 같이 Suessmuth가 제시한 '교수자 선발의 열 가지 준거'(Suessmuth, 1978)를 살펴보고자 한다. 〈표 2-1〉의 교수자 선발의 준거를 중요도 순으로 볼 때 처음 네 가지 준거는 '필수 요건'이다. 이 네 가지 준거를 충족시키지 못할 경우에는 교수자로 선발되어서는 안 된다. 나머지 여섯 가지 준거는 '부수적 조건'이다. 이 준거는 충족시키면 좋지만 그렇지 못한다고 해서 교수자로서 자격이 전혀 없는 것은 아니다. 이러한 준거들은 평생교육기관에서 평생교육 교수자를 선발하는 데 활용될 수 있다. 그러나 평생교육기관에서는 어떤 준거들이 평생교육기관의 요구에 더 적합한지를 판단해서 그에 따라 선발해야 한다.

‖ 표 2-1 ‖ **교수자 선발의 열 가지 준거**

구분		교수자 선발 시 요구역량	세부 내용
필수적 준거	1	교수자가 되고자 하는 욕구	• 다른 사람을 이끌고 싶어 하는 마음이 있어야 함
	2	타인과의 원활한 관계 능력	• 관계 능력은 주관적 기준이지만 꼭 필요한 능력임 • 가르치는 일이라는 것이 바로 다른 사람들과 함께 일하는 것과 다르지 않기 때문임
	3	지적 능력	• 가르치는 분야와 학습자의 반응에 따르게 대응할 수 있어야 함
	4	업무에서 무엇이 필요한지 아는 능력	• 그것은 안정과 돈보다는 자아실현임
부수적 준거	5	자신을 변화시키려는 의지	• 교수자는 변화할 수 있어야 함 • 훈련의 주요한 목적이 다른 사람을 변화시키는 것이기 때문에 교수자 자신도 기꺼이 변화와 성장을 보여 줄 수 있어야 함
	6	외향적이고 열정적이며 직관적인 능력	• 학습을 즐겁고 재미있게 만드는 능력이 필요함
	7	분석 능력	• 실습으로 가르치는 경우 반드시 필요치 않지만, 교수자는 누구에게, 무엇을, 어떻게 가르칠지를 분석할 수 있어야 함
	8	자아인식 능력	• 이 기준은 다섯 번째 준거와 관련됨 • 자아인식은 개인이 스스로에 대해 가진 지식을 나타내기 때문임 • 자아인식은 변화과정의 첫 번째 단계임
	9	안정감 (내적 일관성)	• 자신에게 만족하는 것은 내적 일관성을 보여 주기 때문에 중요함 • 이것은 대부분의 관리자, 현장감독, 직원에게 필요한 속성임
	10	경험	• 가르쳐 본 경험이 아니라 교수자가 가르치는 분야에서의 경험이 필요함

4) 평생교육 교수자의 역량과 기술

교수자는 요구 사정, 교수 활동, 교수 설계와 개발, 평가 기술을 가지고 있어야 한다. 또한 구조화된 공식적 교육과 비구조화된 비공식적 현직 학습 모두를 이해해야 한다. 자기 주도적이고 우연적인 학습에 대해 기본적인 지식도 가지고 있어야 한다.

이 모든 역량과 기술은 효과적인 학습 프로그램과 훈련 활동을 개발하는 데 필수적이다. 또한 파워포인트, 엑셀과 같은 소프트웨어에서부터 코로나19와 같은 신종 바이러스에 의한 교육환경의 변화에 대응하기 위한 실시간 비대면 수업용 교수 도구까지 광범위한 과학기술에 대한 이해도 필요하다.

(1) 요구 사정

평생교육 교수자는 교육에 참여하는 학습자의 학습활동을 설계하기 전에 질문지, 인터뷰, 초점진단, 공식적 토론을 통해 교육에 참여하는 학습자들의 학습에 대한 요구를 확인하고 효과적인 학습 운영을 위해 분석해야 한다. 또한 평생교육 교수자는 파악된 요구를 반영하여 프로그램의 우선순위를 결정한다. 마지막으로 평생교육 교수자는 교육에 참여하는 학습자들의 학습활동 전과 후의 변화를 평가하여 교육의 효과를 측정할 수 있어야 한다.

(2) 교수 활동

평생교육에서 교수자가 해야 할 가장 중요한 활동은 가르치는 일이다. 따라서 수업에 참여하는 학습자들을 위한 교육 자료실을 마련하고 유지하는 것도 중요하다. 또한 교수자는 다양한 교수 방법을 효과적으로 사용할 수 있어야 한다. 교수 방법의 예로는 행동 모형, 모의실험과 게임, 시연, 토론, 강의, 소집단 기법 등이 있다.

1988년에 '훈련, 수행, 교육에 관한 국제표준위원회(International Board of Standards for Training, Performance and Instruction: IBSTPI)'는 교수자를 위한 역량 목록을 제시하였는데, 이 역량 목록은 평생교육 교수자와 평생교육 단체에서 학습 프로그램을 개발하기 위한 준거가 된다. 이는 학습자의 수행뿐 아니라 교수자의 현재 기술 수준을 측정하는 수단으로도 활용된다. 평생교육 교수자를 위한 가장 종합적인 역량 목록으로 내용은 다음과 같다.

① 교육 자료와 학습자 정보를 분석한다.

② 교육 장소를 준비한다.

③ 학습자에 대한 신뢰를 유지한다.

④ 학습 환경을 관리한다.

⑤ 효과적인 의사소통 기술을 보여 준다.

⑥ 효과적인 발표 기술을 보여 준다.

⑦ 효과적인 질문 기술을 보여 준다.

⑧ 학습자의 명료화와 피드백에 대한 요구에 적절하게 반응한다.

⑨ 강화를 제공하고 동기를 부여한다.

⑩ 적절한 교수 방법을 사용한다.

⑪ 효과적으로 매체를 사용한다.

⑫ 학습자의 수행을 평가한다.

⑬ 교육 활동을 평가한다.

⑭ 평가 결과를 보고한다.

(3) 교수 설계와 개발

평생교육 교수자의 세 번째 역량은 교수 설계와 개발이다. 이 과정은 여러 단계로 이루어지며 이 과정을 통해 학습자의 지식, 기술, 역량을 증진하고 행동을 개선하는 학습활동이 만들어진다. 교수 설계와 개발 과정의 구성 요소는 다음 〈표 2-2〉와 같다.

‖ 표 2-2 ‖ **교수 설계와 개발 과정의 구성 요소**

교수 설계 과정 구성 요소	교수 개발 과정 구성 요소
• 프로그램의 학습목표를 설정한다. • 구체적인 요구를 충족시키는 프로그램을 계획한다. • 프로그램의 내용과 활동을 설정한다. • 프로그램 구조를 설정한다. • 프로그램과 활동의 순서를 설정한다. • 요구를 충족시키기 위해서 기존의 프로그램을 사용할지, 아니면 새로운 프로그램을 개발할지를 결정한다. • 프로그램과 활동을 위해 필요한 비품과 용품을 확인한다.	• 대안적 교수 방법을 평가한다. • 교육 및 훈련자료를 개발한다. • 프로그램 참가자 선발 기준을 개발한다. • 평가를 위한 연습문제와 검사를 개발한다. • 자기평가도구를 개발한다. • 영상자료를 위한 원고를 준비한다. • 삽화, 슬라이드, OHP 자료, PPT 자료를 준비한다.

(4) 평가 기술

평생교육에서 교수자의 마지막 역량과 기술은 프로그램과 학습자를 평가하는 일이다. 평가의 궁극적인 목적은 교육 프로그램 참가자의 특정한 학습활동이 참가자와 참가자의 주변(가족, 조직)에 어떤 영향을 미쳤는지를 파악하는 데 있다. 평가에는 타당하고 신뢰성 있는 평가도구를 설계·개발하는 일과, 성취도 검사, 적성검사, 설문조사를 실시하는 일이 포함된다(이성, 2007).

평가의 종류는 학습 평가, 반응 평가, 행동 평가, 결과 평가의 네 가지로 나눌 수 있으며, 그 내용은 〈표 2-3〉과 같다.

‖ 표 2-3 ‖ **평가의 종류와 내용**

평가	내용
학습 평가	학습자가 학습한 것을 측정하는 것
반응 평가	학습자의 느낌과 태도를 확인하기 위한 것
행동 평가	학습자의 행동 또는 수행에 있어서 변화를 파악
결과 평가	학습자의 학습이 소속 조직 또는 단체에 미친 궁극적인 성과 파악

출처: Kirpatrick (2006), Swanson (2001).

행동과 결과 평가는 학습활동에 들어간 비용이 많고, 행동 변화를 측정하거나 결과를 계량화할 수 있을 때 사용하는 것이 좋다. 반응과 학습 평가는 학습활동에 든 비용이 적을 때, 그리고 학습자의 정서적 반응과 학습이 일어났는지를 파악하는 것이 중요할 때 사용한다. 반응과 학습 평가는 개발하고 관리하기가 쉽고 편하다. 반면, 행동과 결과 평가는 시행하고 관리하기가 훨씬 복잡하고 어렵다.

네 가지 유형의 평가는 각각 고유한 기능이 있는 만큼 교수자는 상황에 맞는 적절한 평가 방법을 선택해야 한다.

3. 평생교육 프로그램 개발자

1) 교수 설계자

교수 설계자의 역할은 평생교육의 기본적인 역할 중에서 가장 잘못 이해되곤 한다. 초기의 역량 및 역할 연구(Mclagan, 1989; Mclagan & Bedrick, 1983; Nedler, 1970)는 교수 설계자의 역할과 교수자의 역할을 구분하고 있지 않다. 훈련 프로그램을 제공하고 운영하는 사람이 교수 설계도 하는 경우가 많다. 따라서 교수 설계를 교수자의 책무로 보는 경우가 흔하다. 어떤 유형의 조직인지, 역할 분담이 어떻게 이루어졌는지 간에 상관없이 교수 설계자의 핵심적 역할은 학습활동을 설계하고 개발하는 것이다. 따라서 이를 상세하게 검토해 볼 필요가 있다. 이를 위해 먼저 교수 설계자의 역할을 기술하고, 그다음에 활동과 역량을 알아보고자 한다.

2) 교수 설계자의 역할

교수 설계자는 프로그램 설계자, 수업자료 작성자, 매체 전문가, 과업 분석가, 이론가의 다섯 가지 역할을 수행한다. 이 역할들은 상호 관련성을 갖는다. 각각의 역할에 대해 알아보면 다음과 같다.

(1) 프로그램 설계자

교수 설계자의 핵심적인 책무는 평생교육 프로그램 학습자의 변화 촉진 활동을 설계하는 것이다. 따라서 프로그램 설계자로서의 역할은 교수 설계자에게 매우 중요하다. 프로그램 설계자로서 역할은 수행목표를 설정하고, 그 목표를 달성하기 위한 학습활동을 선정하며, 그것들의 우선순위를 결정하는 것이다. 하나의 목표를 성취하는 데는 한 가지 이상의 학습활동이 필요하기 때문이다.

또한 프로그램 설계자는 교육 프로그램 참가자의 학습활동에 적절한 매체, 자료, 훈련 보조물을 선정하여야 한다. 이것은 프로그램 설계자의 매체 전문가로서의 역할이기도 하다.

(2) 수업자료 작성자

수업자료 작성자로서 역할은 평생교육 프로그램에 사용될 워크북, 자료집, 프로그램 운영 매뉴얼, 유인물 같은 문서화된 수업자료를 개발하는 것이다. 특히 수업자료 작성자로서 해야 할 가장 중요한 활동 가운데 하나는 평생교육 프로그램 운영 제안서를 작성하는 것으로, 주로 요구분석이 끝난 후에 이루어진다. 프로그램 운영 제안서는 프로그램의 필요성, 성취해야 할 목표, 예상되는 학습 결과, 프로그램 참여 형태, 제안된 프로그램에 대한 개요, 구체적인 예산, 기대되는 효과 등을 포함한다.

(3) 매체 전문가

매체 전문가로서 역할은 평생교육 프로그램 학습자의 학습활동에 가장 적합한 시청각 매체와 컴퓨터 모의훈련 방법을 선정하는 것이다. 이 매체들은 학습자의 학습 참여를 촉진하고, 기억력을 증진시키며, 자료의 제시 방법을 체계화하는 데 도움을 준다. 가장 적합한 매체를 선정하기 위해서 다음 준거를 참고할 수 있다.

- 프로그램 학습자 집단의 크기
- 프로그램 운영 시설(강의장 외)의 크기와 형태
- 프로그램 비용
- 프로그램에 학습자들의 개인적 선호 요소
- 프로그램 학습장소 및 시설 내에서의 이동성
- 프로그램 교육 활동의 내용
- 프로그램 시간
- 프로그램 참여자의 학습 스타일 등

(4) 과업 분석가

과업 분석가로서 역할은 평생교육 프로그램을 위한 하나의 직무를 작은 부분들로 나누어서, 학습자가 그 직무에서 요구하는 것을 단계별로 학습해 가며 알 수 있도록 한다. 과업 분석에서 교수 설계자들은 한 직무의 각각의 부분에서 학습자들이 수행해야 할 것을 기술하고 측정한다. 그에 따라 교수 설계자들은 교수 활동을 통해 가르쳐야 할 것이 무엇이고 그것을 어떻게 측정하여야 할지를 알 수 있다.

또한 과업 분석은 학습을 학습자들의 생활 또는 업무에 전이시키는 데도 기여하고, 생활 또는 업무를 조정하는 데도 활용될 수 있다. 마지막으로, 과업 분석은 생활과 업무 수행 측정기준에 대한 정보를 제공한다. 그러므로 학습자들이 수행 기준을 충족하고 있는지를 판별하는 데 사용될 수 있다. 따라서 종합적인 과업 분석은 다음과 같은 요소들을 포함해야 한다(Donaldson & Scannell, 2000).

- 수행되어야 할 과업 기술
- 과업이 수행되어야 할 시간과 빈도
- 수행의 양과 질
- 과업 수행의 조건
- 전반적인 직무 목적에서 각각의 과업이 갖는 중요도
- 과업 수행에 필요한 적성, 기술, 지식
- 필요한 학습의 유형
- 학습의 난이도
- 필요한 비품, 도구, 자료
- 학습하기에 가장 적합한 장소와 위치

이러한 각각의 요소는 교수 설계자가 효과적으로 변화 활동을 설계하고 개발하는 데 필요한 정보들이다.

(5) 이론가

교수 설계자의 마지막 역할은 이론가로서의 역할이다. 이것은 학습과 프로그램 개발 과정에 관련된 모형과 이론을 개발하는 것을 말한다. 교수 설계자들은 종종 특정한 업무를 수행하기 위한 '더 좋은 방법'을 개념화할 것을 요청받는다. 이를 위해서는 추상적인 개념과 아이디어를 시각화하고 그 관계를 명확히 설정하는 능력이 필요하다. 이론가로서 교수 설계자들은 기존의 관점과는 다른 독특한 시각으로 문제에 접근하려는 의지가 있어야 한다. 또한 미래지향적인 관점을 가져야 한다.

평생교육은 대부분 성인을 대상으로 하는 학습이므로 성인 학습이론과 프로그램 설계에 관한 높은 수준의 지식이 필요하기도 하다. 무엇보다도 중요한 것은 프로그램 학습자를 변화시킬 가장 효율적인 방법을 찾아내는 데 전념하는 것이다. 그다음에 역동적이고 발전적인 해결책을 개발해야 한다.

3) 교수 설계자의 활동

여기에서는 프로그램 계획, 설계, 평가 과정의 각 단계에서 교수 설계자의 활동을 교수학습 철학, 요구분석, 피드백, 프로그램 설계, 프로그램 개발, 평가, 책무성 등 일곱 가지 활동으로 나누어 살펴볼 것이다.

첫 번째 활동은 교수 설계자가 학습 과정에 대한 자신의 철학을 정립하는 것이다. 자신의 철학에 적합한 교수 방식을 선택하는 것이 적합한 교수 활동을 하는 길이다. 또한 개인의 학습방식을 규명하고, 이에 맞게 학습활동을 조정 또는 수정해야 한다. 교수 설계자들은 후속 단계가 그의 철학에 기초하여 이루어질 것이라는 점을 인식한다. 즉, 그의 신념이 다음 단계에서의 의사결정에 영향을 미치게 된다. 학습과 수행목표의 설정도 학습 과정에 대한 그의 개인적 철학에 기초한다.

두 번째 활동인 요구분석은 교수 설계자의 가장 중요한 역할 가운데 하나이다. 여기에서는 요구분석 방법과 모형을 확인하고 자료를 수집, 분석, 해석하며 프로그램 개발 영역을 결정하고 요구에 기초하여 학습과 프로그램 활동을 설정한다.

세 번째 활동인 피드백은 파악된 요구를 기관 또는 관련 조직의 핵심 의사결정자들과 공유하는 것이다. 그들의 피드백을 통해 기관 또는 조직과 교수 설계자가 직면한 문제 또는 기회에 대한 합의가 도출될 수 있다. 그렇게 해서 설계·개발된 프로그램은 기관 또는 학습자의 소속 조직에서 지지를 얻게 될 것이다. 더욱이 피드백 단계에서는 요구를 분명하게 확인함으로써 비용은 많이 들면서 활용도는 낮은 프로그램의 개발을 막을 수 있다. 마지막으로 피드백은 기관 또는 학습참여자의 소속 조직 내에 필요한 강력한 연계체제를 구축하여 평생교육기관의 위상을 제고하고 참여하는 학습참여자의 학습을 촉진한다.

네 번째 활동인 프로그램 설계는 기관 또는 학습자의 소속 조직에 학습 또는 프로그램 활동을 실제로 설계하는 것이다. 따라서 프로그램 설계는 교수 설계자의 활동 중에서도 매우 중요하지만 그것은 일곱 단계 가운데 하나일 뿐이다. 다른 단계의 활동에서 얻어진 정보와 분리하여 프로그램을 설계하면, 그 학습 프로그램은 프로그램에 참여하는 학습자들의 수행을 개선하고 행동을 변화시키는 데 실패할 것이다. 따라서 이 단계의 가치에 대한 적절한 관점을 유지하는 것이 중요하다.

다섯 번째 활동은 프로그램 개발이다. 이 단계에서는 실제 활동으로 움직인다. 즉, 학습활동이 설계된 후에 교수 설계자들은 학습에 필요한 구성 요소를 만들어 낼 수 있어야 한다. 이 구성 요소는 학습 계획, 교수 전략, 교수 자료, 학습자를 위한 자료로 이루어진다. 학습 계획은 청중, 주제, 내용, 훈련 장소, 시간 구성, 학습목표를 확인하는 기본 틀이 된다. 다음으로 교수 설계자들은 프로그램 또는 각 활동에 적합한 교수 전략을 개발하고, 학습목표를 달성하기 위한 전반적인 방법론을 결정한다. 이것은 적절한 교수 방법을 선택하기 전에 먼저 학습활동과 학습목표를 통합하는 것을 의미한다. 교수 설계자들은 교수 전략을 개발할 때 다음의 준거를 고려해야 한다.

- 시간
- 집단의 크기
- 학습자의 유형과 그들의 경험 수준
- 학습자의 학습방식
- 학습목표
- 교수자의 역량과 능력
- 학습 형태(예: 인지적, 정의적, 심리 운동적)
- 학습자 배경
- 교수 활동의 수준(학습활동, 개발, 교육)
- 프로그램 학습 또는 학습활동의 목적

학습전략을 결정하고 나서, 교수 설계자들은 학습활동에 필요한 교수 매체를 개발한다. 이것은 PPT 자료와 같이 간단한 것일 수도 있고, 영화나 비디오테이프 제작같이 복잡한 것일 수도 있다. 이 방법은 학습을 촉진하고 학습한 것을 오래 기억하게 해 준다. 프로그램 개발에서 교수 설계자들은 전체 학습 계획에 기초하여 적합한 매체를 선택하고 그 사용 순서를 정한다. 마지막으로, 매체는 강의를 대체하는 것이 아닌 보조 수단으로서 활용되는 것으로, 매체가 프로그램 학습 과정을 방해해서는 안 된다. 또한 교수 설계자들은 유인물, 공책, 도화지, 논문, 견본, 공구, 비품 등과 같은 학습 자료를 학습자에게 제공한다. 이러한 자료들은 프로그램이나 활동의 성공적인 또는 효과적인 개발에 매우 중요하다. 프로그램이 개발된 후에 교수자는 학습활동을 전개한다. 프로그램 설계자가 전달도 한다면 프로그램 설계 이외의 활동을 수행하는 것인데, 실제로 설계자 가운데 다수가 교수자로서 전달도 하고 있기에 두 역할 사이에는 밀접한 관련이 있다. 이런 경우에 교수 설계자들은 두 가지 역할을 모두 수행할 수 있어야 한다.

여섯 번째 활동은 평가 전략을 개발하는 일이다. 평가를 통해 프로그램의 효과, 교수 기술, 학습자의 능력, 그리고 교수 설계자의 역량을 파악할 수 있다. 따라서 평가는 가장 중요한 활동 가운데 하나이다. 교수 설계자들은 적절한 평가 방법을 설정해야 한다. 또한 교수자의 역량과 기술, 그리고 전체 프로그램의 효과성을 측정할 수 있는 평가 전략을 개발해야 한다. 프로그램의 효과성과 운영의 용이성은 학습자의 반응만큼이나 중요하다. 진술된 학습목표에 따라 프로그램을 측정하여 목표가 어느 정도로 달성되었는지를 파악하여야 한다. 또한 프로그램의 설계를 검토하기 위해서 그 프로그램의 약점과 강점을 파악하여야 한다. 마지막으로 학습자 평가에는 전체적인 학습의 효과성을 반영해야 한다. 교수 설계자들은 또한 교수자 평가를 개발하여, 교수자 또는 조력자로서 역량과 효과성을 측정한다. 교수자 평가는 다음의 사항을 포함하여야 한다.

- 대인관계 기술
- 의사소통 방식
- 강의 능력
- 학습 환경의 개발과 관리
- 교수자의 신뢰성
- 질의응답 기술
- 매체의 효과적 사용
- 교수 방법의 적절한 사용
- 복잡하고 어려운 자료를 설명하는 능력
- 학습 촉진 기술

3. 평생교육 프로그램 개발자

- 학습자에 대한 분석
- 피드백과 동기 부여 기법의 효과적인 사용

　일곱 번째 활동은 책무성이다. 교수 설계자들은 학습 프로그램과 관련된 책무성 전략을 개발해야 한다. 이것은 피드백 과정을 설정하여 학습활동 설계자, 학습자, 교수자, 평생교육 관리자, 조직의 의사결정자나 이해관계자에게 프로그램의 효과를 알리는 것을 의미한다. 여기서 중요한 것은 모든 학습활동이 이들 모두 또는 일부에게 영향을 미친다는 것이다. 따라서 이들은 자신의 수행에 관한 피드백을 받아서 향후 그들의 수행과 프로그램을 개선하는 데 활용할 수 있어야 한다.

4) 교수 설계자의 역량

　'훈련, 수행, 교육에 관한 국제표준위원회(IBSTPI)'는 1986년 교수 설계자를 위한 종합적인 역량 목록을 출판하였다. 이 목록의 목적은 교수 설계자와 기관 또는 프로그램 학습자 소속 조직에 학습 프로그램을 설계하는 기준을 제공하는 것이다. 또한 학습자의 수행상 약점을 보완하기 위한 훈련계획을 설정하고 교수 설계자의 현재 기술 수준을 측정하는 데도 사용될 수 있다. 이 역량 목록은 지금까지 출판된 것 가운데 가장 종합적으로 교수 설계자를 위한 역량 목록을 제시한다. 그 내용은 다음과 같다.

- 교수 설계를 위해 적절한 프로젝트를 결정
- 요구사정을 실시
- 학습자 또는 훈련생의 특성을 평가
- 학습 환경의 특징을 분석
- 직무, 과업, 내용 분석을 수행
- 수행목표 진술문을 작성
- 수행 측정을 개발
- 수행목표의 순서를 결정
- 교수 전략을 구체화

- 교수 자료를 설계
- 교수 · 학습활동을 평가
- 교수 관리 체제를 설계
- 교수 설계 프로젝트를 계획하고 점검
- 시각, 언어, 문서를 활용하여 효과적으로 의사소통
- 다른 사람들과 효과적으로 상호작용
- 교수 설계의 활용을 촉진

4. 평생교육기관 관리자

평생교육기관 관리자의 역할은 상호 관련되는 몇 가지 하위 역할로 이루어진다. 각각의 역할은 기관의 평생교육에 참여하는 학습자의 효율적이고 효과적인 학습을 위해서 필요하다. 여기에서는 평생교육기관 관리자의 역할에 대해 네 가지로 나누어 알아보고자 한다.

첫째로, 평생교육기관 관리자의 역할이다. 전략적 사업동반자로서 역할, 평가자로서 역할, 기관의 학습 · 수행 · 변화 체제의 관리자로서 역할, 평생교육기관의 경영자로서 역할, 프로젝트 리더로서 역할, 운영 리더로서 역할, 학습관리자로서 역할에 대해 알아보고자 한다. 둘째로, 평생교육기관 관리자로서의 역량과 특성에 대해 알아본다. 셋째로, 평생교육기관의 관리자로서의 책무에 대해 알아보고자 한다. 넷째로, 평생교육기관의 계획, 조직, 인사, 통제에 대해 알아본다.

1) 평생교육기관 관리자의 역할

평생교육기관 관리자의 역할 중에서 상호 관련되는 각각의 역할은 효율적이고 효과적인 평생교육기관 운영을 위해 매우 중요하다.

(1) 전략적 사업동반자

평생교육기관 관리자의 가장 중요한 역할 가운데 하나는 전략적 사업동반자 역할이다. 동반자 관계는 목적과 협력이라는 두 가지 주요한 요소로 구성된다. 목적은 '왜' 동반자 관계가 필요한지를 규정하고, 그 관계의 초점과 방향을 제공한다. 어떠한 동반자 관계도 목적 없이는 존재할 수 없다. 기관의 최고경영자가 명확하고 분명하게 목적을 제시할 수 있거나 서로 간의 암묵적인 합의를 통하여 목적을 설정할 수도 있다. 어떤 경우이든 그들은 공동의 목적에 따라 협력한다. 한편, 협력은 평생교육기관 관리자와 고객이 공통의 목적을 추구할 때 형성된다. 협력은 평생교육기관 관리자, 고객, 목적 사이의 명시적 또는 묵시적인 역학 관계를 보여 준다. 그에 따라 상호 간의 역할과 초점은 분명해진다. 그것은 또한 서로에 대한 기본적 가정, 신뢰와 위험, 가치의 공유, 기대를 전제한다. 협력의 핵심적 부분들이 겉으로 드러나지 않고 숨겨져 있는 경우가 많다. Geoffrey Bellman(1998)은 평생교육기관 관리자와 고객이 협력하지 않으면 목적 달성에 실패할 가능성이 크다고 주장한다.

전략적 사업동반자 관계는 평생교육기관 관리자와 관계 직원들 사이에 형성된 조직 내부의 협력 체제이다. 그 목적은 평생교육기관이 전략적 사업 목적과 목표를 달성하고, 기관 전체의 전략 계획을 성공적으로 완수하기 위한 것이다. 이 관계는 장기적인 관점에 기초한 상호 의존적인 관계를 형성한다. 그런 가운데 평생교육기관 관리자는 고객의 요구를 더욱더 잘 이해하고 예측할 수 있다. 이러한 관계는 평생교육기관 관리자가 고객 봉사의 자세를 가지고 고객의 요구에 부응하도록 한다. 평생교육기관 관리자는 전략적 동반자로서 자기 자신과 고객 사이의 벽을 허문다. 그에 따라 고객은 학습, 수행, 변화 노력에 지속적으로 참여하고 투자한다. 동반자 관계는 평생교육기관 관리자가 고객의 가치와 기여도를 이해할 수 있게 한다. 따라서 평생교육기관 관리자는 고객의 수행 문제, 요구, 관심, 기대에 집중하게 되고, 그 결과로 상대방의 가치를 인정하게 된다. 전략적 사업동반자 관계는 평생교육기관 관리자가 고객과 인간적인 관계를 발전시킬 기회도 제공한다. 협력자로서 평생교육기관 관리자와 고객은 서로의 생각, 정보, 인식을 자유롭게 교환함으로써 신뢰를 쌓고 비전을 공유한다. 전략적 사업동반자 관계를 형성한다는 것은 평생교육기관 관리자가 기꺼이 고객을 알고자 하는 자세를 가지고 있음을 의미한다. 그뿐만 아니라 그가 고객으로부터 배울 수 있는 능력이 있다는 것을 말해 준다.

이 관계의 형성을 통해 평생교육기관 관리자는 기관의 프로그램에 대한 다양한 수요에 대응할 수 있다. 여기서 수요란, 평생교육기관에서 제공하는 프로그램에 대한 학습이나 활동에 시간과 노력을 투입하고 참여할 수 있는 능력과 의사를 가진 고객의 수를 말한다. 시간이 지남에 따라 수요는 기관의 평생교육 프로그램과 서비스로 변화한다. 평생교육기관 관리자는 지속적으로 변화하는 상황을 파악하고 이에 적절하게 대응하여야 한다. 전략적 사업동반자 관계를 형성함으로써 평생교육기관 관리자는 기관의 교육 프로그램을 변경하거나 개선하여 고객의 수요에 대응할 수 있다.

관계를 형성하는 또 다른 이유는 한정된 재정과 인적자원을 더 잘 관리하기 위해서이다. 평생교육기관 관리자는 동반자 관계를 통하여 어떤 프로그램이 조직에 가장 큰 가치와 효과가 있는지를 파악할 수 있다. 이런 정보에 기초하여 평생교육기관 관리자는 자원을 적절하게 배분할 수 있고 조직의 수행과 성과를 극대화할 수 있게 된다.

마지막으로 전략적 사업동반자 관계는 경제적 효용성을 갖는다. 즉, 그 관계를 통해 조직의 성과, 수익, 수입, 품질, 효율성을 제고한다. 일반적으로 전략적 제휴를 통해 평생교육기관 관리자와 고객은 상호 협력함으로써 조직의 경제적 생존능력을 향상시킨다. 다시 말해, 건강한 조직은 모두에게 이익을 준다.

(2) 평가자

평생교육기관 관리자는 기관의 프로그램이 조직의 효율성에 미치는 영향력을 평가한다(Russ-Eft & Preskill, 2009). 평가자로서 관리자는 기관의 프로그램 평가를 설계, 개발, 실행하고 성과 평가와 비용-편익분석을 실시해야 한다. 이를 통해 직원들과 기관의 조직 학습, 수행개선, 변화의 효과를 알 수 있다. 평생교육기관 관리자는 경력개발 프로그램과 조직개발 활동을 평가할 책무도 있다. 교수자, 교수 설계자, 직원들의 효과성도 평가한다. 요약하면, 평생교육기관 관리자는 기관의 교육 기능과 그 결과, 효과성, 영향력 및 소속 구성원의 모든 측면을 평가할 책임을 진다.

(3) 조직의 학습, 수행, 변화 체제 관리자

평생교육기관의 구성원들을 위한 교육 프로그램은 지식, 역량, 기술, 태도를 증진하고, 더 나은 수행과 조직체제를 만들어 성과, 생산성 및 기관의 효과성을 향상한다. 다시 말해서, 구성원들을 위한 교육 프로그램은 학습, 수행 및 변화와 그것이 구성원들과 기관의 조직에 미치는 효과와 영향력에 관한 것이다(Gilley & Maycunich, 2000a). 평생교육기관 관리자는 기관에서 구성원들의 학습을 관리하고 성장을 촉진하는 프로그램을 개발할 책임을 진다.

평생교육기관 관리자는 프로그램 계획과 설계에 대해서뿐만 아니라 학습자, 프로그램, 교수자를 평가하는 방법도 알아야 한다. 또한 학습을 전달 또는 촉진하고, 변화를 야기하며, 수행 문제를 밝히고, 직무를 설계하며, 기관조직 차원의 수행개선 체제를 개발하고, 학습 전이 체제를 실행하며, 수행분석, 원인분석, 조직분석을 할 수 있어야 한다. 평생교육기관 관리자는 성인 학습이론, 체제이론, 실천학습, 적절한 교수 전략, 수행평가 기법, 보상체제에 대한 지식을 가져야 한다. 현장훈련, 집합교육 및 직무를 통한 학습활동에 대한 이해도 필요하다. 마지막으로 평생교육기관 관리자는 경력개발, 수행관리, 조직개발의 중요성과 그것이 학습, 개발, 변화에 어떻게 기여하고 그것을 언제 학습체제에 통합하는 것이 적절한지에 대해서도 알아야 한다.

(4) 기업가

평생교육기관에서 관리자가 업무를 지휘하는 일은 작은 기업을 운영하는 것과 유사하다(Fuller & Farrington, 1999; 185). 다른 소규모 사업과 비슷하게, 기관에서 제안하는 프로그램의 제안은 승인되거나 거부될 수 있다. 따라서 Meyer와 Allen(1991)는 평생교육기관에서 관리자가 잠재적인 고객들을 인식하고, 그들에게 제안하는 프로그램의 가치를 알리며, 고객들이 그들의 요구를 충족시키는 활동에 참여하도록 촉진할 필요가 있다고 주장하였다.

(5) 프로젝트 리더

모든 학습활동, 수행개선 활동, 조직개발과 변화 활동은 하나의 프로젝트로 관리, 실행, 평가되어야 한다(Fuller, 1997). 따라서 평생교육기관의 관리자는 프로젝트 리더가 될 수 있어야 하며, 기관 내에서 이루어지는 교육 프로그램 프로젝트를 관리할 능력이 있어야 한다. 그러나 평생교육기관 관리자가 이것을 자신의 본질적인 책무로서 인식하지 못하는 경우가 너무나 많다. 그래서 많은 평생교육기관 관리자가 프로젝트 계획과 관리에 대한 실제적인 방법과 기술을 가지지 못하고 있다 (Gilley & Maycunich, 1998).

(6) 운영의 리더

이 역할은 평생교육기관 관리자의 주요한 역할로 여겨지는 경우가 많다. 이는 마케팅과 더불어 경영관리의 기본 요소인 계획, 조직, 인사, 통제로 구성된다. 각각의 요소에 대해서는 이 장의 후반부에서 자세히 다룰 것이다. 또한 다음의 사항에 대해 미치는 영향을 검토할 것이다.

- 인적자원개발(Human Resources Development: HRD)에서 전략적 계획의 중요성
- 구성원의 모집, 선발, 고용, 평가 및 개발
- 인적자원개발(HRD) 예산 개발과 통제
- 인적자원개발(HRD) 정책, 절차 및 기준
- 재정관리
- 비품과 시설의 관리
- 원료 개발과 관리
- 직원과 업무 과정의 감독
- 프로그램 일정 조정
- 환경관리

(7) 학습관리자

평생교육기관의 주요한 목표 가운데 하나는 학습을 통해 구성원들과 기관에 영향을 미치는 것이다. 평생교육기관 관리자는 기관 내 조직에서 학습을 주창하고, 학습 프로그램을 개발할 뿐만 아니라 학습한 것을 업무에 적용할 유용한 전이 전략을 개발할 책무를 가진다(Brinkehoff & Gill, 1994).

(8) 전략가

평생교육기관 관리자는 기관의 장기적이고 광범위한 인적자원 전략을 계획하고 개발한다(Walton, 1999). 여기서 구성원들을 위한 인적자원개발은 기관 전체 조직의 일상적인 업무로 완전하게 통합되어야 한다. 평생교육기관에서 구성원 인적자원개발은 기관의 한 조직의 구성 요소로 한정되기에는 적절치 않다. 즉, 기관의 모든 조직에 모든 과정에 스며들어야 한다. 전략가로서 평생교육기관 관리자는 기관의 인적자원개발의 장단점을 확인하고, 프로그램을 계속할 것인지 아니면 중단할 것인지를 계획한다. 또한 기관의 인적자원개발이 직면한 위협과 기회를 구분하고, 기관의 인적자원개발에 영향을 주는 외부의 힘이나 동향을 파악한다. 예를 들어, 과학기술의 발달이 교수 전략과 전달체제에 어떤 영향을 미치는지를 분석한다. 평생교육기관의 관리자는 장기적인 계획을 실행하기 위한 지침을 개발하고, 기관의 인적자원개발의 대안적 방향을 제시한다. 마지막으로, 평생교육기관의 관리자는 비용 편익 분석을 통해 기관의 인적자원개발이 조직에 미치는 효과를 측정한다.

평생교육기관 관리자는 경영진의 일원인 동시에 학습을 통한 수행과 생산성 향상의 주창자로서 역할을 수행한다. 평생교육기관의 조직 구성원으로서 관리자는 기관의 인적자원개발의 가치를 보여 준다. 평생교육기관에서 기관의 인적자원개발은 기관 운영에 매우 중요하기 때문에 그렇게 대접받아야 한다.

(9) 문제해결자

문제해결자로서 평생교육기관 관리자는 의사결정 과정에 적극적으로 참여하여, 경영 과정을 변화시킨다. 문제해결자로서 평생교육기관 관리자는 고객이 원하는 결과를 얻을 수 있도록 의사를 결정하는 것을 도와주는 데 대부분의 시간을 투입한다.

Rossett(1999)는 평생교육기관 관리자가 문제의 근본 원인을 확인하고 인과 관계를 증명한 후에 해결책을 제시하고 실행해야 한다고 주장했다. 그래야만 제기된 문제가 실제로 기관에 중요한지를 확실히 알 수 있기 때문이다.

(10) 변화 촉진자

변화 촉진자로서 평생교육기관 관리자는 기관의 인적자원개발의 지속적인 개선

계획을 개발한다. 이를 위해 기관의 인적자원개발에 대한 강점과 약점을 규명한다 (Ulrich, D., 1997). 그는 기관의 인적자원개발에 대한 외부의 위협과 기회를 파악하고, 기관의 인적자원개발에 영향을 미치는 힘과 동향을 검토하며, 장기적인 계획을 실행하기 위한 지침을 개발하고, 기관의 인적자원개발의 대안적 방향을 결정한다. 변화 촉진자는 기관의 인적자원개발이 조직에 미치는 효과를 측정·분석하고, 기관의 광범위하고 장기적인 인적자원 전략을 계획하고 개발한다. 이를 통해 기관의 인적자원개발을 조직 전체의 일상적인 업무로 통합시킨다.

(11) 마케팅 전문가

조직 내에서 지지를 얻고 신뢰를 향상하기 위해서 평생교육기관 관리자는 조직 경영팀의 일원이 되어야 한다. 그는 회의에 참석하여 발표하고, 여러 위원회에서 활동하며, 글을 쓰고 전문적인 보고서를 작성하는 활동을 통해서 기관의 프로그램 자원개발이 조직의 발전에 중요하다고 강조한다. 또한 기관의 프로그램 자원개발의 중요성을 알리며 지속적인 발전을 지원하는 네트워크를 형성한다. 그럼으로써 프로그램 자원개발은 평생교육기관의 모든 구성원과 조직에 계속해서 유용한 존재가 될 수 있다.

2) 평생교육기관 관리자의 역량과 특성

(1) 평생교육기관 관리자의 역량

Gilley와 Maycunich(2000b: 59-61)는 평생교육기관 관리자가 반드시 가져야 할 역량을 제시했다. 이것은 Ulrich, D.(1997), Simonsen(1997), Shera(1994)가 주장했던 것이기도 하다.

- 사업에 대한 지식: 사업이 어떻게 운영되는지를 이해해야만 평생교육기관 관리자는 소속 평생교육기관을 변화시키기 위한 적절한 활동을 개발할 수 있다. Ulrich, B. D.(1997)는 사업에 대한 통찰력을 갖기 위해서는 인적자원개발뿐만 아니라 마케팅, 재정, 전략, 기술, 판매 같은 분야의 지식과 경험이 필요하다고 보았다.

- 프로그램 자원개발 실천에 대한 지식: 평생교육기관 관리자는 최상의 수준에서 혁신적이고 효과적으로 프로그램 자원개발을 실천하여야 한다. 이를 위해서는 분석, 해결책 설계, 수행관리, 학습과 개발, 조직과 직무의 설계, 수행과 조직개발(Orgamization Development: OD) 컨설팅, 평가에 대한 지식이 필수적이다.
- 변화관리에 대한 지식: 평생교육기관 관리자는 변화 과정을 관리한다. 이 과정에서 그는 고객과의 관계를 설정하고, 문제를 진단하며, 문제에 대한 근본 원인을 밝히고, 인과 분석을 하고, 비전을 명료화하며, 문제를 해결하고, 목적을 달성함으로써 전문적인 변화 촉진자로서 능력을 보여 주어야 한다.
- 대인관계 및 의사소통 기술: 평생교육기관 관리자는 자신과는 다른 배경을 가진 사람들과의 관계를 형성하고 유지하는 뛰어난 대인관계 기술이 필요하다. 그는 다른 사람들의 생각을 받아들이고 지지하는 협력적 태도와 갈등 해결 기술을 개발하여야 한다. 그럼으로써 의견 차이를 효과적으로 관리하여 서로 상생 발전할 해결방안을 찾을 수 있다.
- 리더십 기술: 평생교육기관 관리자는 다양성을 인정하고 새로운 통찰력과 아이디어를 채택하여 변화를 이끌어야 한다. 리더십 기술을 통해서 변화를 탐색하고, 주도하며, 지원한다. 또한 변화를 관리하고 새로운 조직 전략을 이끈다.
- 사업 기술: 평생교육기관 관리자는 조직에 대해 학습하고, 문화를 이해하며, 경험이 없으면 쉽게 얻을 수 없는 조직에 대한 지식을 획득하여야 한다.
- 문제해결 기술: 평생교육기관 관리자는 문제를 진단하고, 대안을 제시하고 분석하며, 근본 원인을 밝히고, 인과분석을 실시하며, 올바른 의사결정을 하고, 실행하여야 한다. 그럼으로써 기관의 조직 구성원들이 어렵고 복잡한 문제를 해결할 수 있도록 돕는다.

(2) 효과적 평생교육기관 관리자의 특성

Nadler와 Wiggs(1986)는 효과적인 평생교육기관 관리자의 특성을 제시하였는데, 이 특성들은 모두 평생교육기관의 프로그램 자원개발을 종합적이고 능력 있는 부서로 발전시키는 데 필수적이다.

첫째, 평생교육기관 관리자는 조직의 학습, 수행, 변화를 촉진하는 프로그램 자원개발 활동을 계획할 수 있는 능력을 가져야 한다. 이러한 활동은 기관의 구성원, 고객 이외의 조직 관계자들의 요구에 부응하는 것이어야 한다.

둘째, 1년에서 5년 단위로 프로그램 자원개발 활동의 우선순위를 설정할 수 있어야 한다. 다시 말해서 평생교육기관 관리자는 프로그램 자원개발 활동에 관해서는 미래학자여야 한다.

셋째, 평생교육기관 관리자는 프로그램 자원개발 활동에 가장 적합한 기관의 조직구조와 위치를 규명할 수 있는 능력을 가지고 있어야 한다.

넷째, 평생교육기관 관리자는 효과적인 의사소통 기술을 가져야 한다. 이를 통해 효과적으로 조직의 리더와 대화할 뿐만 아니라 기관의 구성원들을 올바르게 이끌 수 있다.

다섯째, 평생교육기관 관리자는 효과적인 프로그램 자원개발 정보관리체제를 개발하여 내부 및 외부의 자료를 입수할 수 있어야 한다.

여섯째, 평생교육기관 관리자는 기관의 프로그램 자원개발 담당자의 전문화를 위한 목표 지향적 업무분장을 개발해야 한다. 이와 더불어, 평생교육기관 관리자는 소속 구성원들의 지속적인 성장을 촉진하는 학습, 수행, 변화 활동을 개발할 수 있어야 한다.

일곱째, 효과적인 평생교육기관 관리자는 자신이 주장하는 것을 실천하여야 한다. 예를 들어, 많은 기관의 프로그램 자원개발 부서가 참여적 관리 기법과 열린 리더십을 주창해도, 평생교육기관 관리자가 이런 프로그램을 자신의 일상적인 업무에서 실천하지 못한다면, 누구도 그것을 받아들이거나 신뢰하지 않을 것이다.

여덟째, 평생교육기관 관리자는 충분한 기술적 능력을 가지는 동시에 실천적이고 적용 지향적이어야 한다.

아홉째, 효과적인 평생교육기관 관리자는 소속 구성원들이 의사결정 과정에 참여하도록 하고, 더 많은 참여와 책임을 가질 수 있는 기회를 제공함으로써 구성원들에게 자신감을 심어 주어야 한다. 이를 임무와 책임의 위임이라고 한다.

평생교육기관 관리자는 이러한 기회를 제공함으로써 그가 소속 구성원들을 믿고 신뢰한다는 것을 알린다. 이는 구성원들의 자신감과 팀 정신을 형성시켜 소속 평생교육기관의 전체 부서를 발전시킨다.

3) 평생교육기관 관리자의 책무

전략적 평생교육기관 관리자는 소속기관의 프로그램 자원개발의 사명과 목적을 달성하는 데 있어서 몇 가지 책무를 가진다. Gilley와 Maycunich(2000b)는 가장 중요한 것으로 다음의 열두 가지를 제시했다.

- 문화 변화의 창출
- 프로젝트 리더십의 발휘
- 중점 전략의 수립
- 인적자원개발(HRD)의 효과 주창
- 지식 전이 촉진
- 전략적 비전의 수립
- 다른 부서에 대한 이해
- 사업성과의 달성
- 이미지 관리
- 변화를 위한 합의와 참여 도출
- 변화의 계획과 관리
- 인적자원개발(HRD)의 영향력 평가

4) 평생교육기관의 계획, 조직, 인사, 통제

평생교육기관 관리자는 경영관리의 주요 요소를 검토함으로써 소속기관의 사업 효율성, 실행, 품질 향상 과정의 틀을 형성할 수 있다. 경영관리 과정은 평생교육기관 관리자가 수행하는 일련의 활동을 포함한다. 그 활동이란 계획, 조직, 인사, 통제이다. 이 활동들 사이의 관계를 형성하는 것이 경영관리 기능의 핵심이다.

(1) 계획

계획은 바람직한 성과를 달성하기 위하여 미래에 수행할 일련의 행위를 일관성 있고 조화롭게 배열하는 것으로 관리자의 중요한 책무이다. 계획은 실행을 위한 기본 틀을 결정하기 때문에 다른 활동들보다 먼저 이루어져야 한다.

기본적으로 계획은 지적인 과정의 의사결정 행위를 포함한다. 그것은 행동하기 전에 생각하고, 추측보다는 사실에 근거하여 행동하며, 순차적으로 일을 해 나가는 성향을 필요로 한다. 계획은 매우 지적인 행위를 요구한다. 그렇지 않으면 계획을 세울 수 없다.

평생교육기관 관리자는 다른 활동들을 하기 전에 계획을 수립할 필요가 있다. 그렇다고 계획을 한 번 정하면 다시는 계획을 고쳐 세울 수 없는 것은 아니다. 네 가지 경영관리 행위는 중복되어 이루어질 수 있으며, 하나의 활동은 다른 활동에 영향을 미친다. 평생교육기관 관리자가 조직, 인사, 통제 활동을 하기 전에 계획을 세웠다고 하더라도 그 활동들은 서로 순서가 바뀌거나 중복될 수 있다.

계획은 미래에 관한 것이다. 따라서 계획하는 일은 절대로 끝나지 않는다. 계획의 특성 중 하나는 그것이 경제적이라는 것이다. 즉, 계획은 비용을 최소화한다. 계획은 바람직한 결과를 지향하고, 비조직화된 접근을 최소화하며, 활동들을 조화시키고, 중복을 피하기 위한 노력이다. 활동을 순조롭게 하는 것이 계획의 최대 이점이며, 어림짐작은 최소화해야 한다. 계획하지 않는다면 중요한 경제적 기회를 잃게 될지도 모른다.

계획의 또 다른 특성은 그것이 적극적인 참여를 강화한다는 것이다. 이는 계획을 수립하는 과정에서 평생교육기관 관리자, 소속 구성원, 다른 조직 구성원들 사이에 활발한 업무 협조가 이루어질 때 확실히 드러난다. 또한 사람들은 계획을 통해 "자신이 만든 것을 지지하게 된다".

인적자원개발(HRD) 부서의 운영을 분석하여 볼 때, 계획은 장기적인 제안으로서 큰 의미를 가진다. 계획은 전통적으로 단기 이익에 초점을 맞추었던 조직들이 인적자원개발 기능, 활동, 그리고 그것의 미래 효과의 중요성에 주목하게 한다. 장기적 계획은 연구와 개발, 학습활동의 증대와 다양화, 그 밖의 많은 프로그램을 강조함으로써 현재의 비용으로 미래의 발전을 도모한다.

좋은 계획은 다음의 다섯 가지 요소로 구성된다.

- 분명하게 정의된 목표를 가진다.
- 종합적이지만 담당자와 다른 부서원들에게 명확하게 이해된다.

- 위계적인 계획들로 구성되어 가장 중요한 영역에 먼저 초점을 맞춘다.
- 경제적이고 활용 가능한 자원을 고려한다.
- 유연하여 계획을 특별히 연기할 필요가 없으며 변경하는 데 큰 어려움이 없다.

계획의 본질은 정보에 기초한 미래 예측이다. 계획은 조직과 관련된 미래의 환경에 관한 정보, 전제, 가정에 기초하여 수립된다.

(2) 조직

조직하는 일은 계획을 통해 수립된 목적과 목표에 기초한다. 그것은 다양한 인적자원개발 기능과 조직의 구성 요소 사이의 구조와 관계에 대한 평생교육기관 관리자의 생각을 반영한다. 분업, 권한, 통제범위, 공식적–비공식적 인적자원개발 구조 등이 조직화에 대한 고전적인 논의들이다.

Sredl과 Rothwell(1992)은 "인적자원개발 부서가 어떻게 조직되어야 하는가"를 고려할 때 제기될 수 있는 네 가지 질문을 제시했다.

- 부서의 과업, 임무, 책임이 어떻게 나뉘는가?
- 얼마나 많은 권한이 누구에게, 어떻게 위임될 것인가?
- 얼마나 많은 직위에서 업무를 감독자에게 보고할 것인가?
- 업무가 어떻게 묶이는가?

첫 번째 질문은 분업, 두 번째는 권한, 세 번째는 통제범위, 네 번째는 부서 구조에 대한 것이다. 각각을 살펴보자.

분업은 업무가 나뉘는 것을 말한다. 이는 과업 또는 임무의 어려움과 과업 또는 임무의 수에 기초한다. 그 둘 사이의 균형을 유지하는 것이 궁극적인 목적이다. 분업은 고도로 숙련되고 잘 훈련된 인적자원이 있는 전문화된 분야를 중심으로 이루어지는 경우가 많다. 만일 그러한 인적자원이 없는 경우, 평생교육기관 관리자는 훈련이나 경력개발을 통해서 필요한 지식, 역량, 기술을 공급해야 한다.

권한은 더 높은 권한을 가진 자의 승인 없이 개인이 의사결정을 할 수 있는 허용 범위를 일컫는다. 이는 부서 내에서 인적자원개발 전문가가 가지고 있는 경험과 역량에 기초한다. 또한 이는 평생교육기관 관리자가 가진 리더십의 형태와 권한에 대한 평생교육기관 관리자의 생각에 따라 달라진다. 조직의 유형과 사명, 전략 또한 인적자원개발 부서에서 권한의 구조를 결정하는 데 영향을 미친다. 인적자원개발 실천가가 매우 독립적인 지위를 가지기 위해서는 인적자원개발에 관한 철학의 변화가 필요하다.

통제범위는 한 명의 평생교육기관 관리자에게 업무를 보고하는 사람의 수를 말한다. 평생교육기관 관리자가 책임과 권한을 위임하지 않는다면 그에게 업무가 과중될 것이다. 왜냐하면 부하직원들이 행동을 취하기 전에 그와 반드시 의논해야 하기 때문이다. 이것이 부서 입장에서 일관성 있는 행동을 가져올 수 있을지는 모르지만 성과는 훨씬 줄어들 것이다. 반면, 책임과 권한을 위임하는 평생교육기관 관리자는 더욱더 넓은 통제범위를 가진다. 부하직원들이 가진 임무와 과업의 복합성, 그리고 그들의 역량과 능력, 기술, 태도가 부서 내에서 적당한 통제범위를 결정하는 데 영향을 미칠 것이다. 물론 이는 조직마다 차이가 있다.

부서 구조는 직무와 작업 집단이 조직되는 방법을 의미한다. 그것은 일반적으로 네 가지 방식으로 이루어진다. 기업가적, 기능적, 부서적, 그리고 프로젝트 구조가 그것이다. 기업가적 구조에서는 한 사람이 모든 인적자원개발 업무를 책임진다. 여러 가지 역할을 동시에 수행하기 때문에 직무의 전문화가 부족하다. 이것은 부서가 작거나 통제범위가 작을 때 적합하다. 기능적 구조에서 인적자원개발 부서는 다음과 같은 방식으로 전문화된 분야로 나뉜다.

- 분석, 설계, 학습 촉진, 학습 전이, 평가 등의 활동
- 간부 훈련, 관리자 훈련, 전략적 계획, 조직분석, 수행개선과 분석, 변화관리, 기술 훈련 등과 같은 여러 유형의 학습활동과 컨설팅 서비스 제공
- 인적자원개발에서의 역할(교수자, 교수 설계자, 수행공학자, 컨설턴트)
- 인적자원개발의 구성 요소(개인 개발, 경력개발, 수행관리, 조직개발)
- 인적자원개발의 영역(조직의 학습, 수행, 변화)
- 인적자원개발 프로젝트(개입과 실행)

일반적으로 각각의 기능 분야마다 전문적 리더가 배정되어 있다. 인적자원개발

부서는 위치 또는 하위 부서로 조직화될 수 있다. 부서적 구조는 큰 조직에서 발견된다. 또한 판매 업체와 같이 지역적인 위치로 분산하는 것이 더 효과적인 조직에서 활용된다. 가장 복잡한 조직 구성은 프로젝트 구조이다. 여기서 프로젝트 관리자는 인적자원개발 프로젝트를 실행할 책무가 있다. 인적자원개발 부서 밖의 개인들이 프로젝트를 위해서 일시적으로 프로젝트 팀에 배치되는 경우가 많다. 이는 인적자원개발 리더가 향후 인적자원개발의 지원 세력이 될 수 있는 조직 바깥의 구성원에게 인적자원개발의 가치와 중요성을 알릴 좋은 기회가 되기도 한다. 또한 인적자원개발의 역할에 대한 새로운 관점과 유의미한 통찰력을 제공하기도 한다. 이러한 접근법은 인적자원개발 부서가 수행관리와 조직개발 활동을 하는 경우 보편화되어 있다.

(3) 인사

인사는 계획되고 조직화된 조직체제에 사람을 공급하고 인적자원개발의 사명과 목표를 달성할 인적자원을 제공하는 것이다. 전통적인 조직 이론에서는 과업과 업무 관계가 설정된 이후에 인사를 실행하여야 한다고 보았다. 따라서 업무가 그 특성에 따라 나뉘고 그 업무에 적합한 사람이 배치된다. 그 결과, 인사는 인적자원개발 전문가의 배치, 훈련, 평가, 보상과 더불어 모집, 선발, 채용을 포함한다.

① 모집

모집은 현재 또는 향후의 채용 기회에 자격이 있는 사람들을 끌어모으는 과정이다. 외부에서 적합한 사람을 찾는 경우가 많지만, 내부에서 구하는 것도 고려해야 한다. 외부에서의 모집은 산학 협동교육과 구조화되고 조직화된 인턴사원 프로그램을 통해서 이루어질 수 있다. 신문 광고와 취업 관련 출판물, 대학, 직업소개 기관, 고용 관련 기업, 개인적 인맥을 통한 추천도 외부에서 모집하는 방법이다. 미국훈련개발협회(American Society for Training & Development: ASTD), 국제수행개선협회(International Society for Performance Improvement: ISPI), 인사관리협회(Society for Human Resource Management: SHRM)에서 제공하는 온라인 고용정보망을 활용할 수도 있다. 내부에서의 모집은 직무 공고, 추천, 인적자원계획 활동들을 통해서 적합한 대상자를 모으는 경우이다.

자격을 갖춘 유능한 인적자원개발 전문가를 발견하기는 어렵다. 또한 그런 사람을 찾는 데 시간이 오래 걸리는 경우가 많다. 평생교육기관 관리자는 자격이 있는 지원자를 찾아낼 수 있어야 한다. 또한 ASTD, ISPI, SHRD 같이 인적자원개발 분야의 전문적 협회를 통해서 충분한 정보를 얻고 그에 기초한 의사결정을 하여야 한다. 자격을 갖춘 후보자들은 다수이나, 다만 어디에서 그들을 발견할지를 모르는 것이 문제인 경우도 있다.

② 선발

일단 적절한 모집 전략이 세워지면 직무 공고나 일자리에 대한 광고보다는 선발 기준을 명확히 하는 것이 중요하다. 이 기준은 지원 자격을 확실히 하여, 자격미달자, 무자격자, 또는 과잉자격자의 지원을 막는다. 궁극적으로 선발 기준은 인적자원개발 전문가의 채용과 향후 배치에 도움이 된다. 예를 들어, 인적자원개발 부서에서 온라인을 활용한 원격 학습에 경험이 있는 교수 설계자를 필요로 한다면, 채용 공고에 이런 정보를 포함시켜서 지원자들이 그릇된 희망을 갖지 않도록 해야 한다. 고의가 아니더라도 잘못된 정보를 제공하는 채용 공고는 인적자원개발 부서나 조직에 대한 나쁜 이미지를 낳는다. 직무 공고에는 다음의 네 가지 질문에 대한 대답이 포함되어야 한다.

- 직무 요건이 무엇인가?
- 직무가 현재 어떻게 수행되고 있는가?
- 향후의 직무 요건은 무엇인가?
- 현재의 직무와 부서의 높은 직위에서 필요로 하는 기술은 무엇인가?

각각의 질문에 대한 대답을 선발 과정에서 미리 설명해야 한다.

③ 채용

채용은 선발 기준에 따라 최상의 후보자가 규명되었을 때 이루어진다. 전체 후보자들의 명단이 열거되고, 그 명단은 가장 적합한 사람들로 좁혀진다. 이 과정에는 작업 예시 검토, 선발시험 실시와 채점, 채용 면접, 최적의 지원자 선택, 탈락한 지원자들에 대한 후속 절차가 포함된다.

④ 배치

인적자원개발 전문가가 채용되고 나면, 새로 고용된 사람의 능력을 활용하기에 적합한 직위에 배치한다. 그럼으로써 그의 잠재력을 최대한 발휘하고 성장과 개발의 기회를 극대화하는 것이 중요하다. 적절하게 배치되어야 새로운 환경에 잘 적응할 수 있다. 즉, 조직의 문화와 인적자원개발 부서에서 자신의 역할을 더 잘 이해하게 된다. 신입사원을 배치할 때는 그가 기존 직원의 성격, 태도, 방식과 얼마나 잘 조화를 이룰 것인지도 고려하여야 한다.

⑤ 인사관리(훈련, 평가 및 보상)

자격을 갖춘 인적자원개발 전문가를 모집, 선발, 채용하는 것은 인적자원개발 부서의 성공을 위해서 매우 중요하다. 이는 궁극적으로 기업 내에서 인적자원개발의 미래를 결정한다. 이에 못지않게 개인의 성장과 개발도 똑같이 중요하다. 신입사원에게 제공하는 학습활동을 잘 설계하여야 하고, 성과평가 프로그램은 개발평가로서 그들의 장점을 확인하는 동시에 지속적인 향상을 위한 성장과 개발계획을 창출할 수 있어야 한다. 또한 보상 프로그램은 유능하고, 숙련되었으며, 헌신적인 인적자원개발 전문가가 성장·발전할 수 있도록 운영되어야 한다. 인적자원개발 담당자들이 성장하고 성숙함에 따라 인적자원개발 부서도 발전하고 그 중요성도 더해질 것이다. 이는 또한 조직에도 긍정적인 영향을 줄 것이다.

(4) 통제

통제는 기준에 따라 수행을 점검하는 과정이다. 이를 통해 인적자원개발의 목적과 목표가 충족되었는지를 명확히 알 수 있다. 인적자원개발 경영관리 요소들이 서로 중복되듯이, 통제는 계획과 밀접하게 관련된다.

통제와 관련된 오해가 많다. 가장 심각한 오해 가운데 하나는 통제가 오직 어떤 행위가 발생한 이후에만 이루어진다는 것이다. 경영관리 교과서에서는 통제를 마지막에 다루는 경향이 있는데, 이것은 통제가 다른 모든 기능이 수행된 다음에 일어난다는 인상을 준다. 그러나 통제 기능은 체제 내의 다른 모든 기능과 동시에 일어난다는 것을 기억해야 한다.

예를 들어, 계획에 대한 의사결정이 통제에 영향을 주는 것과 같이 통제결정은 계획에 영향을 미친다. 계획 과정에서 평생교육기관 관리자는 수행을 점검하고 평가할 기준이 되는 목적과 목표를 설정한다. 성취한 것과 목적 사이에 차이가 있으면 평생교육기관 관리자는 실행을 수정하여야 한다. 이러한 행동 자체가 새로운 계획과 목적, 그에 따른 새로운 통제를 가져온다.

기능적인 관리 체제에서 통제는 계획한 바를 수행했는지를 확인한다. 계획, 조직, 인사는 실제 업무를 위한 예비적 단계이다. 통제는 업무가 이루어졌음을 확인한다. 통제가 없다면 평생교육기관 관리자는 관리업무를 완수할 수 없을 것이다. 통제 기능은 예산, 정책 및 절차에 대한 통제의 세 가지로 구분된다.

① 예산

예산은 모든 통제 장치 가운데 가장 널리 이용되는 것이다. 예산은 인적자원개발 부서의 계획, 목표, 프로그램을 수량화하여 나타낸다. 비록 예산 관리는 기능을 통제하는 것이고, 통제를 위해서 예산 기준을 설정하고 비용을 비교하고 조정하는 것이지만, 예산을 준비하는 것은 곧 계획하는 것과 같다. 기준을 설정함으로써 실제 수행과정을 계획과 비교하여 측정할 수 있다. 예산 기준은 평생교육기관 관리자에게 바람직한 성과를 보증할 행동을 선택하는 데 필요한 정보를 제공한다.

예산 계획은 일반적으로 일정한 기간의 모든 인적자원개발 운용 단계를 포괄한다. 조직에서 인적자원개발 부서의 활동을 기획하기 위한 가장 보편적인 방법이 그 운용 예산을 계획하는 것이다. 이를 예산 항목 중심 접근법이라고 한다(Nadler & Wiggs, 1986). 회계연도가 시작할 때마다 인적자원개발 부서는 단위 활동의 운영비 예산을 제시한다. 여기에는 급여, 수당, 출장비, 프로그램 설계와 실시비용, 재료비, 설비비, 자문비, 그 밖의 다른 비용이 포함된다. 이를 통해서 평생교육기관 관리자는 재정 자원을 얼마나 활용할 수 있는지를 정확하게 알 수 있다. 인적자원개발 부서를 포함한 모든 부서는 조직의 관리를 위한 고정비용을 공유한다. 다른 부서가 인적자원개발 부서의 활동에 참여하는 경우가 있는데, 이는 그 부서에는 직원들을 위한 학습 프로그램과 훈련 활동을 위한 추가적인 비용이 배정되어 있지 않기 때문이다. 이러한 예산 항목 중심 접근법에는 한 가지 단점이 있다. 그것은 인적자원개발 부서가 아니라 조직이 예산을 통제하기 때문에 부서가 조직과 직원의 실제적인 요구를 파악하여 이에 대응하고자 하는 동기가 약하다는 점이다.

비용 중심 접근법에서는 인적자원개발 부서가 다른 부서들에게 제공한 인적자원개발 서비스에 대한 비용을 청구할 수 있다. 회계연도 마지막에 인적자원개발 부서는 손익에 기초하여 예산 성과를 보고한다. 이 접근법에서는 인적자원개발 부서가 적은 예산만을 배당받고 회계연도를 시작한다. 시간이 지나면서 발생하는 수입과 지출을 통해 어떤 인적자원개발 활동이 필요하고 인기가 있으며 유용한지를 알 수 있다. 회계 기록을 남겨 두는 것이 매우 중요하다. 왜냐하면 그것은 운용 동향을 보여 주기 때문에, 평생교육기관 관리자는 이를 기초로 중요한 의사결정을 할 수 있다.

이 접근법은 몇 가지 장점을 가지고 있다. 부서는 자신들이 받은 서비스를 직접적으로 책임진다. 조직과 직원들의 구체적인 요구가 확인되고, 그 요구를 충족시키기 위한 활동과 서비스가 개발·설계·시행될 수 있다. 그렇다고 현금이 거래되는 것은 아니다. 재정이 한 계좌에서 다른 계좌로 이동할 뿐이다. 비용 중심 접근법은 인적자원개발 부서의 실제 비용에 대한 정확한 실태를 파악할 수 있게 한다. 그럼으로써 평생교육기관 관리자가 프로그램의 비용을 인식하고 불필요하거나 수익성이 없는 서비스를 없앨 수도 있다.

이 접근법은 단점도 있다. 현장 관리자는 사전에 인적자원개발 계획을 해야 하는데, 이는 어려운 작업이다. 어떤 인적자원개발 서비스가 필요한지를 예측할 수 없는 경우가 많다. 또한 많은 사람이 비용과 이익을 산출하도록 훈련되어 있지도 않다. 인적자원개발이 이익을 낳기 위해서는 예산상의 유연성을 견지해야 한다.

예산 통제의 마지막 형태는 수익 중심 접근법이다. 이것은 비용 중심 분석과 매우 유사하지만, 두 가지 근본적인 차이가 있다. 그것은, ① 수익을 위한 요소가 있으며, ② 프로그램을 내부와 외부 모두에 판매한다는 점이다. 프로그램을 내부와 외부 모두에 판매한다는 것은 내부 직원에게 학습 프로그램을 제공하면서 이와 유사하거나 동일한 프로그램을 외부의 다른 기업에도 판매하는 것을 말한다.

이 접근법의 장단점은 비용 중심 접근법과 동일하다. 그러나 한 가지 예외가 있음을 주목해야 한다. 그것은 이 접근법에서 평생교육기관 관리자는 안전한 일만을 수행하고 단기적인 이익을 내는 활동과 서비스만을 제공하는 경향이 있다는 것이다. 이는 조직 전체의 개발에 집중하는 것을 막으며, 비용이 많이 드는 장기적인 학습활동과 컨설팅 서비스의 실행을 꺼리게 만든다. 그에 따라 인적자원개발 부서는 점차 쇠퇴하고, 경제적으로 어려운 때에는 위태로운 위치로 전락하기도 한다. 평생교육기관 관리자가 어떤 유형의 예산 접근법을 선택하느냐에 따라 조직에 큰 영향을 미치는 것은 분명하다. 따라서 평생교육기관 관리자는 예산 접근법을 주의 깊게 선택해야 한다.

② 정책

정책이란 인적자원개발 부서 내에서 또는 인적자원개발 부서와 다른 부서 사이의 조정을 위해서 바람직한 행동을 진술한 것을 말한다. 인적자원개발 정책은 다음 일곱 가지 요소로 구성된다.

- 취지문
- 달성할 목적과 목표
- 실천을 위한 운용철학
- 일반적인 운용 관행(예: 일정 평가)
- 설비 활용 정책
- 예산 편성 방법 또는 철학
- 기록 관리 절차

인적자원개발 정책 진술은 인적자원개발 부서와 전체 기업, 다른 부서들, 조직의 계획, 그리고 경력관리 관행과의 관계를 반영해야 한다. 정책 진술은 인적자원개발의 목적과 존재 이유 및 책무를 강화할 수 있도록 쓰여야 한다.

③ 절차

인적자원개발 정책 진술은 "왜 인적자원개발이 필요한가?"에 대한 대답이다. 절차 진술은 "어떻게 인적자원개발 부서가 운영되고, 인적자원개발 활동이 이루어져야 하는가?"라는 구체적인 절차가 필요한 질문에 답한다. 예를 들어, "내부의 학습활동에 참여하고자 하는 요청을 어떻게 처리할 것인가?", "직원이 대학 수업료를 어떻게 지원받을 수 있는가?" 등이 그러한 질문이다. 비록 평생교육기관 관리자가 부서 안에서 다른 사람들에게 이러한 결정의 많은 부분을 위임할 수 있다고 하더라도 여전히 그 실행에 대한 책임이 있다.

정책과 절차는 인적자원개발 부서의 중요한 통제 수단이다. 그것들은 조직의 전략 계획에 기초하여 수립되어야 한다. 그러나 동시에, 자체적으로도 개발하여 인적자원개발 부서와 그 부서가 제공하는 서비스를 향상시키는 데 기여할 수 있도록 해야 한다.

평생교육기관 관리자의 역할은 인적자원개발의 가장 중요한 역할 가운데 하나이다. 그는 사실상 조직의 대표자이며 인적자원개발 부서와 그 직원을 위한 공식적인 리더로서 봉사한다. 더 중요한 것은, 조직에서 인적자원개발의 미래가 평생교육기관 관리자와 업무수행에 달려 있는 경우가 많다는 것이다. 이 한 사람의 역량과 기술이 조직 내에서 인적자원개발의 성패를 결정할 수 있다.

 토론문제

1. 평생교육기관의 인적자원관리 목적과 인력구성에 대하여 설명하시오.
2. 평생교육 교수자의 역할과 기술을 설명하고 교수자에 대한 정의하시오.
3. 평생교육기관에서 프로그램 개발자의 역할을 기술하고 활동과 역량에 대하여 설명하시오.

참고문헌

이성(2007). 우리나라 인적자원개발 우수기관의 HRD 활동 수준 분석: 대기업과 중소기업 비교분석. 기업교육과 인재연구, 9(1), 67-91.

장원섭(2008). 평생교육 담당자들의 평생교육 개념 이해에 대한 질적 면접 연구. 성인교육학회, 11(2), 101-121.

Bellman, G. M. (1998). Leading at work. *New library world*, 99(4), 140-142.

Brinkerhoff, R. O., & Gill, S. J. (1994). *The Learning Alliance: Systems Thinking in Human Resource Development*. The Jossey-Bass Management Series. Jossey-Bass, Inc.

Donaldson, L., & Scannell, E. E. (2000). *Human resource development, the new trainer's guide*. Addison-Wesley.

Fuller, D. A. (1999). *Sustainable marketing: Managerial-ecological issues*. Sage Publications.

Fuller, J., & Farrington, J. (1999). *From training to performance improvement: Navigating the transition*. Jossey-Bass/Pfeiffer.

Fuller, R. (Ed.). (1997). *Probiotics 2: applications and practical aspects* (Vol. 2). Springer Science & Business Media.

Gilley, J., & Maycunich, A. (1998). *Strategically integrated HRD: Partnering to maximize organizational performance*. Perseus Books.

Gilley, J. W., & Maycunich, A. (2000a). *Organizational learning, performance and change*. Da Capo Press.

Gilley, J. W., & Maycunich, A. (2000b). *Beyond the learning organization: creating a culture of continuous growth and development through state-of-the-art human resource practicies*. Basic Books (AZ).

Kirkpatrick, D., & Kirkpatrick, J. (2006). *Evaluating training programs: The four levels*. Berrett-Koehler Publishers.

McLagan, P. A. (1989). Models for HRD practice. *Training & development journal*, 43(9), 49-60.

McLagan, P. A., & Bedrick, D. (1983). Models for Excellence: The Results of the ASTD Training and Development Competency Study. *Training and Development Journal*, 37(6).

Meyer, J. P., & Allen, N. J. (1991). A three-component conceptualization of organizational commitment. *Human resource management review*, 1(1), 61-89.

Nadler, L., & Wiggs, G. (1986) *Managing Human Resource Development: Practical Guide.* Jossey Bass.

Nedler, S. (1970). *Early Education for Spanish Speaking Mexican American Children--A Comparison of Three Intervention Strategies.*

Rossett, A. (1999). Action learning in action: transforming problems and people for world-class organizational learning. *Personnel Psychology, 52*(4), 1100.

Rothweli, W. J., & Sredl, H. J. (1992). *The ASTD reference guide to professional human resource development roles and competencies.* (2nd ed., Vol. II). HRD Press.

Russ-Eft, D., & Preskill, H. (2009). *Evaluation in organizations: A systematic approach to enhancing learning, performance, and change.* Basic Books.

Shera, P. A. (1994). Frida, Foucault and Écriture Féminine. *Journal of Gender Studies, 3*(2), 139-144.

Simonsen, P. (1997). *Promoting a Development Culture in Your Organization: Using Career Development as a Change Agent.* Davies-Black Publishing, Consulting Psychologists Press, Inc. 94303; toll-free.

Suessmuth, P. (1978). *Boosting small group meeting productivity.* Training.

Swanson, R. A. (2001). Human resource development and its underlying theory. *Human Resource Development International, 4*(3), 299-312.

Ulrich, B. D. (1997). Early attempts to explain skill development. *Neurophysiology & neuropsychology of motor development, 319.*

Ulrich, D. (1997). Measuring human resources: an overview of practice and a prescription for results. *Human Resource Management: Published in Cooperation with the School of Business Administration, The University of Michigan and in alliance with the Society of Human Resources Management, 36*(3), 303-320.

Walton, T. R. (1999). A 10-year longitudinal study of fixed prosthodontics: clinical characteristics and outcome of single-unit metal-ceramic crowns. *International Journal of Prosthodontics, 12*(6).

제 3 장

평생교육사의 자격제도 운영

덕망이 높은 사람을 두려워하듯, 비천한 사람도 두려워하지 않으면 안 된다. 상대가 비천하다고 업신여기기가 쉬운데, 그 결과는 자신의 성품을 나쁘게 하는 것이 된다. 윗사람에게 예절을 지키기는 어렵지 않으나, 아랫사람에게 예절 있게 하기는 오히려 어렵다. 윗사람을 섬기듯 아랫사람에게 예절이 바르지 않으면 표리부동한 성품으로 떨어지기 쉽다.

– 채근담 –

학습목표

1. 평생교육사의 자격제도 운영에 대하여 설명할 수 있다.
2. 평생교육사의 양성과 배치에 대하여 이해할 수 있다.
3. 평생교육사의 자격제도의 문제점과 개선방향에 대하여 대처할 수 있다.

학습개요

이 장에서는 평생교육사의 자격제도 운영에 대하여 살펴본다. 또한 평생교육사의 양성은 어떻게 이루어지고, 배치는 어떻게 되는지를 살펴본다. 나아가 평생교육사 자격제도의 문제점과 개선방향에 대하여 제안해 본다.

1. 평생교육사의 자격제도

1) 평생교육사

평생교육사는「평생교육법」제24조에 근거하여 평생교육을 진흥하기 위한 전문인력으로 평생교육의 기획, 진행, 분석, 평가 및 교수 업무 수행을 위하여 일정 자격을 갖춘 사람에게 부여하는 국가자격증으로 이 자격증을 취득한 사람을 말한다. 평생교육사 자격증을 취득한 사람은 평생교육기관의 운영 및 프로그램에 참여한다. 평생교육사의 자격에 대한 구체적인 내용은 〈표 3-1〉과 같다.

‖ 표 3-1 ‖ 「**평생교육법**」**제24조(평생교육사)**

① 교육부장관은 평생교육 전문인력을 양성하기 위하여 다음 각 호의 어느 하나에 해당하는 사람에게 평생교육사의 자격을 부여하며, 자격을 부여받은 사람에게는 자격증을 발급하여야 한다. 〈개정 2008. 2. 29., 2009. 5. 8., 2013. 3. 23., 2019. 12. 3., 2021. 3. 23.〉

　1.「고등교육법」제2조에 따른 학교(이하 "대학"이라 한다) 또는 이와 같은 수준 이상의 학력이 있다고 인정되는 기관에서 교육부령으로 정하는 평생교육 관련 교과목을 일정 학점 이상 이수하고 학위를 취득한 사람

　2.「학점인정 등에 관한 법률」제3조제1항에 따라 평가인정을 받은 학습 과정을 운영하는 교육훈련기관(이하 "학점은행기관"이라 한다)에서 교육부령으로 정하는 평생교육 관련 교과목을 일정 학점 이상 이수하고 학위를 취득한 사람

　3. 대학을 졸업한 사람 또는 이와 같은 수준 이상의 학력이 있다고 인정되는 사람으로서 대학 또는 이와 같은 수준 이상의 학력이 있다고 인정되는 기관, 제25조에 따른 평생교육사 양성기관, 학점은행기관에서 교육부령으로 정하는 평생교육 관련 교과목을 일정 학점 이상 이수한 사람

　4. 그 밖에 대통령령으로 정하는 자격요건을 갖춘 사람

② 평생교육사는 평생교육의 기획·진행·분석·평가 및 교수 업무를 수행한다.

③ 다음 각 호의 어느 하나에 해당하는 사람은 평생교육사가 될 수 없다. 〈개정 2016. 5. 29., 2021. 3. 23.〉

　1. 제24조의2에 따라 자격이 취소된 후 그 자격이 취소된 날부터 3년이 지나지 아니한 사람(제28조제2항제1호에 해당하여 자격이 취소된 경우는 제외한다)

　2. 제28조제2항제1호부터 제5호까지의 어느 하나에 해당하는 사람

④ 평생교육사의 등급, 직무범위, 이수과정, 연수 및 자격증의 교부절차 등에 필요한 사항은 대통령령으로 정한다.

⑤ 제1항에 따라 발급받은 자격증은 다른 사람에게 빌려주거나 빌려서는 아니 되며, 이를 알선하여서도 아니 된다. 〈신설 2019. 12. 3.〉

⑥ 교육부장관은 제1항에 따른 평생교육사의 자격증을 교부 또는 재교부 받으려는 사람에게 교육부령으로 정하는 바에 따라 수수료를 받을 수 있다. 〈신설 2009. 5. 8., 2013. 3. 23., 2019. 12. 3., 2021. 3. 23.〉

출처: 법제처 국가법령정보센터.

평생교육사와 같은 유사한 개념으로는 평생교육자, 사회교육자, 사회교육강사, 사회교육담당자, 성인교육자, 평생교육담당자, 평생교육지도자, 평생교육기획자 등이 있다. 이러한 개념은 평생교육이 활성화되기 이전 및 이후에도 사용되고 있다. 서양에서는 성인의 학습활동을 도와주는 사람으로 성인교육자(adult educator)라고 통상 지칭하나, 우리나라는 「평생교육법」에서 평생교육사라는 명칭으로 정의하였다.

평생교육사의 변천을 보면 1982년에 「사회교육법」이 제정되면서 사회교육전문요원으로 양성되기 시작하여, 1986년에 최초로 20명의 사회교육전문요원이 양성되었다. 이후 2021년까지 총 15만 5백여 명의 평생교육사가 양성되었다. 평생교육사의 명칭은 이전 사회교육전문요원에서 1999년 「사회교육법」에서 「평생교육법」으로 전부 개정되면서 평생교육사로 변경되었다. 또한 사회교육전문요원 1·2등급 자격체계에서 평생교육사 1·2·3등급 자격체계로 변경되었다. 2007년에 「평생교육법」이 전면 개정되어 양성과정의 이수과목 학점이 2학점에서 3학점으로 확대되었고, 평생교육실습과목도 학점화되었다. 또한 평생교육사 1급 자격은 승급과정을 통해서만 취득이 가능하도록 변경되었다. 2013년 「평생교육법」 일부가 개정되면서 평생교육사 자격증 교부가 국가평생교육진흥원으로 일원화되어 평생교육사 자격증은 국가평생교육진흥원에서 교부·재교부하였다(국가평생교육진흥원, 2022).

2007년 평생교육법이 전면 개정되었는데 전면 개정된 입법취지는 다음과 같다. 첫째, 평생교육사 자격제도는 평생교육이념을 달성하기 위한 전문성과 능력 있는 평생교육 종사자를 양성하여 양질의 평생교육을 실시하기 위한 제도로서 평생교육 진흥에 있어서 필수적인 것으로 인식되도록 하고, 둘째, 평생교육 종사자의 능력개발을 통해 보다 효과적으로 프로그램 활동을 전개하고, 평생교육의 성과향상을 위하여 종전 평생교육사 자격증 제도를 변경하며, 직무, 이수과정, 연수 및 자격 관련

제도를 정비하는 것이었다.

평생교육사의 수행직무는, 첫째, 평생교육학습자 조사 및 환경분석 역할, 둘째, 평생교육 프로그램에 대한 요구분석, 기획과 관련된 프로그래머로서의 역할, 셋째, 개발된 교육과정을 효율적으로 진행·운영하는 운영자로서의 역할, 넷째, 교육과정의 효과를 분석하고 평가하는 평가자로서의 역할, 다섯째, 학습자들에게 학습정보를 제공하고 생애개발을 지원하는 상담자로서의 역할, 여섯째, 개발된 교육과정을 학습자에게 전달하고 강의하는 교수자로서의 역할, 일곱째, 학습자 간의 네트워킹하는 역할, 여덟째, 평생교육기관의 행정경영자로서의 역할, 아홉째, 학습자의 학습참여 활성화 및 변화 촉진자로서의 역할, 열째, 평가보고 및 성과 분석자로서의 역할 수행 등이다(국가평생교육진흥원 홈페이지, 2023).

2) 평생교육사 실습기관

(1) 현장실습 가능기관 여부 확인

평생교육사 실습기관의 자격 요건은 다음 중 어느 하나에 해당하는 기관으로 그 기관은 실습기관으로 운영할 수 있다(〈표 3-2〉 참조).

첫째, 「평생교육법」 제19조에 따른 국가평생교육진흥원

둘째, 「평생교육법」 제20조에 따른 시·도 평생교육진흥원

셋째, 「평생교육법」 제21조에 따른 시·군·구 평생학습관

넷째, 「평생교육법 시행령」 제69조제2항에 따라 문자해득교육 프로그램으로 지정받은 기관

다섯째, 「평생교육법」 제2조제2항에 따른 평생교육기관

① 「평생교육법」에 따라 인가 등록 신고된 시설 법인 또는 단체

② 「학원의 설립·운영 및 과외교습에 관한 법률」에 따른 학원 중 학교교과교습 학원을 제외한 평생직업교육을 실시하는 학원

③ 그 밖에 다른 법령에 따라 평생교육을 주된 목적으로 하는 시설·법인 또는 단체

양성기관은 다음의 사항을 고려하여 실습기관을 선정하고 협약을 체결한다.

첫째, 「평생교육법」 또는 그 밖에 다른 법령에 따라 평생교육을 주된 목적으로 하는 기관이어야 한다.

둘째, 평생교육기관의 특성을 반영한 사업 및 프로그램을 운영하고 있는 기관이어야 한다.

셋째, 실습생의 보건·위생 및 안전을 보장할 수 있는 기관이어야 한다.

넷째, 실습생의 현장교육 및 실습지도가 가능한 기관이어야 한다.

‖ 표 3-2 ‖ 현장실습 가능 기관

※ 현장실습 가능기관 여부 확인
　기관 설립 법령 근거의 확인을 통해 「평생교육법」상에 근거한 기관인지 혹은 「평생교육법」상이 아닌 다른 법령상에 근거한 기관인지 여부를 판단한다.

- ■ 「평생교육법」의 평생교육기관
  - 「평생교육법」상에 근거하는 ① 유형: 국가평생교육진흥원, 시·도 평생교육진흥원, 시·군·구 평생학습관, ② 유형: 문자해득교육 프로그램 지정 기관, 성인문해교육 지원사업 선정기관, ③ 유형: 평생학습도시, 국가·지방자치단체 평생학습 추진기구, ④ 유형: 평생교육관련사업 수행학교, ⑤ 유형: 평생교육시설 신고·인가 기관 등에 해당하는 기관일 경우 실습이 가능할 수 있다.
  - 평생교육시설 신고서 또는 지정서 등을 통해 기관 설립 법령 근거를 확인한다.
- ■ 다른 법령상의 평생교육기관
  - 「평생교육법」상이 아닌 다른 법령상에 근거하여 설치된 ⑥ 유형: 평생직업교육학원, ⑦ 유형: 기관형 교육기관, ⑧ 유형: 훈련·연수형 교육기관, ⑨ 유형: 시민사회단체형 교육기관 등의 경우 평생교육 관련 사업을 수행하는지 여부 확인이 중요하다.
  - 기관 설립 법령 근거 및 기관설치 운영조례나 사업계획서, 기관 홈페이지 등을 통해 평생교육 관련 사업을 수행하고 있는지 여부를 판단한다.

(2) 실습생 배치여건 확인

첫째, 법령상 현장실습이 가능한 기관으로 판단되었더라도 실습생이 배치될 만한 여건을 가지고 있는지 여부를 확인한다.

둘째, 평생교육기관의 특성을 반영한 사업 및 프로그램을 운영하고 있는 기관이어야 한다.

셋째, 실습생의 보건·위생 및 안전을 보장할 수 있는 기관이어야 한다.

넷째, 실습생의 현장교육 및 실습지도가 가능한 기관이어야 한다.

(3) 실습지도자

실습기관은 실습생을 지도·관리하는 실습지도자를 다음 중 하나에 해당하는 자로 선정하여 학생관리 및 실습지도 등을 실시한다(평생교육사자격관리 홈페이지, 2023).

① 평생교육사 1급 자격증 소지자
② 평생교육사 2급 자격증을 보유하고 관련 업무 2년 이상 종사한 자
③ 평생교육사 3급 자격증을 보유하고 관련 업무 3년 이상 종사한 자
④ 관련업무 경력은 자격증 취득 이전 경력도 인정 가능

3) 평생교육사 자격증 발급절차(한국사이버평생교육원 홈페이지, 2023)

(1) 평생교육사 자격증 신청 전 알아 두기

첫째, 평생교육사 자격증 발급신청은 매년 1, 4, 7, 10월에만 신청이 가능하다.

둘째, 평생교육사 자격증 신청 전 자격에 필요한 과목을 모두 이수 후 학점인정 신청이 완료되어 있어야 하며, 평균평점이 80학점 이상이어야 한다.

셋째, 평생교육사 자격증은 '학습을 진행한 교육기관'으로 신청을 진행해야 한다.

(2) 자격증 발급 교육기관 우선순위

첫째, 이수한 과목이 가장 많은 교육기관

둘째, 이수한 과목 수가 동수일 경우 우선순위

　　① 실습과목을 이수한 기관
　　② 필수과목을 가장 많이 이수한 기관
　　③ 필수과목명 순에서 앞선 과목을 이수한 기관(평생교육론 > 평생교육방
　　　법론 > 평생교육경영론 > 평생교육프로그램개발론)

(3) 자격증 신청절차

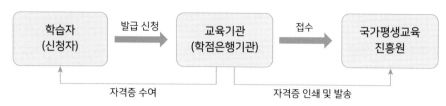

III\\그림 3-1 **자격증 신청절차**

출처: 한국사이버평생교육원 홈페이지(2023).

① 상기에서 설명한 자격증 발급 우선순위에 해당하는 교육기관으로 자격증 발급 신청
② 교육기관에서는 제출 서류를 바탕으로 신청 서류 검토(신원조회 의뢰 및 서류 확인)
③ 국가평생교육진흥원에서 자격 검토 이후 자격증을 교육기관으로 발송
④ 교육기관에서 학습자(신청자)에게 자격증 수여

(4) 자격증 발급 신청 구비서류
① 평생교육사 자격증 발급 신청서 1부
② 최종학력증명서 1부
  - 졸업예정증명서는 인정 불가
③ 최종성적증명서 1부
  - 자격취득에 필요한 모든 과목에 대하여 증명서를 제출해야 함
  - 대학의 시간제등록 또는 학점은행제 교육훈련기관을 통하여 과목을 이수한 경우 국가평생교육진흥원 학점은행제상 학점인정을 받아야 자격취득 학점으로 인정 가능함
④ 기본증명서(특정) 1부
  - 주민등록번호 뒷자리 공개
  - 개명사실 확인이 필요한 경우 기본증명서(상세)로 제출
⑤ 평생교육 현장실습 평가서 1부
  - 원본으로 제출

　　– 구법 대상자로서 실습 면제자의 경우, 경력증명서 1부 제출
　⑥ 개인정보 수집 · 이용 · 제3자 동의서 1부

2. 평생교육사 양성과 배치

1) 평생교육사 양성

　평생교육사는 평생교육 이념의 실현을 위하여 실무능력과 전문성을 가진 평생교육 담당자를 양성, 배치, 연수함으로써 양질의 평생교육을 실시하기 위한 자격제도이다. 자격은 1급, 2급, 3급으로 구분되며, 이수방법에 따라 승급과정과 양성과정으로 구분된다. 「평생교육법 시행령」 제18조에 근거하여 승급과정과 양성과정은 [그림 3-2]와 같이 구분된다. 승급과정은 일정 자격요건을 갖춘 평생교육사 자격증 소지자가 상위 급수로 승급하기 위해 이수하는 연수과정(1급 승급과정, 2급 승급과정)이 있으며, 양성과정은 대학, 학점은행기관 등 평생교육사 양성기관에서 운영하는 관련 과목 〈표 3-3〉을 이수하여 일정 학점 이상 취득하는 과정(2급, 3급 진입 가능)이다.

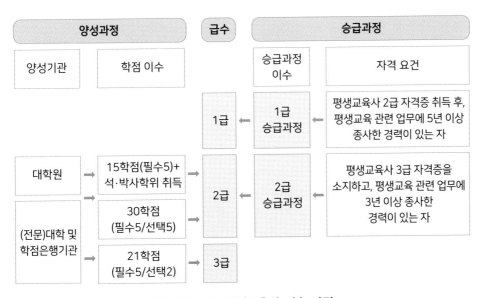

\\\ 그림 3-2 **평생교육사 이수 과정**

출처: 국가평생진흥원(2022), p. 109.

‖ 표 3-3 ‖   **평생교육법 평생교육 관련 과목(법 제5조제1항 관련)**

과정	구분	핵심내용
양성과정 (과목별 3학점)	필수	평생교육개론, 평생교육방법론, 평생교육경영론, 평생교육프로그램개발론
		평생교육실습(4주간)
	선택	아동교육론, 청소년교육론, 여성교육론, 노인교육론, 시민교육론, 문자해득교육론, 특수교육론, 성인학습 및 상담(1과목 이상 선택하여야 함)
		교육사회학, 교육공학, 교육복지론, 지역사회교육론, 문화예술교육론, 인적자원개발론, 직업·진로설계, 원격(이러닝, 사이버)교육론, 기업교육론, 환경교육론, 교수 설계, 교육조사방법론, 상담심리학 (1과목 이상 선택하여야 함)

출처: 「평생교육법 시행규칙」 제5조 [별표 1]. 〈개정 2016. 8. 10.〉.

평생교육사의 등급별 자격요건은 〈표 3-4〉와 같다.

‖ 표 3-4 ‖   **평생교육사의 등급별 자격 요건(시행령 제15조 및 제16조 2항 관련**

등급	자격기준
1급	평생교육사 2급 자격증을 취득한 후, 교육부 장관이 정하는 평생교육과 관련된 업무에 5년 이상 종사한 경력이 있는 자로서 진흥원이 운영하는 평생교육사 1급 승급과정을 이수한 자
2급	1. 「고등교육법」 제29조 및 제30조에 따른 대학원에서 교육부령으로 정하는 평생교육과 관련된 과목 중 필수과목을 15학점 이상 이수하고 석사 또는 박사학위를 취득한 자. 다만, 「고등교육법」 제2조에 따른 학교(이하 "대학"이라 한다)에서 필수과목을 이수한 경우에는 선택과목으로 필수과목 학점을 대체할 수 있다. 2. 대학 또는 이와 같은 수준 이상의 학력을 인정할 수 있는 기관, 「학점인정 등에 관한 법률」에 따라 평가인정을 받은 학습 과정을 운영하는 교육훈련기관에서 관련 과목을 30학점 이상 이수하고 학위를 취득한 자 3. 대학을 졸업한 자 또는 이와 같은 수준 이상의 학력이 있다고 인정되는 자로서 다음 각 목의 어느 하나에 해당하는 기관에서 관련 과목을 30학점 이상 이수한 자 　가. 대학 또는 이와 같은 수준 이상의 학력을 인정할 수 있는 기관 　나. 법 제25조제1항에 따른 평생교육사 양성기관(이하 "지정양성기관"이라 한다.) 　다. 학점은행기관 4. 평생교육사 3급 자격증을 보유하고 관련 업무에 3년 이상 종사한 경력이 있는 자로서 진흥원이나 지정양성기관이 운영하는 평생교육사 2급 승급과정을 이수한 자

3급	1. 대학 또는 이와 같은 수준 이상의 학력을 인정할 수 있는 기관, 학점은행기관에서 관련 과목을 21학점 이상 이수하고 학위를 취득한 자 2. 대학을 졸업한 자 또는 이와 같은 수준 이상의 학력이 있다고 인정되는 자로서 다음 각 목의 어느 하나에 해당하는 기관에서 관련 과목을 21학점 이상 이수한 자 　가. 대학 또는 이와 같은 수준 이상의 학력을 인정할 수 있는 기관 　나. 지정양성기관 　다. 학점은행기관 3. 관련 업무에 2년 이상 종사한 경력이 있는 자로서 진흥원이나 지정양성기관이 운영하는 평생교육사 3급 양성과정을 이수한 자 4. 관련 업무에 1년 이상 종사한 경력이 있는 공무원 및 「초·중등교육법」 제2조제1호부터 제5호까지의 학교 또는 학력인정 평생교육시설의 교원으로서 진흥원이나 지정양성기관이 운영하는 평생교육사 3급 양성과정을 이수한 자

출처: 「평생교육법 시행령」 제5조 [별표 1의 3]

평생교육사 2급 자격증 취득할 때 유의사항은 다음과 같다.

첫째, 취득 교과목의 출석률은 80% 이상이어야 하며, 100점 만점 기준으로 전체 평균 80점 이상이 되어야 한다.

둘째, 전문학사 이상의 동등한 학위자여야 한다.

셋째, 「평생교육법」 제24조제3항에 근거하여 신원조회 시 결격사유에 해당될 경우 발급이 불가하다.

넷째, 양성과정의 과목 명칭이 동일하지 아니하더라도 교과의 내용이 동일하다는 평생교육진흥원장의 승인을 받은 경우 동일과목으로 본다.

다섯째, 필수과목은 평생교육실습을 포함하여 15학점 이상을 이수하여야 한다.

여섯째, 과목당 학점은 3학점으로 하고 성적은 각 과목을 100점 만점으로 하여 평균 80점 이상이어야 하며, 평생교육실습과목은 「평생교육법 시행령」 제69조제2항에 따라 문자해득교육 프로그램으로 지정받은 기관, 「평생교육법」 제19조부터 제21조까지의 규정에 해당하는 평생교육기관에서의 4주간 현장실습을 포함한 수업과정으로 구성한다.

2) 평생교육사 양성 현황

평생교육사 양성은 1986년부터 1999년까지 사회교육전문요원으로 23,015명
이 양성되었으며, 2000년 이후 평생교육사의 자격으로 취득자가 꾸준히 증가하
여 2015년 8,404명으로 가장 많이 양성되었고, 2017년에는 6,496명, 2018년에는
6,788명, 2019년에는 6,671명, 2020년에는 6,741명, 2021년에는 6,734명이 양성되
었다. 2021년 12월을 기준으로 평생교육사는 총 150,542명이 양성되었다. 평생교
육사 자격 등급별 현황은 1급이 전체의 0.6%인 938명, 2급이 94.3%인 141,895명,
3급이 5.1%인 7,709명이다(〈표 3-5〉).

‖ 표 3-5 ‖   **연도별 평생교육사 양성(자격증 발급) 현황**   (단위: 명)

연도	1급	2급	3급	총계	비고
1986~1999년	0	21,007	2,008	23,015	(구)사회교육전문요원
2000년	22	1,548	344	1,914	
2001년	25	2,878	513	3,416	
2002년	38	2,957	636	3,631	
2003년	31	2,982	601	3,614	
2004년	32	2,776	551	3,359	
2005년	26	3,734	490	4,250	
2006년	33	3,735	143	3,911	
2007년	57	4,566	316	4,898	
2008년	33	5,448	273	5,754	평생교육사
2009년	57	5,447	260	5,764	
2010년	55	6,697	383	7,135	
2011년	30	6,808	221	7,059	
2012년	70	7,900	183	8,153	
2013년	58	7,633	156	7,847	
2014년	42	7,791	113	7,946	
2015년	44	8,278	82	8,404	
2016년	38	6,923	81	7,042	
2017년	43	6,386	67	6,496	

2018년	87	6,618	83	6,788	
2019년	76	6,532	63	6,671	평생교육사
2020년	38	6,626	77	6,741	
2021년	44	6,625	65	6,734	
계	938	141,895	7,709	150,542	

출처: 교육부, 한국교육개발원(2013). 국가평생교육진흥원(2022), p. 111.

2017년부터 2020년까지 최근 4년간 평생교육사 양성기관 유형별 자격교부 현황은 다음 〈표 3-6〉과 같다. 유형별로는 학점은행제를 운영하는 일반평생교육시설이 2020년에 2,381명, 4년 동안 8,956명(33.5%)을, 방송통신대학교가 2020년에 1,357명, 4년 동안 5,569명(20.9%)을, 대학이 2020년에 954명, 4년 동안 4,210명(15.8%)을 양성하였다(국가평생교육진흥원, 2022).

‖ 표 3-6 ‖ **양성기관 유형별 평생교육사 자격교부 현황(2017~2020년)**　　(단위: 명)

기관유형	2017	2018	2019	2020	계
정규교육과정	4,385	4,431	4,380	4,323	17,519
비정규교육과정	2,111	2,357	2,291	2,418	9,177
전문대학	740	832	864	853	3,289
교육대학	–	–	4	–	4
대학	1,151	1,098	1,007	954	4,420
방송통신대학	1,443	1,397	1,372	1,357	5,569
산업대학	57	95	111	138	401
각종대학	–	1	–	–	1
원격 및 사이버대학	850	840	857	874	3,421
대학원대학	109	122	125	120	476
전공대학	35	46	40	27	148
국가평생교육진흥원	39	78	67	37	221
일반평생교육시설	2,072	2,279	2,224	2,381	8,956
계	6,496	6,788	6,671	6.741	26,696

출처: 교육부, 한국교육개발원(2018~2021). 국가평생교육진흥원(2022), p. 113.

3) 평생교육사 배치 현황

「평생교육법」 제26조는 평생교육사의 배치와 채용에 대하여 규정하고 있으며, 동법 시행령 제22조에서는 의무배치 대상 기관과 배치기준을 규정하고 있다(〈표 3-7〉, 〈표 3-8〉). 국가 및 시·도 평생교육진흥원은 1급 평생교육사 1명 이상을 포함한 5명 이상 배치하여야 한다. 또한, 시·군·구 평생학습관은 정규 직원이 20명 이상일 경우 1급 또는 2급 평생교육사 1명을 포함한 2명 이상 배치하고, 정규 직원이 20명 미만일 경우에는 1급 또는 2급 평생교육사 1명 이상을 배치하여야 한다. 그 외 장애인평생교육시설, 평생교육시설, 학점은행기관 등은 평생교육사 1명 이상을 의무적으로 배치해야 한다.

‖ 표 3-7 ‖ 「**평생교육법」 제26조 및 시행령 제22조**

〈법〉 제26조(평생교육사의 배치 및 채용) ① 평생교육기관에는 제24조제1항에 따른 평생교육사를 배치하여야 한다.
② 「유아교육법」, 「초·중등교육법」 및 「고등교육법」에 따른 유치원 및 학교의 장은 평생교육프로그램을 운영함에 있어서 필요한 경우에 평생교육사를 채용할 수 있다.
③ 제20조에 따른 시·도 평생교육진흥원, 제20조의2에 따른 장애인평생교육시설 및 제21조에 따른 시·군·구 평생학습관에 평생교육사를 배치하여야 한다. 〈개정 2016. 5. 29.〉
④ 제1항부터 제3항까지의 규정에 따른 평생교육사의 배치대상기관 및 배치기준은 대통령령으로 정한다.
〈시행령〉 제22조(평생교육사의 배치대상기관 및 배치기준) 법 제26조제4항에 따른 평생교육사의 배치대상기관 및 배치기준은 별표 2와 같다.

출처: 법제처 국가법령정보센터.

‖ 표 3-8 ‖ **평생교육사 배치 대상 기관 및 배치 기준**

배치 대상 기관	배치 기준
1. 진흥원, 시·도 진흥원	• 1급 평생교육사 1명 이상을 포함한 5명 이상
2. 장애인평생교육시설	• 평생교육사 1명 이상
3. 시·군·구 평생학습관	• 정규 직원 20명 이상: 1급 또는 2급 평생교육사 1명을 포함한 2명 이상
	• 정규 직원 20명 미만: 1급 또는 2급 평생교육사

| 4. 법 제30조에서 제38조까지의 규정에 따른 평생교육시설(학력인정 평생교육시설은 제외한다), 「학점인정 등에 관한 법률」 제3조 제1항에 따라 평가인정을 받은 학습 과정을 운영하는 교육훈련기관 및 법 제2조제2호 다목의 시설 · 법인 또는 단체 | • 평생교육사 1명 이상 |

출처: 「평생교육법 시행령」 제22조 별표 2 참조.

평생교육사의 평생교육기관 배치 현황은 전체 4,493개의 평생교육기관 중 79.2%인 3,560개 기관에 평생교육사가 배치된 것으로 나타났다(〈표 3-9〉 참조). 시 · 도 평생교육진흥원의 배치율은 100.0%로 17개 시 · 도 평생교육진흥원 모두에 평생교육사가 배치되었고, 시 · 군 · 구 평생학습관에는 82.7%가 배치되었다. 초 · 중등학교 부설 평생교육시설은 80.0%, 대학(원) 부설 평생교육시설이 80.8%, 사업장부설 평생교육시설의 배치율이 96.4%, 언론기관 부설 평생교육시설은 75.3%, 지식 · 인력개발 형태 평생교육시설은 76.8%, 시민사회단체 부설 평생교육시설은 74.7%, 원격 형태 평생교육시설은 77.6%이다(국가평생교육진흥원, 2022).

‖ 표 3-9 ‖ **평생교육기관 유형별 평생교육사 배치 기관 현황**   (단위: 개, %, 명)

구분		총 기관 수	배치 기관 수	배치율
평생교육기관	시 · 도 평생교육진흥원	17	17	100.0
	시 · 군 · 구 평생학습관	481	398	82.7
	학교 부설 평생교육시설 / 초 · 중등학교	10	8	80.0
	학교 부설 평생교육시설 / 대학(원)	416	336	80.8
	사업장 부설 평생교육시설	393	379	96.4
	언론기관 부설 평생교육시설	1,134	854	75.3
	지식 · 인력개발형태 평생교육시설	561	431	76.8
	시민사회단체 부설 평생교육시설	439	328	74.7
	원격형태 평생교육시설	1,042	809	77.6
	소계	4,493	3,560	79.2

출처: 국가평생교육진흥원(2022), p. 114.

3. 평생교육사의 자격제도의 문제점과 개선방안

1) 평생교육사제도의 문제점

「헌법」 제31조제5항에서는 "국가는 평생교육을 진흥하여야 한다."라고 평생교육에 관한 강력한 의지를 명시했으나, 법률, 명령, 시행규칙 등에서 이를 무력화할 만한 요소가 많다.

첫째, 평생교육시설과 양성기관의 일치로 비전문성과 비객관성이 우려된다. 이것은 결과적으로 평생교육사 자격증에 관한 전문성을 위협하고 평생교육시설의 자격증 장사로 전락할 개연성이 높다. 둘째, 평생교육사 배치 기준은 그에 상응하는 직무범위에 비해 굉장히 제한적이고 수적으로도 부족하다. 1명 이상이라고 명시한 경우, 1명만 채용하게 될 가능성이 높다. 예를 들어, 지방자치단체의 인구에 따라 비율화하여 채용하는 것이 바람직하다. 셋째, 평생교육사 채용의 원칙이 부재하다. 정규직 채용을 원칙으로 하되, 정규직으로 채용된 평생교육사의 휴직의 경우 한시적으로 임시직으로 채용하게 하는 규정이 하위 법률에 당연히 포함되어 있어야 한다(심규선, 2017. 9. 7.).

2) 평생교육사의 자격제도 개선방안

헌법의 정신에 부합하기 위해서는 하위 법률들의 정비가 필요하다.

첫째, 양성기관의 통일 혹은 실제적인 교육이다. 초등교육 교사 양성을 담당하고 있는 교육대학, 중등교육 교사를 양성하는 사범대학 및 교직이수 제도, 교육대학원 제도처럼 일원화된 시스템의 평생교육사 양성 제도가 필요하다. 지금처럼 원격 수강으로 자격증을 남발하는 것은 평생교육의 전문성을 스스로 부정하는 일이 될 것이다. 양성기관을 일원화시켜서 커리큘럼(curriculum)을 오프라인(offline)으로 이수하게 하거나, 실제적인 교육을 가능하게 할 최종 검증시험과 같은 제도적인 보완을 통해 자격증 발급의 요건을 강화하고 문턱을 높여야 한다.

둘째, 공무원 직렬화(職列化)를 과감하게 도입하여야 한다. 「사회복지사업법」

제14조제1항은 "사회복지사업에 관한 업무를 담당하게 하기 위하여 시 · 도, 시 · 군 · 구 및 읍 · 면 · 동 또는 복지사무 전담기구에 사회복지 전담공무원을 둘 수 있다."라고 규정하고 있듯, '평생교육 전담공무원'에 대한 규정을 보완한다면 지금과 같은 임시직으로 전전하는 일은 없을 것이다. 복지의 가장 중요한 축이 교육이라는 것을 고려했을 때, 사회복지사와 평생교육사의 직렬의 특수성을 감안한 과감한 법 개정이 요구된다. Aristotle는 "교육은 노후로 가는 여행을 위한 최상의 양식이다(Education is the best provision for the journey to old age)."라고 했다. 평생교육을 위한 법률 정비는 소모나 소비가 아니라 투자될 것이다. 늦었지만, 새로운 평생교육의 지평을 열어 갈 때이다.

셋째, 평생교육사 양성체제의 개편이 필요하다. 평생교육사는 법정 교과를 이수하면 자격을 취득하는 과정이수형 자격이기 때문에 평생교육사의 양성과정은 평생교육사의 전문성을 키우는 데 매우 중요하다. 평생교육사 양성과정은 2007년 「평생교육법」 전부 개정을 통해 개편된 이후 현재까지 유지되어 왔다. 그러나 사회의 변화와 함께 평생교육 현장도 급속하게 변화하였으며, 이에 따라 현장에서 요구하는 평생교육사의 역량 또한 계속해서 변화하고 있다. 현재의 평생교육사 양성과정을 검토하여 개편함으로써 현장의 요구에 맞는 역량과 전문성을 갖춘 평생교육사를 양성해야 한다.

넷째, 양성된 평생교육사의 전문성을 유지 · 개선하기 위해서는 지속적이고 체계적인 보수교육이 필요하다. 평생교육사의 전문성은 자격취득 이후 연수와 현장 업무 경험을 통해 지속적으로 개발되어야 한다. 사회복지사, 청소년지도사 등 유사 자격 제도는 전문성의 유지 · 신장을 위해 보수교육을 의무적으로 받도록 관계 법령에서 규정하고 있다. 하지만 「평생교육법」에서는 평생교육사가 보수교육을 의무적으로 받도록 규정하고 있지 않다. 「평생교육법 시행령」 제19조에서 국가 및 시 · 도 평생교육진흥원에서 평생교육사를 위한 연수를 운영할 수 있도록 규정하고 있기는 하나, 국가 및 시 · 도 평생교육진흥원에서 운영 중인 연수는 현장에 근무하고 있는 평생교육사의 요구를 충족하기 어렵다. 평생교육사가 평생교육 전문인력으로서 전문성을 지속적으로 개발하기 위해서는 보수교육을 의무화하도록 「평생교육법」이 개정되어야 한다.

다섯째, 평생교육사의 배치를 활성화하기 위한 법 · 제도적 개선이 필요하다. 「평

생교육법」에서는 평생교육사를 평생교육기관에 의무적으로 배치하도록 규정하고
있다. 평생교육기관의 평생교육사 배치율은 지속적으로 증가해 왔지만 2021년 배
치율은 79.2%로 여전히 약 20%에 해당하는 기관에 평생교육사가 배치되어 있지
않다. 그럼에도 불구하고 평생교육사 배치와 관련하여 지도·감독할 수 있는 조항
이 없는 실정이다. 따라서 평생교육사의 배치 위반 사항을 관리할 수 있는 법·제
도적 기반 마련이 필요하다. 또한 평생교육의 질 관리를 위해서 평생교육사 배치
기준의 개편이 필요하다. 국가 및 시·도 평생교육진흥원을 제외한 평생교육기관
의 배치 기준은 기관당 1명이며(시·군·구 평생학습관의 경우 정규직 직원 20명 이상
일 경우 2명 이상), 2021년 기준, 4,493개 평생교육기관에 평생교육사 5,581명이 재
직 중으로 기관당 약 1.2명의 평생교육사가 배치되어 있다. 평생교육사 1명이 평생
교육의 기획, 진행, 분석, 평가 및 교수 업무 모두를 수행하기에는 업무 부담이 과
중하여 체계적인 양질의 평생교육을 제공하는 데 어려움이 있다. 따라서 기관의
특성에 따라 소재 지역의 시민 수, 기관의 학습자 수 또는 프로그램 수 등과 같이
보다 유연한 배치 기준을 두어 평생교육사를 확대 배치할 수 있도록 개선이 필요
하다(신민선, 2017).

 토론문제

1. 「평생교육법」 제24조에 근거하여 평생교육사에 대하여 설명하시오.
2. 평생교육실습기관에서 평생교육을 실습시킬 수 있는 실습지도자에 대하여 설명하시오.
3. 「평생교육법」 제26조에 근거하여 평생교육사 배치와 채용에 대하여 설명하시오.

참고문헌

교육부, 한국교육개발원(2013~2021). 연도별 평생교육통계자료집. 한국교육개발원.
국가평생교육진흥원(2022). 2021 평생교육백서. 국가평생교육진흥원.
신민선(2017). 평생교육현장 사람들의 길 찾기. 제1차 평생학습 타임지 포털.
심규선(2017. 9. 7.). 평생교육사, 평생 한숨지어야 하나. 동아일보.

국가평생교육진흥원 학점은행제 알리미 홈페이지(2023). http://www.cbinfo.or.kr
국가평생교육진흥원 홈페이지(2023). https://www.nile.or.kr/index.jsp
평생교육사자격관리 홈페이지(2023). https://lledu.nile.or.kr/
한국사이버평생교육원 홈페이지(2023). http://www.hakjum.com/index.asp

평생교육사 현장실습기관

학습목표

1. 평생교육사 현장실습기관과 시설의 현황에 대해 이해할 수 있다.
2. 평생교육사 현장실습기관과 시설의 유형별 현황에 대해 이해할 수 있다.
3. 평생교육법상 평생교육사 실습기관에 대해 이해할 수 있다.
4. 그 밖의 다른 법령상 평생교육사 실습기관에 대해 이해할 수 있다.

학습개요

평생교육실습은 평생교육사를 취득하려는 실습생이 학교에서 배운 평생교육 관련 이론에 대해 학습한 것을 평생교육기관이라는 실제적 상황에 적용해 보는 과정을 의미한다. 이 장에서는 평생교육실습 현장으로서 평생교육기관에 대해 구체적으로 살펴보고자 한다. 평생교육사 현장실습기관과 시설의 현황, 평생교육사 현장실습기관과 시설의 유형별 현황, 「평생교육법」상 평생교육사 실습기관, 그 밖의 다른 법령상 평생교육사 실습기관 등으로 구성되었다. 이를 통해 실습생은 평생교육을 수행하고 있는 다양한 평생교육기관의 특성을 이해하는 기회를 가질 수 있다. 또한 해당 실습기관이 어떤 특성의 평생교육 영역에 초점을 두고 운영을 하고 있는지를 파악할 수 있다.

1. 평생교육사 현장실습기관과 시설의 현황

1) 평생교육실습기관

평생교육실습이란 평생교육양성기관에서 정해진 교과목 또는 과정을 이수한 뒤, 평생교육기관에서 실제적인 활동(평생교육기관에서 이루어지는 평생교육 활동을 위한 모든 과정, 즉 기획, 관리, 실행, 평가의 전 과정)에 참여하거나 참관함으로써, 강의실에서 이론적으로 학습한 것을 평생교육기관이라는 실제적 상황에 적용해 보는 과정을 의미한다(평생교육진흥원, 2009: 박진숙, 2016에서 재인용). 실습기관은 평생교육사업을 주된 사업으로 운영하는 기관으로, 평생교육사 자격증을 취득하려는 학습자에게 실습지도를 위한 수행 계약을 체결한 기관을 말한다(오명숙, 2019).

2) 평생교육기관

「평생교육법」 제2조제2항에서 '평생교육기관'이란 다음 각 목의 어느 하나에 해당하는 시설·법인 또는 단체를 말한다.

가. 이 법에 따라 인가·등록·신고된 시설·법인 또는 단체
나. 「학원의 설립·운영 및 과외교습에 관한 법률」에 따른 학원 중 학교교과교습학원을 제외한 평생직업교육을 실시하는 학원
다. 그 밖에 다른 법령에 따라 평생교육을 주된 목적으로 하는 시설·법인 또는 단체

「국가평생교육진흥원 평생교육실습과목 운영지침」(교육부, 국가평생교육진흥원, 2015)에 따르면, 평생교육실습기관의 자격요건으로 다음 중 어느 하나에 해당하는 기관은 실습기관으로 운영할 수 있다고 제시하였다.

• 「평생교육법」 제19조에 따른 국가평생교육진흥원
• 「평생교육법」 제20조에 따른 시·도 평생교육진흥원

- 「평생교육법」 제21조에 따른 시·군·구 평생학습관
- 「평생교육법 시행령」 제69조제2항에 따라 문자해득교육 프로그램으로 지정받은 기관

3) 평생교육기관의 유형

우리나라의 수많은 평생교육기관은 하나의 기준으로 유형화되지 않는다. 평생교육기관의 유형은 어떠한 측면이나 기준으로 보느냐에 따라 다양하게 개념화할 수 있는데, 평생교육 실시기관의 성격이나 설립주체에 따른 유형화는 실시 주체기관이 어디인가, 기관의 성격은 어떠한가, 그리고 주체기관의 평생교육활동이 주된 기능인가, 아니면 부수적인 기능인가에 따라 유형을 나눌 수 있다(최운실, 1995: 김보영, 2019에서 재인용).

평생교육기관의 유형화는 결국 스스로의 목적과 이념에 따라 운영됨으로써 각 평생교육기관들이 차별성을 확보하게 하는 기초 작업이다(이경화, 2013).

‖ 표 4-1 ‖ **평생교육기관 유형**

평생교육기관 유형			관련 교육기관 예시
평생교육기관	평생교육단체	평생교육이 목적인 단체	인력개발, 법인단체평생교육협의회 등
		평생교육이 주된 목적이 아닌 단체	청소년단체, 여성단체 등
	평생교육기관	「평생교육법」에 의한 평생교육기관	학원, 원격대학 등
		기타 법령에 의한 평생교육기관	공공도서관, 박물관

출처: 김보영(2019), p. 13.

평생교육기관의 유형은 학습자들의 주요 참여 동기와 기대 수준에 영향을 미치며 기관의 유형에 따라 참여 중인 학습자들은 서로 다른 동기와 강도를 가진다(최운실, 1986: 이경화, 2013에서 재인용). 따라서 평생교육기관의 유형화는 단순히 행정과 정책의 편의를 넘어 학습자의 학습참여에 중요한 요인이 될 수 있다(이경화, 2013).

4) 평생교육기관 분류

평생교육기관의 분류는 설립, 운영주체, 교육형태, 소관부처, 교육 프로그램의 목적, 내용, 교육대상, 교육기간, 지역 등에 따라 다양하게 이루어지기 때문에 매우 복잡한 과정임에도 불구하고, 평생교육기관을 분류하고 유형화하는 것은 차별성을 확보함으로써 서로 다른 기관과 상호 간에 연계와 협력을 가능하게 한다(권인탁, 임영희, 2011; 이경화, 2013). 또한 평생교육기관의 분류는 학습자의 필요와 요구에 적합한 프로그램을 효율적이고 효과적으로 제공해 주는 토대를 제공하기 때문에 중요하다(이경화, 2013).

〈표 4-2〉와 같이 평생교육기관은 운영주체에 따라 정부와 지방자치단체 차원에서 운영하는 공공 평생교육기관, 민간 기업에서 운영하는 민간 평생교육기관, 학교 조직에서 운영하는 학교 평생교육기관으로 나눌 수 있다.

‖ 표 4-2 ‖ **운영주체에 따른 평생교육기관 분류**

운영주체	최운실 (1986)	최운실 외 (2005)	정민승 (2006)	권인탁 (2011)
공공 평생 교육기관	정부 주도형	학교형 평생교육기관	평생교육전담기관	국가 주도형
			학교 형태 평생교육기관	
		평생교육 전담기관	원격 평생교육시설	
			주민자치 평생교육기관	
		복합형 평생교육기관	문화시설 평생교육기관	
			복지적 평생교육기관	
			인력개발형 평생교육기관	
민간 평생 교육기관	민간 주도형	비영리형 평색교육기관	사내대학	민간단체 주도형
			원격평생교육시설	
			문화센터 및 학원	종교 및 문화기관 주도형
	기업 주도형	영리형 평생교육기관	인력개발기관	
			문해교육기관	기업 주도형
			시민사회단체	
학교 평생교육기관	학교 주도형			학교 주도형

출처: 이경화(2013), p. 39.

5) 평생교육기관별 특성

　　각각의 평생교육기관은 기관 자체가 보유하고 있는 자원, 역량을 배분하고 활용하는 방향과 내용을 결정함에 있어서 설정된 기관의 목적에 근거하게 됨으로써 다른 기관의 차별성을 확보하게 된다. 따라서 다양한 평생교육기관의 특성을 이해하는 것은 학습자의 기관에 대한 선호와 주요 학습자의 특성을 파악하기 위해 중요하다(이경화, 2013).

|| 표 4-3 || **평생교육기관별 특성**

분류	특성
① 정부주도형 공공 평생교육기관	• 과업 중심적인 경향이 있고, 동등한 교육기회 보장 등의 공공성을 추구하며, 전문 인력과 조직이 체계적으로 잘 갖추어져 있다. • 담당자에 대한 전문특화교육 등을 실시함에 따라서 다른 기관에 비해 전문성을 갖춘 인력에 의해 프로그램이 기획되고 운영된다. • 기관 자체의 의지보다는 국가의 정책에 따라 운영 방향과 내용이 결정된다. • 정부의 정책이 유지되는 일정 기간 동안은 동일한 프로그램에 대한 지속성을 보장받을 수 있어 학습자가 안정적으로 참여를 보장받을 수 있다.
② 민간 평생교육기관	• 기업의 이윤창출, 시민단체가 추구하는 시민의식 함양 등 기관 자체의 특정 목적과 이념이 더욱 강하게 작용하는 경향이 있다. • 민간 평생교육기관의 경우 공공 평생교육기관에 비해 영리를 추구하며 인간 본위적이고 비형식적이고 변화 지향적인 성향을 보이고 있다.
③ 대학부설 평생교육기관	• 기반 조직이 보유하고 있는 풍부한 인적·물적 자원을 활용함으로써 다양한 시너지 효과를 발휘할 수 있는 특징이 있다. • 대학이 가진 명성은 평생교육 학습자에게 긍정적으로 작용하기도 하지만, 학력이 낮은 사람들에게는 대학 자체가 진입장벽으로 작용하기도 한다. • 국가 지원을 받는 일부를 제외하고는 타 기관에 비해 높은 수강료가 책정되어 있으므로 교육비 부담이 큰 소외계층의 참여를 제한하고 있다. • 평생교육기관의 중요성이 증가하는 이유는 대학이 보유하고 있는 전문적인 인적자원과 풍부한 물적자원의 활용을 통해 평생교육의 활성화에 큰 기여를 할 수 있기 때문이다.

출처: 이경화(2013), p. 40에서 재구성

6) 평생교육실습기관의 중요성

평생교육기관은 평생교육현장에서 전문가에게는 일터로, 실습생에게는 평생교육사로서 진로까지 전환할 수 있는 중요한 역할을 한다. 실습생이 기관을 선정할 때 점검해야 할 사항은 다음과 같다(김종표 외, 2016).

첫째, 평생교육기관을 대표할 수 있는 사업 및 프로그램을 운영하고 있어야 한다.
둘째, 평생교육실습에 참여하는 실습생이 현장실습의 목적을 달성할 수 있는 전문적이고 체계적인 교육과정을 보유하고 있어야 한다.
셋째, 평생교육기관으로서 설정한 비전과 정체성을 가지고 있어야 한다.

실습생으로 현장실습이 가능한 평생교육기관인지 판단할 때는 기본적으로 다음과 같은 절차에 의해 판단할 수 있다(국가평생교육진흥원 홈페이지, 2023; 평생교육사 자격관리 홈페이지, 2023).

---

① 현장실습 가능기관 여부 확인

우선적으로 기관 설립 법령 근거를 확인을 통해 「평생교육법」상에 근거한 기관인지 혹은 「평생교육법」상이 아닌 다른 법령상에 근거한 기관인지 여부를 판단한다.
- 「평생교육법」상의 평생교육기관
  - 「평생교육법」상에 근거하는 기관일 경우 실습이 이루어질 수 있다.
  - 평생교육시설 신고서 또는 지정서 등을 통해 기관 설립 법령 근거를 확인한다.
- 다른 법령상의 교육기관
  - 「평생교육법」상이 아닌 다른 법령상에 근거하여 설치된 경우 평생교육 관련 사업을 수행하는지 여부 확인이 중요하다.
  - 기관 설립 법령 근거 및 기관설치 운영조례나 사업계획서, 기관 홈페이지 등을 통해 평생교육 관련 사업을 수행하고 있는지 여부를 판단한다.

② 실습생 배치여건 확인
- 법령상 현장실습이 가능한 기관으로 판단되었더라도, 실습생이 배치될 만한 여건을 가지고 있는지 여부를 확인한다.
- 평생교육기관의 특성을 반영한 사업 및 프로그램을 운영하고 있는 기관이어야 한다.
- 실습생의 보건·위생 및 안전을 보장할 수 있는 기관이어야 한다.
- 실습생의 현장교육 및 실습지도가 가능한 기관이어야 한다.

출처: 국가평생교육진흥원 홈페이지(2023).

7) 평생교육기관 실습 운영 지침

평생교육사는 평생교육의 기획·진행·분석·평가 및 교수 업무 등 평생학습 관련 업무의 전반을 담당하는 현장전문이다(국가평생교육진흥원 홈페이지, 2023; 평생교육사자격관리 홈페이지, 2023). 평생교육사로 전문성을 습득하기 위한 기초과정으로서 현장실습은 중요한 교과목으로, 학교에서 이론적으로 습득한 지식, 기술, 태도 등과 통합하면 경험과 역량을 강화할 기회가 된다. 교육부와 국가평생교육진흥원(2015)은 평생교육실습과목 운영지침을 다음과 같이 제시하였다.

- 양성기관은 다음의 사항을 고려하여 실습기관을 선정하고, 협약을 체결한다.
  - 「평생교육법」 또는 그 밖에 다른 법령에 따라 평생교육을 주된 목적으로 하는 기관이어야 한다.
  - 평생교육기관의 특성을 반영한 사업 및 프로그램을 운영하고 있는 기관이어야 한다.
  - 실습생의 보건·위생 및 안전을 보장할 수 있는 기관이어야 한다.
  - 실습생의 현장교육 및 실습지도가 가능한 기관이어야 한다.
- 실습기관은 수립하였던 실습계획에 따라 실습을 운영한다.
- 실습기관은 실습생을 지도·관리하는 실습지도자를 다음 중 하나에 해당하는 자로 선정하여 학생관리 및 실습지도 등을 실시한다.
  - 평생교육사 1급 자격증 소지자
  - 평생교육사 2급 자격증을 보유하고 관련 업무 2년 이상 종사한 자
  - 평생교육사 3급 자격증을 보유하고 관련 업무 3년 이상 종사한 자
- 실습기관은 다음과 같은 현장실습의 목적과 목표에 기반하여 현장실습 내용을 구성한다.
- 동일 시간대를 기준으로 하여 실습지도자 1인당 실습생은 가능한 5명의 범위 내에서 지도·관리하도록 한다.
- 실습지도자는 실습생이 제출한 실습일지를 검토하고, 주 1회(1주: 40시간), 총 4회에 걸쳐 실습생의 실습수행에 대한 의견을 실습지도기록서(〈표 5-9〉 참조)에 기록한다.

◆ **양성기관**
- 실습지도교수는 실습기간 중 실습기관을 방문하여 실제 운영형태 등을 점검하고, 실습에 참여한 학생들의 실습수행 태도 및 상태 등을 점검한다.
  - 방문점검 시에는 실습 운영에 관하여 실습기관과 업무협의를 진행하고, 실습기관과의 지속적 협력관계 유지를 위하여 실습기관의 애로사항 및 건의사항을 적극적으로 수용

한다. 이러한 내용을 방문점검 시에 현장실습 방문지도 확인서(〈표 5-6〉 참조)에 기록하고, 실습생이 실습을 마친 뒤 실습일지 등을 양성기관에 제출할 때 첨부한다.

※ 단, 현장실습 방문점검에 관한 사항은 2015년 2학기부터 적용

‖ 표 4-4 ‖ 평생교육 현장실습 내용 구성(예)

구분			실습 내용
필수 항목	1. 오리엔테이션		① 기관 소개 및 평생교육 관련 주요업무 소개 - 기관별 현장실습 운영규정 안내 포함 ② 실습기관 유형 대비 기관 특성 소개 - 주요 학습자 및 프로그램 소개 등 ③ 해당 기관 실습생의 자세와 역할 ④ 구체적 실습목표 설정 및 실습지도자와 일정별 세부계획 수립
	2. 행정업무		① 기안 및 공문서 모의 작성 ② 사업예산(안) 편성 안내
	3. 모의 프로그램 기획	I	① 실습기관의 주요 프로그램 조사 및 분석 ② 학습자 요구분석 실시(실습기관 학습자 대상)
		II	③ 모의 평생교육 프로그램 개발 ④ 모의 평생교육 프로그램 홍보 및 마케팅
	4. 실습 평가		실습평가회: 실습생의 실습수행 내용에 대한 평가 등
선택 항목	1. 실습기관 관련 법 및 정책 이해와 기관 분석		①「평생교육법」및 관련 정책 파악하기 ② 실습기관의 SWOT 분석을 통한 전략 도출
	2. 교육 프로그램 운영 지원		① 학습자 관리 및 지원 ② 강사, 학습동아리 등 인적 데이터베이스 관리 및 지원 ③ 학습정보 데이터베이스 관리 및 지원 ④ 학습시설 · 매체 관리 및 지원 ⑤ 프로그램 관리 · 운영 및 모니터링 ⑥ 프로그램 만족도 조사 지원(결과분석 수행 등) ※ 별개 프로그램 2개 이상 수행
	3. 유관기관 방문 및 관련 행사 참석		① 유관기관 프로그램 조사 및 분석을 위한 방문 ② 평생학습 관련 행사(지역축제, 박람회 등) 참석 ※ 실습목적에 맞춰 2개 이상 5개 이하의 기관을 방문하되, 총 방문기간은 3일을 넘지 않도록 함 ※ 각 기관방문에 대해서는 출장 및 결과보고서 제출 권장

출처: 교육부, 국가평생교육진흥원(2015), p. 6.

2. 평생교육사 현장실습기관과 시설의 유형별 현황

평생교육 현장실습기관 시설의 유형 분류는 〈표 4-4〉와 같다.

‖ 표 4-4 ‖ **실습기관의 유형 및 예시**

구분		기관유형	예시
평생교육법	①유형	국가평생교육진흥원	국가평생교육진흥원
		시·도 평생교육진흥원	강원도 평생교육진흥원, 경상북도 평생교육진흥원, 대구 평생교육진흥원, 서울특별시 평생교육진흥원, 전라남도 평생교육진흥원, 경기도 평생교육진흥원, 광주 평생교육진흥원, 인천 평생교육진흥원, 울산 평생교육진흥원, 대전 평생교육진흥원, 부산 평생교육진흥원, 제주특별자치도 평생교육진흥원, 충청남도 평생교육진흥원, 충청북도 평생교육진흥원
		시·군·구 평생학습관	평생학습관, 공공도서관, 문화원, 연수원·수련원, 박물관, 복지관 등 (교육청으로부터 시·군·구 평생학습관으로 지정받은 기간에 한함)
	②유형	문자해득교육 프로그램 지정기관	문자해득교육 프로그램 설치·지정 기관
		성인문해교육 지원사업 선정기관	당해 연도 성인문해교육 지원사업 선정 기관
	③유형	평생학습도시	시·군·구 평생학습센터 또는 평생교육 전담 부서 등
		국가·지방자치단체 평생학습 추진기구	광역시·도청/시·군구청/시도교육청/지역교육청 내 평생학습센터 또는 평생교육 업무담당 부서 등
	④유형	평생교육 관련 사업 수행학교	대학평생교육활성화지원사업, 학교평생교육사업(지역과 함께하는 학교사업, 방과후학교 사업 등) 수행
	⑤유형	평생교육시설 신고·인가 기관	유·초중등·대학부설/ 학교형태/ 사내대학형태/ 원격대학형태/ 사업장부설/ 시민사회단체부설/ 언론기관부설/ 지식·인력개발 관련 평생교육시설

2. 평생교육사 현장실습기관과 시설의 유형별 현황

그 밖 의 다 른 법 령*	⑥유형	평생직업교육학원	학원설립운영등록증상 평생직업교육학원 형태 등록 여부 확인 (학교교과교습학원 형태는 인정 불가)
	⑦유형	기관형 교육기관	
		주민자치기관	시·군·구민회관, 주민자치센터 등
		문화시설기관	도서관, 박물관, 미술관, 과학관, 지방문화원 등
		아동관련시설	아동직업훈련시설, 아동복지관, 지역아동(정보)센터 등
		여성관련시설	여성인력개발센터, 여성(복지, 문화)회관 등
		청소년관련시설	청소년지원센터, 청소년수련시설, 청소년문화의집 등
		노인관련시설	노인교실, 노인복지(회)관 등
		장애인관련시설	장애유형별 생활시설, 장애인복지관 등
		다문화가족관련 시설	다문화가족지원센터 등
		사회복지시설	종합사회복지관 등
	⑧유형	훈련·연수형 교육기관	
		직업훈련기관	공공직업훈련시설, 지정직업훈련기관 등
		연수기관	공무원연수기관, 일반연수기관 등
	⑨유형	시민사회 단체형 교육기관	
		비영리민간단체	전국문해·성인기초교육협의회, 한국평생교육학회 등
		비영리 사(재)단법인	한국평생교육사협회, 한국문해교육협회 등
		청소년단체	한국청소년연맹, 청소년단체협의회 등
		여성단체	여성회, 여성단체협의회 등
		노인단체	대한노인회, 전국노인평생교육, 단체연합회 등
		시민단체	NGO, YMCA, YWCA, 환경운동연합 등
	기타		그 밖의 평생교육을 주된 목적으로 하는 시설 및 단체

* 그 밖의 다른 법령에 의한 기관의 경우 반드시 해당 설치·운영·법적 근거 및 평생교육 사업 수행 여부 확인
출처: 평생교육사자격관리 홈페이지(2023).

3. 평생교육법상 평생교육사 실습기관

평생교육사 실습기관은 「평생교육법」 제2조제2항에 따른 평생교육기관으로, 자세한 내용은 다음과 같다.

가. 「평생교육법」에 따라 인가 · 등록 · 신고된 시설 · 법인 또는 단체

나. 「학원의 설립 · 운영 및 과외교습에 관한 법률」에 따른 학원 중 학교교과교습학원을 제외한 평생직업교육을 실시하는 학원

다. 그 밖에 다른 법령에 따라 평생교육을 주된 목적으로 하는 시설 · 법인 또는 단체

---

1) ①유형의 평생교육실습기관

교육부와 국가평생교육진흥원(2015)에서 제시한 ① 유형의 평생교육실습기관은 국가평생교육진흥원, 시 · 도 평생교육진흥원, 시 · 군 · 구 평생학습관으로 〈표 4-5〉와 같다.

‖ 표 4-5 ‖   **① 유형의 평생교육실습기관**

①유형	국가평생교육진흥원	국가평생교육진흥원
	시 · 도 평생교육진흥원	강원도 평생교육진흥원, 경상북도 평생교육진흥원, 대구 평생교육진흥원, 서울특별시 평생교육진흥원, 전라남도 평생교육진흥원, 경기도 평생교육진흥원, 광주 평생교육진흥원, 인천 평생교육진흥원, 울산 평생교육진흥원, 대전 평생교육진흥원, 부산 평생교육진흥원, 제주특별자치도 평생교육진흥원, 충청남도 평생교육진흥원, 충청북도 평생교육진흥원
	시 · 군 · 구 평생학습관	평생학습관, 공공도서관, 문화원, 연수원 · 수련원, 박물관, 복지관 등 (교육청으로부터 시 · 군 · 구 평생학습관으로 지정받은 기간에 한함)

출처: 평생교육사자격관리 홈페이지(2023).

(1) 국가평생교육진흥원

◆ **설립근거**

「평생교육법」 제19조(국가평생교육진흥원) ① 국가는 평생교육진흥과 관련된 업무를 지원하기 위하여 국가평생교육진흥원(이하 "진흥원"이라 한다)을 설립한다. 〈개정 2013. 12. 30.〉

- 「교육기본법」 제3조

  모든 국민은 평생에 걸쳐 학습하고, 능력과 적성에 따라 교육받을 권리를 가진다.

- 「헌법」 제31조제5항

  국가는 평생교육을 진흥하여야 한다.

◆ **업무**

- 「평생교육법」 제19조제4항에서 다음과 같이 제시하고 있다.

진흥원은 다음 각 호의 업무를 수행한다.

1. 평생교육진흥을 위한 지원 및 조사 업무

2. 진흥위원회가 심의하는 기본계획 수립의 지원

3. 평생교육 프로그램 개발의 지원

4. 제24조에 따른 평생교육사를 포함한 평생교육 종사자의 양성 · 연수

5. 평생교육기관 간 연계체제의 구축

6. 제20조에 따른 시 · 도 평생교육진흥원에 대한 지원

7. 평생교육 종합정보 시스템 구축 · 운영

8. 「학점인정 등에 관한 법률」 및 「독학에 의한 학위취득에 관한 법률」에 따른 학점 또는 학력인정에 관한 사항

9. 제23조에 따른 학습계좌의 통합 관리 · 운영

9의2. 문해교육의 관리 · 운영에 관한 사항

9의3. 이 법 또는 다른 법령에 따라 위탁받은 업무

10. 그 밖에 진흥원의 목적수행을 위하여 필요한 사업

◆ **설립목적 및 비전**

국가평생교육진흥원은 「평생교육법」 제19조에 따른 평생교육 진흥과 관련된 업무를 효율적으로 수행함으로써 국민의 평생교육 활성화에 기여함을 목적으로 한다.

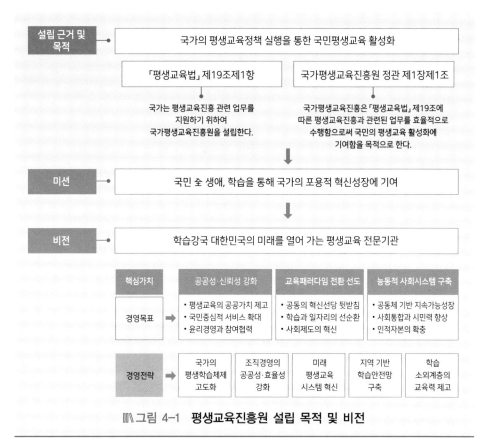

🏔️그림 4-1 **평생교육진흥원 설립 목적 및 비전**

출처: 국가평생교육진흥원 홈페이지(2023).

(2) 시 · 도 평생교육진흥원

◆ **설립근거**

평생교육법 제20조(시 · 도 평생교육진흥원의 운영) ① 시 · 도지사는 대통령령으로 정하는 바에 따라 시 · 도 평생교육진흥원을 설치 또는 지정 · 운영할 수 있다.

② 시 · 도 평생교육진흥원은 다음 각 호의 업무를 수행한다. 〈개정 2019. 4. 23.〉

1. 해당 지역의 평생교육기회 및 정보의 제공

2. 평생교육 상담

3. 평생교육 프로그램 운영

3의2. 장애인 대상 평생교육 프로그램 운영

4. 해당 지역의 평생교육기관 간 연계체제 구축

5. 그 밖에 평생교육진흥을 위하여 시 · 도지사가 필요하다고 인정하는 사항

◆ **사업내용**

시·군·구 평생교육 컨설팅, 연수, 사업지원 및 공동사업 추진 등 시·도 평생교육 네트워크 구축사업 지원

※ 평생학습도시 컨설팅, 행복학습센터 운영 유관 사업, 학습동아리 활성화 등 지역 수요에 기반한 시·도 평생교육 정책 및 사업 개발·운영

※ 시·도 평생교육시행계획 수립, 다모아 평생교육정보망 확대, 광역 규모 취·창업 등 학습형 일자리 창출

◆ **시 평생교육진흥원 설립 현황**

• 10개 법인설립: 단독형 5(서울, 광주, 대전, 경기, 충남), 융합형 5(부산, 울산, 세종, 전남, 제주)
• 7개 지정위탁: 연구원 지정 4(대구, 강원, 충북, 경남), 인재육성재단 지정 2(인천, 전북), 도립대학 1(경북)

‖ 표 4-6 ‖ **시·도 평생교육진흥원 설립 현황**

	설립/지정시기	설립형태	지정(위탁)기관
서울 평생교육진흥원	2014. 4. 3.	지정	서울연구원
	2015. 3. 12.	법인	–
부산 인재평생교육진흥원	2011. 3. 1.	지정	부산인력자원개발원
	2016. 12. 27.	법인	–
대구 행복진흥사회서비스원 평생교육진흥원	2012. 5. 10.	지정	대구경북연구원
	2021. 1. 9.	법인	
	2022. 10. 1.		(4개 기관 통합)
인천 인재평생교육진흥원	2013. 5. 9.	지정	인천인재육성재단
광주 평생교육진흥원	2013. 2. 8.	지정	광주발전연구원
	2015. 2. 27.	법인	–
대전 평생교육진흥원	2011. 7. 28.	법인	–
울산 인재평생교육진흥원	2012. 7. 1.	지정	울산발전연구원
	2018. 1. 1.	법인	울산인재육성재단
	2020. 1. 1.	지정	–
세종 인재육성 평생교육진흥원	2016. 2. 5.	지정	세종인재육성재단
	2018. 4. 16.	법인	–
경기 평생교육진흥원	2011. 12. 28.	법인	–

강원 인재육성 평생교육진흥원	2014. 3. 25.	지정	강원발전연구원
	2017. 1. 1.	지정	강원연구원
충북 평생교육진흥원	2011. 4. 20.	지정	충북연구원
충남 평생교육진흥원	2012. 1. 1.	지정	충남인재육성재단
	2016. 5. 31.	법인	–
전북 평생교육장학진흥원	2016. 8. 1.	지정	전북연구원
	2019. 1. 1.	지정	전북인재육성재단
	2020. 6. 1	법인	–
전남 인재평생교육진흥원	2014. 3. 19.	지정	전남발전연구원
	2017. 1. 22.	지정	전남인재육성재단
	2020. 7. 1.	법인	–
경북 인재평생교육진흥원	2013. 6. 27.	지정	대구대학교
	2018. 1. 1.	지정	경북도립대학
	2021. 6. 1	법인	–
경남 평생교육진흥원	2015. 1. 1.	지정	경남발전연구원
	2021. 4. 1	법인	–
제주 평생교육장학진흥원	2012. 12. 12.	지정	제주발전연구원
	2017. 3. 27.	법인	–

출처: 국가평생교육진흥원 홈페이지(2020), p. 50.

[그림 4-2]에서는 시·도 평생교육진흥원 중에서 '서울 평생교육진흥원'에 대한 전략목표와 핵심 추진과제, 핵심 가치에 대해 살펴보았다.

◆ 서울 평생교육진흥원 예시

3대 전략목표 / 핵심 추진과제

미션	평생학습으로 서울 시민을 더욱 행복하게		
미션	함께 배우고 더불어 여는 미래, 학습도시 서울		
핵심가치	공공성	혁신성	사회적 가치

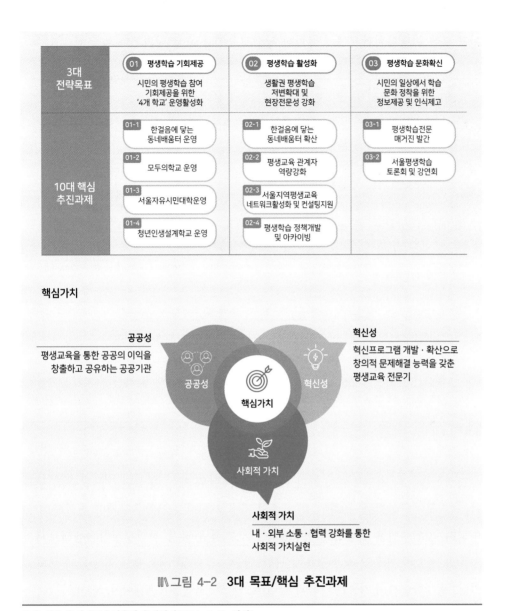

출처: 서울시 평생교육진흥원 홈페이지(2021. 5. 20. 검색).

(3) 시·군·구 평생학습관

평생학습관은 「평생교육법」에 따라 인가·등록·신고된 비형식 평생교육기관의 하나의 형태로, 평생교육통계와 관련해서는 "지역주민을 대상으로 평생교육 프로그램 운영 등 지역평생교육센터로서의 기존의 역할과 아울러 평생교육에 관한 연구, 연수 및 정보제공의 기능을 하는 곳으로서, 교육감이 설치 및 지정한 평생교육기관 혹은 지방자치단체에서 설치한 평생교육기관"으로 정의된다.

평생교육법 제21조(시·군·구 평생학습관 등의 설치·운영 등) ① 시·도교육감은 관할 구역 안의 주민을 대상으로 평생교육 프로그램 운영과 평생교육 기회를 제공하기 위하여 평생학습관을 설치 또는 지정·운영하여야 한다.

② 시장·군수·자치구의 구청장은 평생학습관의 설치 또는 재정적 지원 등 해당 지방자치단체의 평생교육을 진흥하기 위하여 필요한 사업을 실시할 수 있다.

③ 평생학습관은 다음 각 호의 사업을 수행한다. 〈신설 2014. 1. 28., 2016. 5. 29.〉

1. 평생교육프로그램의 개발·운영

1의2. 장애인 대상 평생교육 프로그램의 개발·운영

2. 평생교육 상담

3. 평생교육 종사자에 대한 교육·훈련

4. 평생교육 관련 정보의 수집·제공

5. 제21조의3에 따른 읍·면·동 평생학습센터에 대한 운영 지원 및 관리

6. 그 밖에 평생교육 진흥을 위하여 필요하다고 인정되는 사업

④ 제1항 및 제2항에 따른 평생학습관의 설치·운영 등에 필요한 사항은 해당 지방자치단체의 조례로 정한다.

출처: 법제처 국가법령정보센터.

평생학습관은 지역특성에 따라 시·군·구 단위 또는 읍·면·동 단위로 도서관, 시·군·구민회관, 문화원 등 기존의 평생교육 시설을 활용하거나 신설하여 운영되며, 지역주민을 대상으로 평생교육 프로그램 운영 등 지역평생학습센터로서의 기존의 역할과 아울러 평생교육에 관한 연구·연수 및 정보제공 기능을 수행하고 있다. 평생학습관의 기능은 다음과 같다(국가평생교육진흥원 홈페이지, 2023).

- 평생교육에 관한 연구
- 평생교육 종사자에 대한 연수
- 평생교육에 관한 정보의 수집·제공 및 평생학습의 상담
- 지역 주민을 위한 평생교육 프로그램의 개발 운영
- 기타 평생학습에 관한 사항을 명시함

◆ **평생학습관 운영 현황**

- 2020년 기준 평생학습관은 495개 시설이다.
- 평생교육법에 따르면 평생학습관을 설립할 수 있는 주체는 교육감과 지방자치단체로 나뉨. 전체 495개 평생학습관 중 336개(68%)가 교육감 설치 및 지정으로 설립되었으며 159개(32%)가 지방자치단체에 의해 설립이 되었다.
- 설립 주체별로 살펴보면, 국가 및 지방자치단체 설립이 415개(84%)이며, 법인 설립이 55개(11%), 개인 설립이 12개(2%), 기타에 의한 설립이 13개(3%)이다.
- 운영형태를 살펴보면, 직영 형태로 운영되는 곳이 426개 기관(86%)로 대다수를 차지하며, 위탁으로 운영되는 곳이 69개 기관(14%)이다.
- 건물 소유 형태는 공공기관 소속 건물이 386개(78%)로 가장 많으며, 법인소유인 경우가 13개(3%), 건물을 임차 중인 기관이 43개(9%), 건물이나 시설을 위탁받아 운영하는 곳이 34개(7%)이다.

‖ 표 4-7 ‖　**평생학습관 운영현황**

구분		총계	교육감 설치 및 지정	지방자치단체 설치
설립 주체	계	495	336	159
	국가 · 지방자치단체	415	256	159
	법인	55	55	0
	개인	12	12	0
	기타	13	13	0
운영 형태	계	495	336	159
	직영	426	277	149
	위탁	69	59	10
건물 소유 형태	계	495	336	159
소유	공공	386	240	146
	법인	13	13	0
	개인	0	0	0
비소유	임차	43	39	4
	위탁	34	32	2
	기타	19	12	7

출처: 국가평생교육진흥원(2021).

◆ 화성시 평생학습관 예시

| 시민중심
자치도시 | 함께하는
나눔도시 | 바른성장
미래도시 |

시민의 화합과 도시의 성장을 함께하는 스마트 평생학습도시

미션	•	모든 화성 시민의 평생교육적 성장과 삶의 질 향상으로, 지속 가능한 지역사회발전을 실현하고, 평생학습체계의 상호조화를 통해 스마트 평생학습도시 완성에 기여한다.	
비전	•	시민의 화합과 도시의 성장을 함께하는 스마트 평생학습도시	
핵심가치	•	협력하고 나눔으로써 모두가 성장	
전략목표	•	창의와 인성을 선도하는 스마트 평생학습도시 위상 제고	지역사회통합을 위한 시민친화 평생학습체계 구축	평생학습으로 이웃과 소통하고 공감하는 활기찬 지역공동체 완성
핵심과제	•	평생학습 종합관리 체계 (LIFE) 구축 및 운영	시민주도 맞춤형 평생학습 지원 플랫폼 구축	권역별 민간산학 평생학습 협력 네트워크 구축
		인프라 확충을 위한 지역 공공시설 활용체계 확립	평생학습의 성과나눔을 통한 선순환 체계 확립	평생학습을 통한 지역 합습공동체 확산
		평생학습관 관리체계 구축 및 운영	소외 계층을 위한 사회 참여연계 프로그램 마련	평생교육 전달체계 및 현장 지원 강화

〰 그림 4-3 **비전/목표**

출처: 화성시 평생학습관 홈페이지(2021. 5. 20. 검색).

(4) 행복학습센터

「**평생교육법**」**제21조의3(읍·면·동 평생학습센터의 운영)** ① 시장·군수·자치구의 구청장은 읍·면·동별로 주민을 대상으로 하여 평생교육 프로그램을 운영하고 상담을 제공하는 평생학습센터를 설치하거나 지정하여 운영할 수 있다.

② 제1항에 따른 읍·면·동 평생학습센터의 설치 또는 지정 및 운영에 관한 사항은 해당 지방자치단체의 조례로 정한다.

- 주민의 근거리 학습권 보장을 위한 읍·면·동 단위 행복학습센터 설치·운영
- 행복학습센터 설치 또는 지정을 통한 시설·공간 확보
- 지역사회 수요 맞춤형 프로그램 운영
- 학습동아리 운영 등을 통한 마을단위 창조학습공동체 형성

※「평생교육법」제21조의3(읍·면·동 평생학습센터 운영)

('14. 1월 개정) 시장·군수·자치구의 구청장은 읍·면·동별로 주민을 대상으로 하여 평생교육 프로그램을 운영하고 상담을 제공하는 평생학습센터를 설치하거나 지정하여 운영할 수 있다.

- 평생교육 전문인력 및 행복학습매니저 확보 및 배치
- 전담인력 배치로 읍·면·동 주민과의 직접 소통을 강화하고, 각 센터 간 연계·협력 조장

※ 거점센터는 전문인력 필수, 읍·면·동 센터는 행복학습매니저 양성 후 배치

- 주민 대상으로 평생학습과 사회실천에 참여하도록 돕는 학습상담

※ 행복학습매니저 역할: 지역주민의 평생학습 수요를 파악하여 교육 프로그램을 개발·운영하고, 학습동아리 운영 등 주민의 평생학습활동 지원

- 행복학습센터 운영을 위한 중장기계획 수립·시행 및 조례 등 개정

‖ 표 4-8 ‖ **행복학습센터 운영 지역: 129개 시·군·구**

(2014~2017년 국비 지원 기준, 누적)

구분	운영 지방자치단체	개수
서울	금천구, 서대문구, 송파구, 영등포구, 은평구, 관악구, 도봉구, 성동구, 양천구, 중랑구, 광진구, 동대문구, 용산구, 중구, 종로구	15
부산	금정구, 남구, 사상구, 사하구, 서구, 영도구, 연제구, 진구, 해운대구, 기장군, 동구, 강서구, 동래구, 북구, 수영구, 중구	16
대구	달서구, 북구, 수성구, 동구, 남구	5
인천	남구, 남동구, 부평구, 연수구, 서구, 계양구	6
광주	광산구, 남구, 북구, 동구, 서구	5
대전	동구, 대덕구, 서구, 유성구	4
울산	중구	1

세종	세종시	1
경기	광명시, 군포시, 김포시, 부천시, 의정부시, 포천시, 고양시, 안산시, 양평군, 시흥시, 이천시, 화성시	12
강원	삼척시, 인제군, 태백시, 평창군, 강릉시, 동해시, 영월군, 정선군, 춘천시, 철원군, 홍천군, 화천군	12
충북	제천시, 진천군, 청주시, 단양군, 증평군, 옥천군, 음성군, 충주시	8
충남	서천군, 홍성군, 예산군, 공주시, 논산시, 태안군	6
전북	군산시, 완주군, 익산시, 김제시, 남원시, 정읍시, 부안군, 전주시	8
전남	곡성군, 순천시, 여수시, 담양군, 목포시, 신안군, 영암군, 나주시, 영광군, 장흥군, 화순군	11
경북	경산시, 경주시, 구미시, 칠곡군, 고령군, 안동시, 의성군	7
경남	거창군, 양산시, 창녕군, 창원시, 하동군, 고성군, 밀양시, 합천군, 사천시, 산청군	10
제주	제주시, 서귀포시	2

출처: 국가평생교육진흥원 홈페이지(2023).

2) ②유형의 평생교육실습기관: 문자해득교육 프로그램 지정기관

문자해득교육(이하 문해교육이라 한다.)이란 일상생활을 영위하는 데 필요한 문자해득(文字解得)능력을 포함해 사회적 · 문화적으로 요청되는 기초생활능력 등을 갖추도록 조직화된 교육 프로그램을 말한다.

교육부와 국가평생교육진흥원(2015)에서 제시한 ②유형의 평생교육실습기관은 문자해득교육 프로그램 지정기관으로, 그 세부 내용은 다음과 같다.

◆ **성인문해교육 지원**

제39조(문해교육의 실시 등) ① 국가 및 지방자치단체는 성인의 사회생활에 필요한 문자해득능력 등 기초능력을 높이기 위하여 노력하여야 한다.

② 교육감은 대통령령으로 정하는 바에 따라 관할 구역 안에 있는 초 · 중학교에 성인을 위한 문해교육 프로그램을 설치 · 운영하거나 지방자치단체 · 법인 등이 운영하는 문해교육 프로그램을 지정할 수 있다. 〈개정 2014. 1. 28.〉

③ 국가 및 지방자치단체는 문해교육 프로그램을 위하여 대통령령으로 정하는 바에 따라 우선하여 재정적 지원을 할 수 있다. 〈개정 2014. 1. 28.〉 [제목개정 2014. 1. 28.]

출처: 법제처 국가법령정보센터.

　　성인문해교육 지원사업은 「평생교육법」 제39조에 따라 비문해ㆍ저학력 성인 대상 성인문해교육 프로그램 지원, 초ㆍ중학 학력인정제도 구축 등을 통해 국민행복 실현을 위한 교육기회를 제공하고 있다.

기초지자체 참여 확대	문해교육기관 지원 확대	참여 학습자 증가 (20년 개설보고 기준)
167개 지자체	421개 기관	69,898명
61개 지자체	178개 기관	14,668명
2006년　2020년	2006년　2020년	2006년　2020년

그림 4-4　성인문해교육 프로그램 지원

출처: 국가평생교육진흥원 홈페이지(2023).

◆ **성인문해교육 지원**

- 문해교육 프로그램을 통한 초ㆍ중학 학력인정제도 구축
- 「평생교육법」 제40조에 따라 성인학습자가 문해교육 프로그램 이수를 통해 의무교육에 해당하는 초등학교와 중학교 학력을 인정받을 수 있는 제도 구축 및 지원
  ※ (2017년도 지원 현황) 학력인정 누적 이수자 총 8,802명
- 성인문해교과서ㆍ워크북ㆍ교사용 지도서(38종) 개발 및 성인문해교과서 무상 보급
- 문해학습자의 기초생활능력 함양을 위한 생활문해 보조교과서(금융문해교육, 교통안전문해) 등 개발

◆ **성인문해교육 활성화 사업**

- 매년 9월을 '대한민국 문해의 달'로 선포하고 문해교육의 중요성 및 필요성에 대한 사회적 인식확산 계기 마련
- 민ㆍ관ㆍ기업 연계 전국 성인문해교육 시화전, '세종대왕의 꿈' 캠페인 등 운영
- 국내 최초 성인학습자 맞춤형 문해교육방송 'EBS 공부하기 좋은 날' 제작 및 방영

◆ **성인문해능력 조사**

- 효율적이고 합리적인 정책 추진을 위한 문해 교육 잠재수요자 조사
- 〈'17년 성인문해능력조사 결과〉 만 18세 이상 성인 중 일상생활에 필요한 읽고, 쓰고, 셈하기가 불가능한 수준1에 해당자는 약 311만 명으로 전체 성인 인구의 7.2% 해당

|| 표 4-9 || **성인문해교육 수준**

구분	내용
수준1	일상생활에 필요한 기본적인 읽고, 쓰고, 셈하기가 불가능한 수준
수준2	기본적인 읽고, 쓰고, 셈하기가 가능하지만 일상생활을 영위하기에는 미흡한 수준
수준3	가정생활과 여가생활 등 단순한 인상생활의 문제를 해결할 정도의 문해력은 있지만 공공생활과 경제생활 등 복잡한 일상생활의 문제 해결에는 미흡한 수준

3) ③유형의 평생교육실습기관

교육부와 국가평생교육진흥원(2015)에서 제시한 ③유형의 평생학습도시는 다음과 같다.

◆ 평생학습도시

평생학습도시란 도시의 총체적 역량을 동원하여 시민의 학습활동과 도시의 활성화라는 두 가지 목적을 동시적으로 추구하는 이상적인 학습사회로서의 도시로, 평생학습도시는 학습도시 만들기 정책과 사업으로 시행되는 인위적인 전략에 의해 구현된다. 즉, 평생학습도시 사업은 지역 중심의 평생교육정책과 지방자치정책이 특정 지역사회에서 만나 전개되는 도시 재활성화 사업으로 지방자치행정임과 동시에 지역평생교육 사업(전국평생학습도시협의회 홈페이지, 2018)이다.

평생학습도시는 개인의 자아실현, 사회적 통합증진, 경제적 경쟁력을 제고하여 궁극적으로 개인의 삶의 질 제고와 도시 전체의 경쟁력을 향상시킬 수 있도록 언제, 어디서, 누구나 원하는 학습을 즐길 수 있는 학습공동체 건설을 도모하는 총체적 도시 재구조화(restructuring) 운동이며, 동시에 지역사회의 모든 교육자원을 기관 간 연계, 지역사회 간 연계, 국가 간 연계시킴으로써 네트워킹 학습공동체를 형성하려는 지역 시민에 의한, 지역시민을 위한, 시민의 지역사회교육운동이다(교육부, 국가평생교육진흥원, 2015).

우리나라는 2001년부터 교육인적자원부(현 교육과학기술부)에서 지역주민의 평생학습능력 향상으로 지역 경쟁력 강화를 위하여 평생학습도시 지정사업을 시작하였다. 현재 기초자치단체(시군구) 228개 가운데 138개가 지정이 되어 있고, 1999년 개정된 「평생교육법」 제15조에 명시되어 있으며, 기관장 협의체인 전국평생학습도시협의회도 제15조제2항에 명시되어 있다. 또한, 교육과학기술부와 평생교육진흥원은 2006년까지 평생학습도시 기반조성사업, 1도시

1특성화 사업, 네트워크 지원사업, 컨설팅 사업, 전국평생학습축제, 평생학습결과 표준화사업, 평생학습 계좌제 사업 등 다양한 사업을 추진하여 왔다. 그러나 2007년 이후 평생학습도시 지정사업이 중단되고, 2010년 평생학습도시 조성사업의 지원금이 중단되어 많은 어려움이 있으나, 학계와 현장에서 많은 관계자가 지속적인 사업추진을 위하여 노력을 하였다. 그 결과, 2011년부터 신규 평생학습도시 지정 등 관련 사업이 부활하여 행복학습센터 등 지역 단위의 사업이 활성화되었으며, 기타 사업들 또한 활발하게 추진되고 있다(전국평생학습도시협의회 홈페이지, 2018).

출처: 국가평생교육진흥원 홈페이지(2023).

4) ④유형의 평생교육실습기관

교육부와 국가평생교육진흥원(2015)에서 제시한 ④유형의 평생교육실습기관은 '평생교육 관련 사업 수행학교'로 다음과 같다.

제29조(학교의 평생교육) ① 「초·중등교육법」 및 「고등교육법」에 따른 각급학교의 장은 평생교육을 실시하는 경우 평생교육의 이념에 따라 교육과정과 방법을 수요자 관점으로 개발·시행하도록 하며, 학교를 중심으로 공동체 및 지역문화 개발에 노력하여야 한다. 〈개정 2021. 3. 23.〉

② 각급학교의 장은 해당 학교의 교육여건을 고려하여 학생·학부모와 지역 주민의 요구에 부합하는 평생교육을 직접 실시하거나 지방자치단체 또는 민간에 위탁하여 실시할 수 있다. 다만, 영리를 목적으로 하는 법인 및 단체는 제외한다.

③ 제2항에 따른 학교의 평생교육을 실시하기 위하여 각급학교의 교실·도서관·체육관, 그 밖의 시설을 활용하여야 한다.

④ 제2항 및 제3항에 따라 학교의 장이 학교를 개방할 경우 개방시간 동안의 해당 시설의 관리·운영에 필요한 사항은 해당 지방자치단체의 조례로 정한다.

출처: 법제처 국가법령정보센터.

5) ⑤유형의 평생교육실습기관

⑤유형의 평생교육실습기관은 다음과 같다.

제30조(학교 부설 평생교육시설) ① 각급학교의 장은 학생 · 학부모와 지역 주민을 대상으로 교양의 증진 또는 직업교육을 위한 평생교육시설을 설치 · 운영할 수 있다. 평생교육시설을 설치하는 경우 각급학교의 장은 관할청에 보고하여야 한다.

② 대학의 장은 대학생 또는 대학생 외의 사람을 대상으로 자격취득을 위한 직업교육과정 등 다양한 평생교육과정을 운영할 수 있다. 〈개정 2021. 3. 23.〉

③ 각급학교의 시설은 다양한 평생교육을 실시하기에 편리한 형태의 구조와 설비를 갖추어야 한다.

제31조(학교형태의 평생교육시설) ① 학교형태의 평생교육시설을 설치 · 운영하고자 하는 자는 대통령령으로 정하는 시설 · 설비를 갖추어 교육감에게 등록하여야 한다.

② 교육감은 제1항에 따른 학교형태의 평생교육시설 중 일정 기준 이상의 요건을 갖춘 평생교육시설에 대하여는 이를 고등학교 졸업 이하의 학력이 인정되는 시설로 지정할 수 있다. 다만, 제6항에 따라 지방자치단체로부터 지원받은 보조금을 목적 외 사용, 부당집행하였을 경우에는 그 지정을 취소할 수 있다. 〈개정 2015. 3. 27.〉

③ 제2항에 따른 학력인정 평생교육시설에는 「초 · 중등교육법」 제19조제1항의 교원을 둘 수 있다. 이 경우 교원의 복무 · 국내연수와 재교육에 관하여는 국 · 공립학교의 교원에 관한 규정을 준용한다.

④ 「초 · 중등교육법」 제54조제4항에 따라 전공과를 설치 · 운영하는 고등기술학교는 교육부장관의 인가를 받아 전문대학 졸업자와 동등한 학력 · 학위가 인정되는 평생교육시설로 전환 · 운영할 수 있다. 이 경우 전공대학의 명칭을 사용할 수 있다. 〈개정 2013. 3. 23.〉

⑤ 제2항에 따른 학력인정 평생교육시설의 지정 및 지정취소 기준 · 절차, 입학자격, 교원자격 등과 제4항에 따른 평생교육시설의 인가 기준 · 절차, 학사관리 등의 운영 방법 등에 필요한 사항은 대통령령으로 정한다. 〈개정 2015. 3. 27.〉

⑥ 지방자치단체는 해당 지방자치단체의 조례로 정하는 바에 따라 예산의 범위 내에서 「초 · 중등교육법」 제2조의 학교에 준하여 제2항에 따른 학력인정 평생교육시설에 필요한 보조금을 교부하거나 그 밖의 지원을 할 수 있다. 〈개정 2015. 3. 27.〉

⑦ 제2항에 따른 학력인정 평생교육시설로 지정을 받은 자가 그 시설을 폐쇄하고자 하는 때에는 재학생 처리방안 등 대통령령으로 정하는 사항을 갖추어 관할 교육감의 인가를 받아야 한다.

⑧ 제2항에 따른 학력인정 평생교육시설의 재산관리, 회계 및 교원 등의 신규채용에 관한 사항은 각각 「사립학교법」 제28조, 제29조 및 제53조의2제9항을 준용하고, 장학지도 및 학생의 학교생활기록 관리는 각각 「초 · 중등교육법」 제7조 및 제25조제1항을 준용한다. 다만, 교비회계에 속하는 예산 · 결산 및 회계 업무는 교육부령으로 정하는 방식으로 처리하여야 한다. 〈신설 2015. 3. 27.〉

제32조(사내대학형태의 평생교육시설) ① 대통령령으로 정하는 규모 이상의 사업장(공동으로 참여하는 사업장도 포함한다)의 경영자는 교육부장관의 인가를 받아 전문대학 또는 대학졸업자와 동등한 학력·학위가 인정되는 평생교육시설을 설치·운영할 수 있다. 〈개정 2008. 2. 29., 2009. 5. 8., 2013. 3. 23.〉

② 제1항에 따른 사내대학형태의 평생교육시설은 다음 각 호의 어느 하나에 해당하는 사람을 대상으로 한다. 〈개정 2013. 12. 30.〉

1. 해당 사업장에 고용된 종업원

2. 해당 사업장에서 일하는 다른 업체의 종업원

3. 해당 사업장과 하도급 관계에 있는 업체 또는 부품·재료 공급 등을 통하여 해당 사업장과 협력관계에 있는 업체의 종업원

③ 제1항에 따른 사내대학형태의 평생교육시설에서의 교육에 필요한 비용은 제2항 각 호에 해당하는 사람을 고용한 고용주가 부담하는 것을 원칙으로 한다. 〈신설 2013. 12. 30.〉

④ 제1항에 따른 사내대학형태의 평생교육시설의 설치기준·학점제 등 운영에 필요한 사항은 대통령령으로 정한다. 〈개정 2013. 12. 30.〉

⑤ 제1항에 따른 사내대학형태의 평생교육시설을 폐쇄하고자 하는 경우에는 교육부장관에게 신고하여야 한다. 〈개정 2008. 2. 29., 2013. 3. 23., 2013. 12. 30.〉

제33조(원격대학형태의 평생교육시설) ① 누구든지 정보통신매체를 이용하여 특정 또는 불특정 다수인에게 원격교육을 실시하거나 다양한 정보를 제공하는 등의 평생교육을 실시할 수 있다.

② 제1항에 따라 불특정 다수인을 대상으로 학습비를 받고 교육을 실시하고자 하는 경우(「학원의 설립·운영 및 과외교습에 관한 법률」 제2조의2제1항제1호의 학교교과교습학원에 해당하는 경우는 제외한다)에는 대통령령으로 정하는 바에 따라 교육감에게 신고하여야 한다. 이를 폐쇄하고자 하는 경우에는 그 사실을 교육감에게 통보하여야 한다. 〈개정 2008. 2. 29., 2011. 7. 25., 2013. 3. 23., 2013. 12. 30.〉

③ 제1항에 따라 전문대학 또는 대학 졸업자와 동등한 학력·학위가 인정되는 원격대학형태의 평생교육시설을 설치하고자 하는 경우에는 대통령령으로 정하는 바에 따라 교육부장관의 인가를 받아야 한다. 이를 폐쇄하고자 하는 경우에는 교육부장관에게 신고하여야 한다. 〈개정 2008. 2. 29., 2013. 3. 23.〉

④ 교육부장관은 제3항에 따라 인가한 원격대학형태의 평생교육시설에 대하여는 평가를 실시하고 그 결과를 공개하여야 한다. 〈개정 2008. 2. 29., 2013. 3. 23.〉

⑤ 제3항에 따른 원격대학형태의 평생교육시설의 설치기준, 학사관리 등 운영방법과 제4항에 따른 평가에 필요한 사항은 대통령령으로 정한다.

⑥ 제28조제2항 각 호의 어느 하나에 해당하는 자는 원격대학형태의 평생교육시설의 설치자가 될 수 없다.

제34조(준용 규정) 제33조제3항에 따른 원격대학형태의 평생교육시설을 설치·운영하는 자와 그 시설에 대하여는 「사립학교법」 제28조·제29조·제31조·제70조를 준용한다.

제35조(사업장 부설 평생교육시설) ① 대통령령으로 정하는 규모 이상 사업장의 경영자는 해당 사업장의 고객 등을 대상으로 하는 평생교육시설을 설치·운영할 수 있다.

② 제1항에 따른 사업장 부설 평생교육시설을 설치하고자 하는 자는 대통령령으로 정하는 바에 따라 교육감에게 신고하여야 한다. 이를 폐쇄하고자 하는 경우에는 그 사실을 교육감에게 통보하여야 한다.

제36조(시민사회단체 부설 평생교육시설) ① 시민사회단체는 상호 유기적인 협조체제를 구축하고 공공시설 및 민간시설 등 유휴시설을 활용하여 해당 시민사회단체의 목적에 부합하는 평생교육과정을 운영하도록 노력하여야 한다.

② 대통령령으로 정하는 시민사회단체는 일반 시민을 대상으로 하는 평생교육시설을 설치·운영할 수 있다.

③ 제2항에 따른 시민사회단체 부설 평생교육시설을 설치하고자 하는 자는 대통령령으로 정하는 바에 따라 교육감에게 신고하여야 한다. 이를 폐쇄하고자 하는 경우에는 그 사실을 교육감에게 통보하여야 한다.

제37조(언론기관 부설 평생교육시설) ① 신문·방송 등 언론기관을 경영하는 자는 해당 언론매체를 통하여 다양한 평생교육 프로그램을 방영하는 등 국민의 평생교육진흥에 기여하여야 한다.

② 대통령령으로 정하는 언론기관을 경영하는 자는 일반 국민을 대상으로 교양의 증진과 능력향상을 위한 평생교육시설을 설치·운영할 수 있다.

③ 제2항에 따른 언론기관 부설 평생교육시설을 설치하고자 하는 자는 대통령령으로 정하는 바에 따라 교육감에게 신고하여야 한다. 이를 폐쇄하고자 하는 경우에는 그 사실을 교육감에게 통보하여야 한다.

제38조(지식·인력개발 관련 평생교육시설) ① 국가 및 지방자치단체는 지식정보의 제공과 교육훈련을 통한 인력개발을 주된 내용으로 하는 지식·인력개발사업을 진흥·육성하여야 한다.

② 제1항에 따른 지식·인력개발사업을 경영하는 자 중 대통령령으로 정하는 자는 평생교육시설을 설치·운영할 수 있다.

③ 제2항에 따른 지식·인력개발사업과 관련하여 평생교육시설을 설치하고자 하는 자는 대통령령으로 정하는 바에 따라 교육감에게 신고하여야 한다. 이를 폐쇄하고자 하는 경우에는 그 사실을 교육감에게 통보하여야 한다.

출처: 법제처 국가법령정보센터.

4. 그 밖의 다른 법령상 평생교육사 실습기관

그 밖의 다른 법령상 평생교육사 실습기관은 「평생교육법」 제2조제2항에 따른 "그 밖에 다른 법령에 따라 평생교육을 주된 목적으로 하는 시설·법인 또는 단체"를 의미한다. 그 밖의 다른 법령상 평생교육사 실습기관은 〈표 4-10〉과 같다.

‖ 표 4-10 ‖ **그 밖의 다른 법령에 따른 평생교육사 실습기관**

그 밖 의 다 른 법 령	⑥유형	평생직업교육학원	학원설립운영등록증상 평생직업교육학원 형태 등록 여부 확인 (학교교과교습학원 형태는 인정 불가)
	⑦유형	기관형 교육기관	주민자치기관	시·군·구민회관, 주민자치센터 등
			문화시설기관	도서관, 박물관, 미술관, 과학관, 지방문화원 등
			아동관련시설	아동직업훈련시설, 아동복지관, 지역아동(정보)센터 등
	⑦유형	기관형 교육기관	여성관련시설	여성인력개발센터, 여성(복지, 문화)회관 등
			청소년관련시설	청소년지원센터, 청소년수련시설, 청소년문화의집 등
			노인관련시설	노인교실, 노인복지(회)관 등
			장애인관련시설	장애유형별 생활시설, 장애인복지관 등
			다문화가족관련시설	다문화가족지원센터 등
			사회복지시설	종합사회복지관 등
	⑧유형	훈련· 연수형 교육기관	직업훈련기관	공공직업훈련시설, 지정직업훈련기관 등
			연수기관	공무원연수기관, 일반연수기관 등
	⑨유형	시민사회 단체형 교육기관	비영리 민간단체	전국문해·성인기초교육협의회, 한국평생교육학회 등
			비영리 사(재)단법인	한국평생교육사협회, 한국문해교육협회 등
			청소년단체	한국청소년연맹, 청소년단체협의회 등
			여성단체	여성회, 여성단체협의회 등
			노인단체	대한노인회, 전국노인평생교육, 단체연합회 등
			시민단체	NGO, YMCA, YWCA, 환경운동연합 등
	기타			그 밖의 평생교육을 주된 목적으로 하는 시설 및 단체

출처: 국가평생교육진흥원 홈페이지(2023).

5. 평생교육사 현장실습기관 분석 예시

평생교육 현장실습기관에 대한 분석을 위해 기관 소개, 기관 연혁, 사업 및 프로그램 등을 중심으로 살펴보면 다음과 같다. 실습생은 실습에 참여하기 전에 평생교육기관에 대한 특성 등을 살펴보는 것이 중요하다.

이 책에서는 포항 평생학습원을 중심으로 기관의 특성에 대해 살펴보았다(포항 평생학습원 홈페이지, 2023).

1) 포항 평생학습원 기관 소개[1]

포항 평생학습원은 시민 모두에게 다양한 학습기회를 제공하기 위하여 지역 내 평생교육기관과 연계한 네트워크 인프라를 구축함으로써 다양한 교육정보와 학습을 체계화하여 시민이 행복한 평생학습도시를 만들고자 노력하고 있다.

▥ 그림 4-5 뱃머리평생교육관

출처: 포항시 평생학습원 홈페이지(2019).

---

1) 안시은(2019)의 호서대학교 식품공학과 발표 자료를 재구성함.

◗◗◗ 그림 4-6　여성문화관

출처: 포항시 평생학습원 홈페이지(2019).

◗◗◗ 그림 4-7　복합문화센터

출처: 포항시 평생학습원 홈페이지(2019).

2) 포항 평생학습원 연혁

포항 평생학습원 연혁을 살펴보면, 2007년에 평생학습조례를 제정하였고, 2012년에는 평생학습도시로 지정이 되어, 2013년 7월에 뱃머리마을 평생교육관, 12월에는 복합문화센터 덕업관을 개관하였다. 2014년도에는 조직이 개편(4급 원장)되었고, 2015년도에는 평생학습원(평생교육과/시립도서관/시립미술관)이 조직 개편되었다. 2017년도에는 국제교육도시연합(International Association of Education Cities: IAEC) 회원도시에 가입하였고, 2018년에는 유네스코 글로벌 학습도시 네트워크(Global Network of Learning Cities: GNLC) 회원도시에 가입하였으며, 2019년에는 대한민국 평생학습대상 '교육부장관상'을 수상하였다.

3) 포항 평생학습원 프로그램

포항 평생학습원 프로그램은 '뱃머리 평생교육관'을 중심으로 살펴보면 〈표 4-11〉과 같다.

‖ 표 4-11 ‖ **뱃머리 평생학습관 겨울 특강 프로그램**

2023년 뱃머리 평생교육관 겨울 특강 프로그램						
	강좌명	강사	교육시간	강의실	재료비(원)	모집인원
1	장애인을 위한 요가와 스트레칭(동반 1인)	박미숙	월11시-12시 수11시-12시	410호		7
2	나는 지구인, 지구환경 지키기 솔루션	정정애	화10시-12시	311호		20
3	수제전통 주 만들기	신수정	화10시-12시	302호	100,000	16
4	포켓몬빵 만들기	신수옥	수10시-13시	303호	100,000	24
5	현대시조 감상과 창작	서숙희	목10시-12시	311호		20
6	핏합댄스 피트니스	이명진	목10시-12시	409호		20
7	연필 한 자루로 담아내는 세상, 소묘	김은수	화10시-12시	301호		15

출처: 포항시 평생학습원 홈페이지(2023).

4) 포항 평생학습원 학습동아리

포항 평생학습원의 학습동아리는 일정한 인원의 구성원들이 자발적으로 모임을 구성하여 정기적으로 만나서 공동의 관심사를 함께 생각하고 실천하는 공동체로 활동한다.

토론문제

1. 평생교육 현장실습기관의 유형별 특성에 대해 설명하시오.

2. 평생교육기관의 행정업무의 중요성에 대해 설명하시오.

3. 공공 평생교육기관과 민간 평생교육기관의 장단점에 대해 설명하시오.

참고문헌

교육부, 국가평생교육진흥원(2015). 국가평생교육진흥원 평생교육실습과목 운영지침. 교육부 평생학습 정책과.

국가평생교육진흥원(2021). 미래형 평생학습관 운영방안연구. 교육부, 국가평생교육진흥원 연구자료.

국가평생교육진흥원(2022). 시·도 평생교육진흥원 미래 운영 모델 개발연구. 국가평생교육진흥원.

권인탁, 임영희(2011). 평생교육경영론. 학지사.

김보영(2019). 평생교육기관 학습자의 평가 요소에 대한 인식이 문화예술교육 프로그램 만족도에 미치는 영향. 대구대학교 대학원 석사학위논문.

김종표, 정은희, 허현자, 민경화, 신의현(2016). 평생교육 현장실습. 양서원.

김진원(2017). 평생교육 현장실습 성과 대한 실습생의 인식 연구. 한국방송통신대학교 대학원 석사학위논문.

박진숙(2016). 평생교육 실습 경험에서 예비 평생교육사의 직업적 정체성 변화에 관한 질적 연구. 연세대학교 교육대학원 석사학위논문.

안시은(2019). 호서대학교 식품공학과 기관 발표 자료.

안홍선, 권혁훈(2011). 평생교육사 실습. 양서원.

오명숙(2019). 평생교육 현장실습. 학지사.

이경화(2013). 평생교육기관 유형별 성인학습자의 참여요인 및 기관특성 인식 분석. 숙명여자대학교 대학원 석사학위논문.

진교훈, 박찬구, 함재봉, 강정인, 김호성, 차우규, 최근덕, 이태건(2011). 윤리와 사상. 지학사.

국가평생교육진흥원 홈페이지(2023). https://www.nile.or.kr/index.jsp

전국평생학습도시협의회 홈페이지(2018). http://www.kallc.or.kr/kr/

평생교육사자격관리 홈페이지(2023). https://lledu.nile.or.kr/
포항시 평생학습원 홈페이지(2019). https://lifetimeedu.pohang.go.kr/
화성시 평생학습관 홈페이지(2021). https://u-life.hscity.go.kr/

제 **5** 장

평생교육사 현장실습의 이해

아무리 훌륭하고 아름다운 말도 행동하지 않으면 보람이 없다. — 석가모니 —

학습목표

1. 평생교육사 현장실습 개념과 필요성에 대해 이해할 수 있다.
2. 평생교육사 현장실습 의미와 목적에 대해 이해할 수 있다.
3. 평생교육사 현장실습 지침에 대해 이해할 수 있다.

학습개요

　평생교육 현장실습은 실습생이 양성기관에서 배운 평생교육 관련 이론을 실습현장의 실제적인 상황에 적용하고 실행함으로써, 평생교육사에게 요구되는 전문적인 지식, 기술, 올바른 태도와 자질을 함양하는 것이다. 현장실습은 평생교육 현장에서 필요로 하는 평생교육사를 양성하여 평생교육학이 실천학문으로 자리매김하는 데 중요한 역할을 한다. 이러한 측면에서 평생교육 현장실습은 실습생, 양성기관, 실습기관이 협력해서 진행해야 할 장이다. 특히 실습생은 실습을 통해 평생교육 전문가로서의 역할을 스스로 탐색하여 직업적 적성 여부를 검증하는 기회를 가질 수 있다. 이 장은 평생교육 현장실습 개념, 평생교육사 현장실습 의미와 목적, 평생교육사 현장실습 지침 등으로 구성되었다. 이를 통해 평생교육사 자격증을 취득하는 데 요구되는 필수과목으로서 평생교육 실천과정을 경험해 볼 수 있다.

1. 평생교육사 현장실습 개념과 필요성

1) 평생교육사 현장실습의 개념

현장실습이란 평생교육 현장 적응력과 전문성을 지닌 인재 양성을 위해 양성기관과 평생교육기관이 공동으로 참여하여 정해진 기간 동안 평생교육 현장에서 실습교육을 실시하고 이를 통해 학점을 부여하는 제도를 말한다(교육부, 국가평생교육진흥원, 2015).

평생교육 현장실습은 '평생교육양성기관에서 정해진 교과목 또는 과정을 이수한 뒤, 평생교육기관에서 실제적인 활동(평생교육기관에서 이루어지는 평생교육활동을 위한 모든 과정, 즉 기획, 관리, 실행, 평가의 전 과정)에 참여하거나 참관함으로써, 강의실에서 이론적으로 학습한 것을 평생교육기관이라는 실제적 상황에 적용해 보는 과정'이다(김진원, 2017).

2) 용어의 정의

교육부와 국가평생교육진흥원(2015)에서 정의한 현장실습에 관련한 용어의 정의는 다음과 같다.

(1) 평생교육사 양성기관

평생교육사 양성기관(이하 '양성기관'이라 한다.)이란 평생교육사 양성을 목적으로 평생교육법령에 따라 정하여진 교과목을 개설 · 운영하는 대학 또는 학점은행기관을 말한다.

(2) 현장실습생

현장실습생(이하 '실습생'이라 한다.)이란 양성기관에서 평생교육실습과목을 수강하며 평생교육기관에서 현장실습을 신청 · 수행하는 학생을 말한다.

(3) 평생교육실습과목 담당교수

평생교육실습과목 담당교수(이하 '실습과목 담당교수'라 한다.)란 평생교육사 양성
기관에서 평생교육실습과목을 담당하고 수강생을 관리하는 교·강사를 말한다.

(4) 현장실습기관

현장실습기관(이하 '실습기관'이라 한다.)이란 평생교육 현장에 대한 교육과 실습
이 가능한 평생교육기관을 말한다.

(5) 실습지도자

실습기관은 실습생을 지도·관리하는 실습지도자를 다음 중 하나에 해당하는 자로
선정하여 학생관리 및 실습지도 등을 실시한다(국가평생교육진흥원 홈페이지, 2023).

> 평생교육사 1급 자격증 소지자, 평생교육사 2급 자격증을 보유하고 관련 업무에 2년 이상
> 종사한 자, 평생교육사 3급 자격증을 보유하고 관련 업무에 3년 이상 종사한 자.
> ※ 관련 업무 경력은 자격증 취득 이전 경력도 인정 가능하다.

(6) 현장실습 협약

현장실습 협약(이하 '협약'이라 한다.)이란 양성기관과 실습기관이 현장실습 운영
에 관하여 약정하는 행위를 말한다.

3) 평생교육사 현장실습의 필요성

평생교육사 현장실습은 평생교육사 자격증을 취득하기 위해 수강한 과목들의 학
습내용을 실제 적용해 평생교육사로서의 정체성과 책무성 및 사명감을 기르는 기
회를 갖게 한다. 평생교육사를 취득하려는 사람에게 현장실습의 필요성은 다음과
같다(김진원, 2017).

첫째, 평생교육의 영역이 매우 광범위하기 때문에 이 모든 영역을 습득하고 체험
해 보는 것은 불가능하다. 따라서 실습생은 실습을 통하여 자신이 관심을 갖는 세
부영역에 집중하여, 평생교육사의 업무를 직접 체험하는 과정을 거침으로써 평생

교육사로서의 전문성을 습득하고 자신의 직업적 진로를 체계적으로 탐색해 볼 기회를 갖게 된다.

　둘째, 현장실습이 갖는 또 하나의 중요한 의미는 평생교육기관의 현장 조직 내에서 이루어지는 다양한 인간관계 속에서의 의사결정 양식 및 이에 영향을 미치는 요인들, 그리고 이해관계자들(stakeholder) 간의 역학관계 등 여러 가지 경험을 체득할 기회를 갖는다는 데 있다.

　셋째, 현장실습은 평생교육사 양성기관과 평생교육 현장을 연결하는 고리로서 평생교육을 활성화하는 계기로도 작용한다(국가평생교육진흥원, 2009: 김진원, 2017에서 재인용).

2. 평생교육사 현장실습 의미와 목적

1) 평생교육사 현장실습의 목적

　평생교육 현장실습의 목적은 '구조화된 실천적 경험을 통해 교과에서 습득한 평생교육 지식, 기술, 태도를 통합적으로 체화함으로써 평생교육 현장에서의 전문성 향상'이다(교육부, 국가평생교육진흥원, 2015).

2) 평생교육사 현장실습의 목표

　교육부와 국가평생교육진흥원(2015)은 평생교육 현장실습의 목표를 다음과 같이 제시하였다.

- 양성기관에서 배운 평생교육 관련 이론을 실습현장에 적용 및 실천
- 평생교육사에게 요구되는 전문적인 지식, 기술 및 올바른 태도와 자질 함양
- 실습현장의 조직 내 인간관계가 갖는 역동성 이해
- 다양한 이해관계자의 요구를 이해할 수 있는 능력 함양
- 평생교육 현장에 따른 구체적인 직무를 이해하고, 수행방법 습득

- 평생교육사로서의 삶의 준비, 소질과 적성이 갖춰졌는지 실습생 스스로 평가·검증
- 실습생 자신의 직업적 적성을 확인하고 구체적인 경력개발 계획 수립의 기회 제공

오명숙(2019)은 평생교육 현장실습에서 각 기관의 목표를 다음과 같이 제시하였다.

|| 표 5-1 || **각 평생교육기관의 현장실습 목표**

목표	내용
① 양성기관 측면에서 실천교육의 목표	• 평생교육 관련 전문지식을 현장에서 실천하고 적용 • 기관의 특성에 따라 주요 업무와 과업을 실행
② 실습기관 측면에서 실천교육의 목표	• 기관의 주요 업무와 과업을 평생교육의 관점으로 전환시켜 지도 • 기관의 목적과 특성에 따른 평생교육 실천을 실습생에게 지도
③ 실습생의 학습 측면에서 실습교육의 목표	• 평생교육사의 전문성을 함양 • 교육문제의 해결능력과 판단능력, 실무능력 향상

출처: 오명숙(2019), p. 13에서 재구성

3. 평생교육사 현장실습 지침

1) 평생교육실습과목 수업과정 편성

평생교육 현장실습과목은 3학점이 부여되는 정규 교과목으로 운영한다. 실습과목 담당교수는 평생교육 관련 석사학위 이상 소지자로서, 평생교육 관련 과목 교수활동 또는 평생교육 현장에서 3년 이상의 경험이 있는 자, 평생교육 관련 박사학위 이상 소지자로서 평생교육 관련 과목 교수활동 또는 평생교육 현장에서 2년 이상의 경험이 있는 자 중 해당하는 자로 선정한다(김진원, 2017).

수업과정 편성을 살펴보면, 실습과목의 교과과정은 각 양성기관의 운영규정에

따라 실습 오리엔테이션 및 4주간의 실습을 필수적으로 포함하여 운영하고, 가능한 실습 세미나, 실습 최종 평가회 등도 실시한다. 실습 오리엔테이션은 실습의 목적, 실습 진행 절차 등을 주요 내용으로 수강생 전원 출석수업(1회)을 실시한다. 실습 세미나는 실습의 목적, 실습기관 유형별 특성 및 유의사항, 실습일지 작성 방법 등을 주요내용으로 출석수업을 실시한다. 실습은 4주간(최소 20일 이상, 160시간 이상) 필수 실시, 실습 최종 평가회(권장)는 실습결과 보고 및 평가 등으로 구성하여 실시한다. 평생교육실습과목 수업과정 편성은 다음과 같다(교육부, 국가평생교육진흥원, 2015).

‖\ 그림 5-1 평생교육실습과목 수업과정 편성

출처: 교육부, 국가평생교육진흥원(2015).

2) 평생교육실습 운영기준

현장실습은 최소 4주간(최소 20일, 총 160시간) 이상 실시하여야 한다. 현장실습은 실습의 실효성을 고려하여 실습기관의 근로환경과 동일한 여건하에서 실습하는 것을 전제로, 1일 8시간(9:00~18:00), 주 5회(월~금)의 통상근로시간 내 진행한다(점심 및 저녁 등의 식사시간은 총 160시간의 실습시간에서 제외).

다만, 현장실습기관의 특성 및 실습생의 상황(직장인 등)을 고려하여 야간 및 주말시간을 이용한 현장실습도 가능하다.

3) 평생교육실습 인정범위

평생교육기관 종사자가 근무지(재직기관)에서 실습하는 경우에는 현장실습의 목적에 맞는 내용의 실습을 실시하여야 한다. 다음에 해당하는 경우는 현장실습으로 인정하지 않는다.

- 직장(현장)체험/사회봉사 등 단기체험활동 또는 인턴(단기근로자 형태)을 수행하는 경우
- 외국 소재 기관에서 현장실습을 실시하는 경우
- 평생교육사 자격증 외의 다른 자격취득을 위한 현장실습과 중복하는 경우
- 2개 이상의 기관에서 현장실습을 실시하는 경우

※ 단, 다음 어느 하나에 해당하는 경우에는 현장실습기관 재선정 가능

– 현장실습기관이 폐쇄되거나 운영이 정지된 경우
– 실습지도자의 퇴직, 부서이동 등으로 실습지도자의 자격을 갖춘 자가 부재한 경우
– 개인의 질병 및 사고, 자연재해 등의 사유로 현장실습이 지속될 수 없음이 판단될 경우
(이때 실습생이 최초 선정한 기관에서 일부 실시한 현장실습기간을 인정받고자 할 경우 실습 과목 담당교수는 이를 전부 인정하여야 함)

4. 현장실습 실시

1) 실습생

실습생은 실습기관의 실습지도 사항에 따라 성실하게 실습을 수행하고, 실습내용 및 자기평가 등을 실습일지(〈표 5-7〉 참조)에 매일 기록하고 검토를 받는다. 이러한 실습일지는 실습생에게 자신의 실습 내용을 기록하게 하여 실습 효과를 증대시킬 뿐만 아니라, 실습 수행 상태를 파악할 수 있는 중요한 자료이다.

2) 실습기관

실습기관은 수립하였던 실습계획에 따라 실습을 운영한다. 실습기관은 실습생을 지도·관리하는 실습지도자를 다음 중 하나에 해당하는 자로 선정하여 학생관리 및 실습지도 등을 실시한다. 실습지도자의 자격은 평생교육사 1급 자격증 소지자, 평생교육사 2급 자격증을 보유하고 관련 업무에 2년 이상 종사한 자, 평생교육사 3급 자격증을 보유하고 관련 업무에 3년 이상 종사한 자이다.

실습기관은 다음과 같은 현장실습의 목적과 목표에 기반하여 현장실습 내용을 구성한다. 동일 시간대를 기준으로 하여 실습지도자 1인당 실습생은 가능한 5명의 범위 내에서 지도·관리하도록 한다. 실습지도자는 실습생이 제출한 실습일지를 검토하고, 주 1회(1주: 40시간), 총 4회에 걸쳐 실습생의 실습 수행에 대한 의견을 실습지도기록서(〈표 5-9〉 참조)에 기록한다.

3) 양성기관

실습지도교수는 실습기간 중 실습기관을 방문하여 실제 운영형태 등을 점검하고, 실습에 참여한 학생들의 실습 수행 태도 및 상태 등을 점검한다.

• 방문점검 시에는 실습 운영에 관하여 실습기관과 업무협의를 진행하고, 실습기

관과의 지속적 협력관계 유지를 위하여 실습기관의 애로사항 및 건의사항을 적극적으로 수용한다(단, 현장실습 방문점검에 관한 사항은 2015년 2학기부터 적용).

5. 평가 및 학점인정

1) 실습기관 평가

실습지도자는 실습생의 현장실습이 종료되면 실습생 평가서(〈표 5-10〉 참조)의 항목에 맞게 평가를 실시한다. 실습생 평가서의 평가내용을 바탕으로 평생교육 현장실습 평가서(〈표 5-11〉 참조)를 작성하고, 평생교육 현장실습 확인서(〈표 5-12〉 참조)와 함께 양성기관으로 제출한다.

2) 양성기관 평가 및 학점인정

성적은 다음의 사항을 고려하여 각 양성기관의 운영규정에 따라 산출 및 부여한다.

- 실습과목 수업 참여도(오리엔테이션, 실습 세미나, 실습 평가회 등)
- 4주(20일, 160시간) 이상의 평생교육 현장실습 실시 내용 등

학점은 실습기간을 기준으로 각 양성기관의 학점인정기준에 따라 부여한다.

6. 행정사항

- 자료보관: 양성기관은 다음의 자료를 전자문서화하여 실습생의 현장실습이 종료된 날로부터 3년간 보관한다. 단, 현장실습수행 증빙자료는 원본으로 5년간 보관한다('평생교육 현장실습 평가서' 및 '평생교육 현장실습 확인서'는 학생이 평생

교육사 자격증 발급 신청 이전까지 원본 보관).
- 실습과목 운영 관련 증빙자료: 오리엔테이션·실습 세미나·실습 평가회 수업운영자료(운영규정, 출석부 등), 현장실습 방문지도 확인서
- 실습의뢰 관련 증빙자료: 협약서(또는 공문, 실습의뢰서 등 협약 관련 서류), 평생교육기관임을 증빙하는 서류 등
- 현장실습 수행 증빙자료: 평생교육 현장실습 평가서, 실습일지, 평생교육 현장실습 확인서
- 실습비: 현장실습기관은 현장실습을 지도하기 위한 목적으로 양성기관 또는 실습생으로부터 실습비를 징수할 수 있다.

평생교육실습에 필요한 양식으로 「국가평생교육진흥원 평생교육실습과목 운영 지침」(교육부, 국가평생교육진흥원, 2015)에서 제시한 현장실습 협약서, 실습의뢰서, 현장실습 방문지도 확인서, 평생교육 현장실습 확인서, 실습일지, 실습의뢰 결과 회보서 등이 있다.

7. 평생교육 현장실습을 위한 준비과정

현장실습을 하기 위해서는 준비과정이 필요하다. 이 과정에서 실습 예정자의 준비, 실습생의 모집, 실습 운영 담당자의 배정, 현장실습 진행에 따른 서류 등 행정 절차를 꼼꼼히 확인해야 한다. 평생교육 현장실습은 양성기관과 실습기관의 상호 협력적인 관계하에서 이루어지기 때문에 준비과정에서 두 기관은 현장실습 전반에 관해서 협의하는 것이 중요하다. 이를 위해 평생교육 현장실습을 위한 준비과정을 구체적으로 살펴보면 다음과 같다.

1) 실습 예정자의 준비

실습 예정자는 평생교육 현장실습과목을 수강 신청한 후, 본인의 관심 분야 및 진로·취업과 연계될 수 있는 실습기관에 대한 정보를 수집한다. 이를 위해 본인의

관심 분야의 평생교육실습기관 몇 곳을 선정해 개별적으로 기관과 접촉하여 실습 가능성을 확인한다. 실습 예정자는 기관으로부터 실습 가능성을 확인한 후, 실습이 가능한 해당 기관에 실습 요청 공문서를 양성기관의 실습 운영 행정 담당자를 통해 발송한다.

2) 실습생 모집

실습생의 모집은 평생교육기관이나 평생교육사 양성기관인 대학의 요청에 따라 이루어지는데, 평생교육기관은 실습생을 모집한 후에 실습 예정자에 대한 서류접수, 사전 면담을 통해 실습 예정자가 실습생으로서의 마음가짐이나 역량을 확인한 후 실습에 대한 허가 여부를 판단한다.

3) 실습 운영 담당자의 배정

양성기관에서 평생교육 현장실습과목이 개설되면, 실습 운영 담당자는 실습업무 관련 지도와 실습을 이끄는 교수자의 역할을 담당한다. 실습 운영 담당자는 실습 예정자들에게 실습기관에 대한 정보, 실습에 필요한 공문발송, 현장실습을 위한 지도계획을 세우고, 실습 예정자들에게 현장실습을 위한 오리엔테이션을 실시한다.

4) 평생교육실습 진행을 위한 서류

평생교육실습은 평생교육기관과 양성기관 간의 실습의뢰서, 실습신청서, 현장실습 협약서 등의 공문발송을 통해 이루어진다. 실습 진행을 위한 서류 양식은 「국가평생교육진흥원 평생교육실습과목 운영지침」(교육부, 국가평생교육진흥원, 2015)에서 제시한 양식인 실습의뢰서, 실습신청서, 현장실습 협약서, 실습일지, 현장실습 방문지도 확인서, 실습지도기록서, 실습생 평가서 등의 양식을 구체적으로 살펴보면 다음과 같다.

(1) 실습의뢰서

실습의뢰서는 평생교육양성기관에서 평생교육실습과목을 수강하는 학생의 실습교육을 의뢰하는 서식으로 학생명, 실습기간, 실습지도교수, 실습 담당조교 등의 내용으로 구성된다. 서식의 예시는 다음의 〈표 5-3〉과 같다.

‖ 표 5-3 ‖　**실습의뢰서**

실습의뢰서

수 신:
참 조:
제 목:

---

　1. 항상 평생교육 현장실습을 위해 애써 주시는 귀 기관에 감사드리며 귀 기관의 무궁한 발전을 기원합니다.
　2. 『평생교육실습』 과목을 수강하는 아래 학생의 현장실습을 귀 기관으로 요청하오니 협조하여 주시기 바랍니다.

- 다 음 -

실습생명	생년월일	학과/전공	학년/학기	평생교육 관련 경력
				총　　　개월
				총　　　개월

○○ 기관장

담당자: ○○○　　　　　　　　　　　　　　학과장 ○○○
시행: ○○○-○○○(○○○○(년)○○(월)○○(일))
접수: ○○○○-○○○○(○○○○.○○.○○.)
주소:
전화:　　　　　　　　　/ E-mail:

(2) 현장실습신청서

실습의뢰서를 발송할 때는 실습신청서와 실습생의 신상서를 동봉해서 발송한다. 실습신청서와 실습생신상서는 〈표 5-4〉와 같은 내용으로 구성되는데, ○○대학교 실습생이 제출한 것을 재구성하였다.

‖ 표 5-4 ‖　실습신청서

실습신청서

1. 실습생 인적사항

이름	○○○		생년월일	○○○○○○	
소속	○○대학교	학과/전공	○○○○○○	학년/학기	
현주소	○○○○○○○○○○○○○				
전화번호	집:		HP:		
E-mail					

2. 실습의뢰 내용

실습 부서	○○○대학교 평생교육원
실습 분야	평생교육사 과정
실습 내용	평생교육에 대한 지식을 바탕으로 현장에서 필요한 지식과 기술, 프로그램 개발, 행정 등을 실습을 통해 배우고자 합니다. 또한 평생교육 과목과 프로그램에 대한 수요를 어떻게 기관에서 파악하고 조사하는지에 대해서도 알고자 합니다.
실습기간	2023. 7. ~ 2023. ○○.(총 160시간)

*상기 내용으로 귀 기관에 실습신청을 의뢰하며 실습생 신상조사서를 동봉합니다.

신 청 인: ○○○　(인)

실습교육기관:　○○○ 대학교 평생교육원　　　귀중

실습생 신상 조사서

1. 인적사항

	실습생명	○○○○○	성별		생년월일	
	소속양성기관명	○○○대학교 평생교육원				
	현주소					
	전화번호					
	E-mail					

2. 평생교육 교과목 이수현황

교과목명	이수완료	현재이수	교과목명	이수완료	현재이수
상담심리학	○		지역사회교육론		○
성인학습 및 상담		○	평생교육개론	○	
여성교육개론	○		평생교육경영론	○	
원격교육론		○	평생교육방법론	○	
인적자원개발론	○		평생교육 프로그램개발론	○	
평생교육 현장실습		○			

3. 경력

구분 (취업/실습/봉사)	기관명	기간	내용
기관실습	○○○ 청소년문화의집	20○○. 1. 9.~2. 18.	청소년지도사 기관실습
봉사	○○○○ 학교 밖 청소년 지원센터	20○○. 2.~진행중	학업중단청소년 검정고시 학습멘토(사회)
봉사	○○○청소년 교육문화센터	20○○. 3.~ 20○○. 11.	○○○○대표청소년 어울림마당 서포터즈 및 영상제작
봉사	○○○청소년문화의집	20○○. 12.~ 20○○. 1.	신생아모자뜨기 캠페인 모자뜨기 강의 자원봉사
봉사	○○○○ 학교 밖 청소년 지원센터	20○○. 10.~ ○○. 8.	학업중단청소년 검정고시 학습멘토(과학)

4. 실습기관 선택이유

○○에 살면서 제가 생각하는 ○○대학교는 누구나 평등한 교육을 지향하는 학교입니다. 장애를 가진 학생들이나 나이가 많은 그 어떤 사람에게도 열려 있는 학교라고 생각합니다. 그래서 언제 어디서나 필요한 때 자신의 학습 욕구를 충족할 수 있는 평생교육에 대해서는 어떨까라는 생각을 했고, 실제로 직업개발부터 취미에 이르기까지 다양한 프로그램을 운영하고 있어서 관심이 갔습니다. 또, ○○대학교는 주변에 아파트단지와 학교들이 많아 학생부터 직장인에 이르기까지 다양한 연령층이 밀집되어 있는 지역에 있어서 이들을 위해 어떻게 수요를 조사하고 프로그램을 연구하는지 알고자 선택하게 되었습니다.

5. 실습을 통해서 성취하고자 하는 목표

이번 실습을 통해서 평생교육 프로그램이 어떻게 돌아가는지, 또 전공인 청소년지도사와는 어떤 점에서 같고, 다른지에 대해 알고 싶습니다.

6. 평생교육을 실천하는 데 있어 자신의 강점과 약점

1) 평생교육 지식 및 기술의 측면

지식 및 기술적인 측면을 통해 본 제 강점은 성향에 있는 것 같습니다. 실제로 활동적이고 직접 찾아보는 것을 좋아합니다. 그래서 ○○○○인재육성재단에서 진행하는 재능키움 장학금을 통해서 좋아하는 영상을 배우고 배운 것으로 봉사활동에서 사용하는 등 원하는 것에 대해서 적극적으로 찾아보는 제 성향이 평생교육을 실천하는 데 있어서 제 강점인 것 같습니다.

2) 개인적인 특성 측면

개인적인 측면을 통해 본 제 강점은 경험에 있는 것 같습니다. 검정고시 멘토링과 서포터즈, 지도사 실습 등을 통해서 현장에 있었던 경험들이 평생교육 현장을 파악하고 빠르게 적응하는 데 있어서 많은 도움을 줄 것이라고 생각합니다.

7. 실습기관 및 실습지도자에게 바라는 점

다른 학교 기관인 만큼 더 열심히 하고 싶고, 기관 운영과 예산운영에 대해서 많이 배우고 싶습니다. 한 달간 실습을 하게 되는 만큼 기관 직원분들과 친해지고 많이 배우는 시간이 되고 싶습니다.

(3) 현장실습 협약서

현장실습 협약서는 실습기관에서 실습교육을 수락하는 실습의뢰에 대한 회신(실습회보서)를 양성기관에 보내면 현장실습 협약서 2부를 작성하여, 실습기관과 양성기관은 각각 서명 날인 후 1부씩 보관한다. 현장실습 협약서의 예시는 〈표 5-5〉와 같다. 협약서의 내용에는 현장실습 운영기준, 현장실습 시간 및 장소, 실습기관과 양성기관의 현장실습 운영, 실습지원비 등이 있다.

‖ 표 5-5 ‖　**현장실습 협약서**

현장실습 협약서(예시)

　○○○○(이하 "갑"이라 한다)과 ○○대학교(이하 "을"이라 한다)는 "을" 소속 학생들(이하 "실습생"이라 한다)의 진로 선택에 도움을 주고, 평생교육 현장에서 요구하는 전문지식과 경험 습득을 목적으로 하는 평생교육 현장실습(이하 "현장실습"이라 한다) 운영과 관련된 지침을 준수하고, 상호 간의 운영에 필요한 사항을 이행하기 위하여 다음과 같이 협약을 체결한다.

제1조 (현장실습 운영기준)
① 현장실습은 최소 4주간, 20일(160시간) 이상 실시하여야 한다.
② 현장실습은 1일 8시간(9:00~18:00), 주 5회(월~금)의 통상근로시간 내 운영하되, 현장실습기관의 특성 및 실습생의 상황(직장인 등)을 고려하여 야간 및 주말시간을 이용한 현장실습을 운영할 수 있다.

제2조 ("갑"의 현장실습 운영)
① "갑"은 실습생의 전문지식 함양과 경험 습득을 위하여 현장실습 내용에 맞는 이론 및 실습교육 내용을 수립한다.
② "갑"은 현장실습이 내실 있게 실시될 수 있도록 하기 위하여 실습생의 희망 진출분야 및 진로를 고려하여 배치함으로써 다양하고 폭넓은 현장 경험을 쌓을 수 있도록 최선의 기회를 제공한다.
③ "갑"은 현장실습을 지도할 담당자를 배치하여 실습생이 성실히 현장실습을 수행할 수 있도록 지도하고 실습생에 대한 출결 관리 및 평가를 실시한다.

제3조 ("을"의 현장실습 운영)

① "을"은 현장실습 운영계획 및 일정 수립 후 "갑"과 실습생에 대한 안내 및 홍보를 실시한다.

② "을"은 "갑"으로부터 현장실습 운영에 필요한 모집인원, 실습기간 등의 신청서를 접수, 검토 후 실습생 지원 및 모집에 관한 업무를 실시한다.

③ "을"은 "갑"의 실습생 선발에 필요한 정보 및 업무지원을 실시한다.

④ "을"은 선발된 실습생을 대상으로 다음 각 호의 사항이 준수될 수 있도록 사전교육을 실시한다.

    1. 실습생은 실습기간 동안 주어진 과제를 성실하게 수행한다.

    2. 실습생은 실습기간 동안 "갑"의 사규 등 제반 수칙을 준수한다.

    3. 실습생은 실습을 위한 기계, 공구, 기타 장비가 파손되거나 분실되지 않도록 주의한다.

    4. 실습생은 실습과정에서 알게 된 "갑"의 기밀사항을 누설하지 아니한다.

⑤ "을"은 현장실습 중 "갑"의 현장 방문을 통하여 "갑"과 실습생의 건의사항 및 애로사항이 개선될 수 있도록 조치를 취한다.

⑥ "을"은 "을"의 현장실습 관련 규정에 따라 현장실습 종료 후 "갑"과 실습생의 제출 서류 검토 후 실습생에 대한 학점인정 절차를 실시한다.

제4조 (현장실습 시간 및 장소)

① 실습 시간은 "갑"의 근로시간을 기준하여 1일 8시간 실습하는 것을 권장하되, 식사 시간은 총 실습 시간에서 제외한다.

② 실습 장소는 "갑"의 사업장 또는 사업과 관련된 장소로 하고, 실습생의 보건·위생 및 산업재해 등으로부터 안전한 장소로 지정토록 "갑"과 "을"이 협의한다.

제5조 (실습지원비)
"갑"은 실습생에게 숙식비, 교통비, 실습보조금 등의 실습지원비를 별도로 정하여 지원할 수 있으며, 지원할 경우 "을"과 협의하여 지급한다.

제6조 (지도교수 지정 등)
"갑"과 "을"은 현장실습의 효율적 운영과 실습생의 올바른 지도를 위하여 지도교수 및 실습지도자를 지정하여 운영할 수 있다.

제7조 (보험가입)
"을"은 현장실습기간 동안 실습과 관련하여 실습생에게 발생할 수 있는 상해에 대비한 보험에 가입하여야 한다. 이와 별도로 "갑"은 "갑"의 필요에 따른 보험을 가입할 수 있다.

제8조 (협약의 효력 및 기간) 본 협약의 효력은 협약체결일로부터 발생하며 협약기간
은 협약체결일로부터 1년으로 한다. 단, "갑" 또는 "을" 중 이의를 제기하지 않을 경우
자동 갱신되는 것으로 한다.

제9조 (기타) 본 협약에 명기되지 아니한 세부사항에 대해서는 당사자 간 협의하여 별
도로 정한다.

  본 협약의 성립을 증명하기 위하여 협약서 2부를 작성, "갑"과 "을"은 각각 서명 날인
후 1부씩 보관한다.

20   년   월   일

"갑"					"을"				
기관명 :	○	○	○	○	기관명 :	○ ○ 대 학 교			
주 소 :					주 소 :				
대표자 :				㉑	대표자 :				㉑

(4) 현장실습 방문지도 확인서

  현장실습의 평가는 실습이 종결된 이후에만 하는 것이 아니라 진행 중에 일정
한 시기에 실시하는데, 현장실습지도교수는 실습기간 중 실습기관을 방문하여 실
제 운영형태 등을 점검하고, 실습에 참여한 학생들의 실습수행 태도 및 상태 등을
점검한다(김종표 외, 2016). 현장실습지도교수는 방문 때 실습 운영에 관한 실습기
관과 업무 협의를 진행하며, 지속적인 협력관계를 유지하기 위해 애로사항 및 건
의 사항을 적극적으로 수용한다. 또한 실습생을 만나서 실습과정에서의 애로사항
등을 점검하여 해결방안 등을 제시하도록 한다. 현장실습지도교수는 실습기관 방
문 시 이러한 사항을 '현장실습 방문지도 확인서'에 기록하여 기관의 실습지도자 확
인을 받아 실습생이 실습을 종결한 후 실습일지와 실습 관련 서류 등을 양성기관에
제출할 때 첨부한다.

|| 표 5-6 || **현장실습 방문지도 확인서**

현장실습 방문지도 확인서

실습기관명				방문일자	
실습지도자	직위			성명	

실습생	성명	학번	학년	전공/학과

방문지도 내용	
협의사항	
현장조사 실태의견	※ 실습기관 환경, 실습 내용의 적합성, 실습학생 업무처리 사항, 학생 면담 결과, 기타 내용 등을 포함하여 서술

위와 같이 실습기관을 방문하여 업무협의 및 학생들에 대한 지도를 하였음을 확인합니다.

년   월   일

기관명: 직위: 성명: (서명)

(5) 실습일지

실습일지는 실습 내용과 실습 소감 및 자기평가로 이루어지는데, 다음과 같이 기술하고 기록한다(교육부, 국가평생교육진흥원, 2015).

- 실습 일정에 따른 업무명 순으로, 주요 활동 내용을 기술한다.
- 실습지도가 가능하도록 구체적, 객관적으로 기술(실습일지는 개인 일기가 아니므로, 실습 일과에 대한 개인의 감정, 의견, 느낌 등은 가능한 한 피해야 함)한다.
- 프로그램 참관(보조 진행) 시, 단순히 'ㅇㅇㅇ 프로그램 참관'이 아닌, 프로그램의 목적, 주요 내용, 강의자의 진행 방법 등을 자세히 기록한다.
- 실습 내용에 관한 실습생의 의견 및 자기평가를 기술하되 사실에 기초하여 기록하며 발전 · 진행적으로 기록한다.
- 실습지도를 통해 습득한 지식과 기술을 실무에 어떻게 적용할 수 있는지 등을 기록, 해당 일자의 실습업무 수행을 통해 실습지도자에게 제안하고 싶은 사항을 기록한다.

실습일지 작성 시 유의사항은 다음과 같다(김종표 외, 2016).

- 실습 내용을 충실하게 기록하고, 실습일지는 그날그날 기록한다.
- 실습과정상에서 있었던 내용은 과장 없이 실제로 했던 내용만을 정확하게 기록한다.
- 실습생의 주관을 배제하고 객관적인 사실에 근거하여 정확하게 기록한다.
- 내용은 간결하게 명확하게 서술한다.

‖ 표 5-7 ‖ **실습일지**

실습일지(0일차)

실습일	년 월 일(요일)			실습지도자 확인	(서명 또는 인)
실습 시간	출근일시	퇴근시간	식사시간	지각/조퇴결근여부(사유)	실습시간
					시간
실습 내용	※ 실습일정에 따른 업무명 순으로, 주요 활동내용을 기술 ※ 실습지도가 가능하도록 구체적, 객관적으로 기술(실습일지는 개인일기가 아니므로, 실습일과에 대한 개인의 감정, 의견, 느낌 등은 가능한 한 피해야 함) ※ 프로그램 참관(보조진행) 시, 단순히 'ㅇㅇㅇ프로그램 참관'이 아닌, 프로그램의 목적, 주요 내용, 강의자의 진행방법 등을 자세히 기록				
실습 소감 및 자기평가 (협의사항 포함)	※ 실습 내용에 관한 실습생의 의견 및 자기평가를 기술하되 사실에 기초하여 기록하며 발전·진행적으로 기록 ※ 실습지도를 통해 습득한 지식과 기술을 실무에 어떻게 적용할 수 있는지 등을 기록 ※ 해당 일자의 실습업무 수행을 통해 실습지도자에게 제안하고 싶은 사항 기록				

실습 첫날 오리엔테이션 이후 실습과제 중 실습생이 작성한 실습목표에 대한 예시는 다음과 같다.[1] 실습목표 등의 과제는 실습일지에 첨부한다.

‖ 표 5-8 ‖ **실습목표**

목표	세부 목표	실천 방안
• 이론에서 배운 것들을 현장에서 적용해 본다.	• 이론에서 배운 것이 실제 평생교육원 현장에서 어떻게 적용이 되고 있는지 알아본다. • 현장실무 경험을 통해 행정 능력 향상을 도모한다.	• 기관 라운딩을 통하여 실제 현장을 살펴본다. • 직접 프로그램을 기획해 보고 기안 및 공문서 작성을 통해 행정 능력을 향상한다. • 프로그램 분석을 통해 학습자들의 요구를 분석해 본다. • 예산안을 작성해 봄으로써 기관예산이 어떻게 운영되는지 알아본다. • 홍보안 제작을 통해 보다 많은 학습자에게 학습을 독려해 본다.
• 평생교육사 업무 내에서 나의 관심 분야를 탐색해 본다.	• 평생교육원에서 하는 일들 중에서 가장 관심이 있는 것이 무엇인지 알아본다. • 업무에 있어서 나의 장점과 단점을 안다.	• 모든 실습을 적극적으로 참여한다. • 꼼꼼한 실습일지 작성을 통해 스스로를 돌아볼 수 있도록 한다.
• 기관의 평생교육사와 원활한 관계를 도모한다.	• 기관의 평생교육사와의 라포 형성을 통해 원활한 관계를 갖는다.	• 실습기간 동안 슈퍼바이저의 말에 귀를 기울인다. • 실습을 진행하는 동안 인사를 열심히 한다. • 평생교육원 직원분들에게 매일 한 가지 이상씩 질문이나 말씀을 건넨다.

---

1) 한서영(2017). 호서대학교 청소년문화 · 상담학과. 2017년도 2학기 평생교육사 실습과목 수강

(6) 실습지도기록서

실습지도기록서는 실습생의 강점 및 개선점에 대한 실습지도자의 의견을 제시하는 양식으로, 실습 내용에 대한 피드백 등을 주차별로 작성한다.

‖ 표 5-9 ‖ **실습지도기록서**

실습지도자 :   **(서명 또는 인)**

주차	실습지도자 의견
1주차	※ 실습생의 강점 및 개선점에 대한 의견 제시 ※ 실습 내용에 대한 피드백 등을 주차별 작성
2주차	
3주차	
4주차	

※ 총 160시간의 실습시간 중 40시간을 1주로 산정하여 작성

(7) 실습생 평가서

현장실습 평가는 양성기관에서 배운 평생교육 관련 이론 및 지식을 현장에서 구현하면서 목표의 성취 정도를 평가하는 것으로, 실습지도자의 관점에서 현장실습 평가는 실습기관 입장에서 실습생의 실습수행 정도를 체계적이고 구조화된 상호 과정을 토대로 평가하는 것을 의미한다(김종표 외, 2016). 현장실습기관 지도자들의 평가 기준을 김종표 등(2016)은 다음과 같이 제시하였다.

- 현장실습의 실습계획서 작성 및 수행 관련 부분
- 현장실습일지 작성 및 과제의 성실성 관련 부분
- 현장실습 적응력, 이해력, 컴퓨터 활용능력 관련 부분
- 실무자 및 실습 동기들과의 관계 형성과 관련 부분
- 실습생의 참여도와 학습능력 및 지도능력 관련 부분
- 공식적인 평가표 양식에 근거 평가
- 성실성, 책임 및 창의적인 업무방안 제시 등과 관련 부분

‖ 표 5-10 ‖ **실습생 평가서**

실습생명		생년월일	
양성기관명		실습지도자	(서명 또는 인)

평가영역(배점)		평가항목	배점	점수
근무태도(10)	근무사항	• 출석, 결석, 지각, 조퇴 등	5	
	태도	• 성실성, 근면성, 친절성, 적극성, 예절 등	5	
자질(15)	목표설정 및 계획 수립	• 실습목표 설정 • 실습세부계획 수립 등	5	
	가치관	• 평생교육에 대한 가치관 및 신념 • 실습생으로서의 자세와 역할 등	5	
	관계형성	• 기관 내 직원들과의 협조적인 대인관계 • 동료실습생과의 관계 • 평생학습 네트워크체제 이해 등	5	

학습지도 능력(50)	필수 항목	기관이해 (오리엔 테이션)	• 실습기관의 평생교육 관련 주요 업무 이해 • 실습기관의 주요 학습자 및 프로그램 이해 • 구체적 실습목표 설정 및 일정별 세부계획 수립	10	
		모의 프로그램 개발(Ⅱ)	• 평생교육 프로그램 개발	15	
			• 평생교육 프로그램 홍보 및 마케팅	5	
	선택 항목* (택 1)	실습기관 관련 법 및 정책이해와 기관 분석	•「평생교육법」및 관련 정책 파악하기 • 실습기관의 SWOT 분석을 통한 전략 도출	20	
		교육 프로그램 운영 지원	• 학습자 관리 및 지원 • 강사, 학습동아리 등 인적DB 관리 및 지원 • 학습정보DB 관리 및 지원 • 학습시설 · 매체 관리 및 지원 • 프로그램 관리 · 운영 및 모니터링 • 프로그램 만족도 조사 지원(결과분석 수행 등)		
		유관기관 방문 및 관련 행사 참석	• 유관기관 프로그램 조사 및 분석을 위한 방문 • 평생학습 관련 행사(지역축제, 박람회 등)		
연구조사 활동(15)	필수 항목	모의 프로그램 개발(Ⅰ)	• 실습기관의 주요 프로그램 조사 및 분석 • 학습자 요구분석(실습기관 학습자 대상)	15	
학급경영 및 사무처리능력 (10)	필수 항목	행정업무	• 기안 및 공문서의 모의작성 여부 • 사업예산(안) 편성	10	
총 점				100	

※ '[참고 3] 평생교육 현장실습 프로그램'의 실습 내용을 바탕으로 실습생을 평가하고, '평생교육 현장실습 평가서' 에 평가점수를 반영하시기 바랍니다.

※ 선택항목 부분은 실습 내용으로 택 1하여 실시한 항목만을 기재하고 평가하도록 합니다.

‖ 표 5-11 ‖ **평생교육 현장실습 평가서**

평생교육 현장실습 평가서

1. 실습기관명:

2. 실습기간: 년   월   일 ~   년   월   일(주,총 시간)

3. 실습지도자:

직명	성명	담당	내용	비고
(소속부서명 포함 기재)		(담당업무 기재)	(주요 업무 상세 기재)	(평생교육사 자격소지 사항 및 평생교육 관련 경력 기재)

4. 실습 내용:

제1주	제2주	제3주	제4주

5. 실습 상황

실습생 성명	학과명	근무 태도 (10%)	자질 (15%)	학습 지도 능력 (50%)	연구 조사 활동 (15%)	학급 경영 및 사무 처리 능력 (10%)	총평 (100%)	비고

위 사실을 증명함

                                      년   월   일

                                실습기관의 장 | 직인 |

‖ 표 5-11 ‖ **평생교육 현장실습 확인서**

평생교육 현장실습 확인서

실습생 정보		성명		생년월일		
		학교/학과명		실습지도교수명		
		실습기간	년 월 일부터 ~ 년 월 일까지(총 일)			
		실습시간	총 시간 (매주 요일부터 ~ 요일까지)			
실습기관 정보	실습 기관	기관명		기관유형		
		전화번호		실습운영부서		
		주소				
	실습 지도자	성명		평생교육사 자격소지	급수	
		생년월일			취득 기관명	
		직위			취득일	
					자격번호	
		실습지도자 평생교육 관련 경력				
		기관명	소속부서	기간(년월)		담당 업무
				년 월~ 년 월(총 개월)		
				년 월~ 년 월(총 개월)		
		총 경력개월		총 개월		

위와 같이 실습 내용을 확인합니다.

년 월 일

실습지도자 :   (서명 또는 인)

년 월 일

실습지도자 :   (서명 또는 인)

국가평생교육진흥원장 귀하

토론문제

1. 평생교육 현장실습의 목적과 의미, 중요성에 대해 설명하시오.

2. 현장실습을 위해 실습생이 준비할 사항들에 대해 설명하시오.

3. 평생교육기관에서의 평생교육사 업무에 대해 설명하시오.

참고문헌

교육부, 국가평생교육진흥원(2015). 국가평생교육진흥원 평생교육실습과목 운영지침. 교육부 평생학습 정책과.

김보영(2019). 평생교육기관 학습자의 평가요소에 대한 인식이 문화예술교육 프로그램 만족도에 미치는 영향. 대구대학교 대학원 석사학위논문.

김종표, 정은희, 허현자, 민경화, 신의현(2016). 평생교육 현장실습. 양서원.

김진원(2017). 평생교육 현장실습 성과에 대한 실습생의 인식 연구. 한국방송통신대학교 대학원 석사학위논문.

박진숙(2016). 평생교육 실습경험에서 예비 평생교육사의 직업적 정체성 변화에 관한 질적 연구. 연세대학교 교육대학원 석사학위논문.

안시은(2019). 호서대학교 식품공학과 기관 발표 자료.

오명숙(2019). 평생교육 현장실습. 학지사.

이경화(2013). 평생교육기관 유형별 성인학습자의 참여요인 및 기관특성 인식 분석. 숙명여자대학교 대학원 석사학위논문.

진교훈, 박찬구, 함재봉, 강정인, 김호성, 차우규, 최근덕, 이태건(2011). 윤리와 사상. 지학사.

국가평생교육진흥원 홈페이지(2023). https://www.nile.or.kr/index.jsp

제 6 장

평생교육사 현장실습을 위한 준비과정

사람이 배우지 않음은 재주 없이 하늘에 올라가려고 하는 것과 같고, 배워서 지혜가 원대하면 길조의 구름을 헤치고 푸른 하늘을 보며 높은 산에 올라가서 온 천하를 바라보는 것과 같다.

－장자(莊子)－

학습목표

1. 평생교육사 실습 전 실습지도를 받을 수 있는 자격기준에 대해 설명할 수 있다.
2. 평생교육사 실습기관 선정에 필요한 기본요소를 설명할 수 있다.
3. 평생교육사 실습기관에서 일어날 수 있는 일에 대하여 사전지식을 갖추어 상황에 대처할 수 있다.

학습개요

　평생교육사 실습을 위하여 실습기관을 정하고 실습을 실행하기 전에 미리 알아 두어야 할 여러 가지 행정에 대한 절차가 있다. 평생교육사 실습교육을 위해서 학교와 실습기관, 실습지도교수, 실습지도자 및 실습생들 간에 상호작용이 중요하다. 실습에 관련된 관계자들은 실습생들이 평생교육현장을 잘 익히고 배워 미래를 잘 이끌어 갈 수 있도록 각자의 위치에서 역할을 해야 한다. 현장실습을 위한 준비 단계는 실습현장에 나아가기 전에 준비할 사항을 배운다. 이 장에서는 평생교육 현장실습 전에 실습지도를 받을 수 있는 자격기준 등을 사전에 점검하여 학점이수관계, 법적요건 검토, 실습생들의 마음가짐 등을 다루었다.

1. 평생교육사 현장실습지도를 위한 사전준비

1) 평생교육사 현장실습생 모집

평생교육사 현장실습생의 모집은 평생교육실습기관이 양성기관에 알려 모집하는 방법과 양성기관의 요청에 따라 실습기관이 평생교육사 실습 여부를 결정하는 방법이 있다. 평생교육실습기관은 실습생 모집 후에 실습 예정자를 대상으로 한 사전 면담을 통해 실습생으로서의 자세와 역량을 확인한 후 실습 가부 및 배치 업무를 최종적으로 결정한다.

2) 양성기관의 실습 운영 담당자 배정

양성기관에서는 실습 운영 담당자들을 배정한다. 실습 운영 담당자는 실습지도교수와 행정업무 담당자가 있는데 실습지도교수는 실습교육운영과정 및 업무의 관련에 대하여 총괄지도를 하며, 행정업무 담당자는 행정에 대한 일반업무를 담당한다. 실습 운영 담당자들의 업무량 증가에 대비하여 담당업무량의 수위 조절도 필요하다.

3) 양성기관의 사전준비

양성기관과 실습기관의 평생교육사 현장실습 진행에 따른 행정절차의 흐름도는 [그림 6-1]과 같다.

▥\ 그림 6-1 **평생교육 현장실습에 대비한 실습기관의 준비과정 흐름도**

출처: 안홍선, 권혁준(2011), p. 92.

2. 평생교육사 현장실습 사전점검

평생교육실습은 학생이 학교교육을 통해 배운 것을 평생교육현장에서 적용하고 실천하는 과정이다. 평생교육실습은 평생교육실습기관과 실습생, 실습과목 이수를 책임지는 양성기관 간 협업으로 이루어진다. 평생교육실습의 진행과정은 현장실습 전 단계, 현장실습 초기 단계, 현장실습 중간 단계, 현장실습 종결 및 평가 단계로 나누어 볼 수 있으며, 〈표 6-1〉은 각 단계별 양성기관과 실습기관의 역할을 정리한 내용이다(평생교육진흥원, 2009).

‖ 표 6-1 ‖　**평생교육실습 진행과정**

실습 진행 단계	실습생 및 양성기관 역할		현장실습기관 역할
현장실습 전 단계	1) 현장실습을 위한 오리엔테이션 2) 실습기관 선정 3) 현장실습 계약 체결	→	1) 평생교육 현장실습 연간계획 수립 2) 실습생 모집 및 실습지도자 배정 3) 현장실습을 위한 세부 지도계획 수립 4) 현장실습 계약 체결 5) 행정 절차 및 준비사항 체크
현장실습 초기 단계	4) 실습지도교수의 관리(supervision)	→	6) 오리엔테이션 및 전체 일정 조절 7) 실습기관과 지역사회 이해를 위한 지도 8) 실무자 역할과 직무 이해를 위한 지도 9) 기관의 주요업무지도
현장실습 중간 단계		→	10) 평생교육사 직무에 따른 담당 실습 업무지도 11) 담당 실습업무 점검 및 중간 평가
현장실습 종결 및 평가 단계	5) 실습평가회 실시 6) 향후 비전 설정 7) 실습과목 성적산출	→	12) 실습평가

출처: 평생교육진흥원(2009), p. 8.

1) 평생교육사 현장실습기관의 기본조건

　평생교육사 현장실습기관은 평교육사의 실습기관이어야 한다. 왜냐하면 모든 평생교육기관이 현장실습을 행할 수 있는 기관은 아니기 때문이다. 평생교육기관에 평생교육사 자격을 가진 평생교육사가 있다고 해서 평생교육실습기관이 될 수는 없다는 것에 유념해야 한다. 평생교육실습기관에는 평생교육사의 실습교육을 지도할 수 있는 경력을 갖춘 평생교육사가 재직하고 있어야 한다. 현장실습을 지도할 수 있는 지도자는 단순히 평생교육사 자격을 취득한 자가 아니라 교육을 진행할 수 있는 일정한 경력을 갖춘 평생교육사여야 한다는 것이다. 이를 먼저 점검하는 것이 평생교육기관을 선정하는 것보다 우선적으로 진행해야 할 사항이다.

　평생교육 현장실습은 평생교육기관에서 평생교육사의 핵심직무를 실습하는 과정이다. 그래서 현장실습과정은 실무를 익히고, 사회현실과 문제를 인식하는 과정인 것이다. 현장실습은 160시간 동안의 교육과정 이수에 대한 평가이며, 평생교육기관의 특성을 이해하고 그 기관의 교육경험을 전수받으며 평생교육사로서 책무도 배우는 학습 과정이다. 평생교육사의 실습과정은 교과서에서 배운 내용이 일반적이고 표준화된 것이라면, 현장실습은 특화되고 평생교육기관에 맞추어진 실무경험을 쌓는 계기가 되는 것이다. 현장실습기관은 실습생에게 그 기관의 실무를 그대로 적용하는 것이 아니라 실습교육과정을 재설계하는 것이 필요하다.

현장실습기관은 양성기관과 협력하여 평생교육사 실습생이 원만하게 실습을 마무리할 수 있도록 도와야 하며, 양 기관은 정해진 행정절차로 실습교육에 대한 확실한 계약을 체결하여야 한다. 실습기관은 실습지도를 책임지고 이행하고, 양성기관은 실습과정에서 잘못이 없도록 제 규정에 적합한 요소들을 점검하여 실습에 임하도록 한다.

2) 평생교육사 실습교육 진행과정

양성기관의 평생교육사 실습생은 실습과목 신청 전 선수과목에 대한 이수 증빙서를 양성기관 행정 담당자에게 제출하고 확인을 받아야 한다. 평생교육실습에 임하기 전에 선수과목을 이수하여야 한다. 선수과목을 이수하지 않으면, 평생교육에 대한 이론과 지식이 없으므로 현장상황에 적용할 수가 없기 때문이다. 또한 선수과목을 이수해야 실습교육을 받는 데 문제가 야기되지 않는다(오명숙, 2019).

1) 현장실습 진행을 위한 절차
 가) 학점이수 여부
    – 실습과목 신청 전 선수과목 이수 증빙서류 확인
    – 실습과목 신청을 위한 필수 이수 과목, 필수 이수 점수 확인
 나) 관심분야 설정
    – 실습과목 수강 선택
    – 실습생은 평생교육 6대 영역별 평생교육실습기관 예비조사
 다) 실습 시간 등 요건 확인
    – 양성기관 실습지도교수의 지도
    – 실습기관의 장소, 시간 및 거리 등 요건 탐색
 라) 실습기관 요건 탐색

- 실습기관 실습지도자의 경력 확인
- 실습기관에서 실습 동의 받기
- 실습생의 이력서 등 관련 서류 제출

마) 실습기관 예비 확정
- 실습생 실습기관 방문하여 면접
- 실습기관 실습지도자와의 실습교육 관련 협의

바) 실습 협약
- 실습생 실습기관 확정
- 양성기관에 실습 협약 통보

사) 실습 계약 체결
- 실습기관에서의 실습 시간과 내용 확정
- 양 기관 행정 관리자 간 문서 교환

아) 실습 개시
- 실습지도자 실습일지 작성 지도
- 실습교육내용 시간 배분
- 양성기관 실습지도교수 실습기관 방문

자) 최종 간담회 및 평가회의
- 실습기관 160시간 실습 완료
- 양성기관 실습지도교수와 실습기관 실습지도자와의 간담회

3) 평생교육양성기관의 실습기관 선정 및 행정절차

평생교육양성기관에서 실습생의 실습지도를 의뢰하기 위해서 실습기관을 선정하려면 몇 가지 사항을 확인하여야 한다.

첫째, 실습기관에 재직하는 실습교육 자격자가 상주하고 있는가?
둘째, 현장실습에 관한 내용이 실습과목에서 요구하는 내용과 일치하는가?
셋째, 실습과정에 대한 전체적인 시간과 프로그램이 마련되어 있는가?
넷째, 실습지도계획서 등 실습과정이 현장수업의 방식으로 재구성되었는가?

평생교육실습과목을 개설한 양성기관은 실습을 위해서 실습기관과 기관 간 협약

을 체결해야 한다. 실습과목을 수강한 학습자들도 실습기관을 선정하는 것은 중요한 과제이다. 실습기관을 선정하고 학습자들의 실습을 관리하는 것은 양성기관의 책무이다. 한 학기 15주간 또는 16주간 수업을 진행하는 중에 160시간의 실습시간이 포함되어 있어서 학과목을 전담하는 실습과목 담당교수는 실습기관에 학습자들의 실습교육을 위탁하게 된다. 그래서 양성기관과 실습기관 간의 공식적인 협약이 필요한 것이다. 양성기관과 실습기관 간에는 실습교육을 확정하기 위하여 공문을 통해서 협약을 승인한다. 실습생은 기관 간 실습의뢰서 등 필요한 서류를 행정절차에 따라 시행하지 않았을 경우에는 실습이 인정되지 않을 수 있으므로 유념해야 한다.

양성기관에서 실습과목 담당교수는 오리엔테이션(Orientation: OT)을 통해서 실습이 진행되는 전 과정을 상세히 안내해야 하며 실습 전, 실습 진행과정, 실습 종결 등 단계에 따라 안내를 해야 한다. 실습과목 담당교수는 지켜야 할 행정절차와 학점 이수의 평가기준, 실습결과보고서에 포함될 실습 내용과 과제 등을 알려야 한다. 또한 실습기관에서의 평가기준, 실습을 인정하는 것과 인정하지 않는 사례, 실습기관에서 시행하고 있는 단계별 평가 등 실습교육에 대한 전반적인 안내와 학점 이수 요건을 설명해야 한다. 실습과목 담당교수는 실습과정에서 발생할 수 있는 실습지도자와의 관계 유지와 의사소통, 인권침해요소가 있을 때 신고 및 대처방법에 대해서도 교육해야 한다. 실습일정에 대한 안내도 중요한 사항이다. 실습은 교육과정이므로 실습기관에서 실습지도자가 일별, 주간별, 주제별 과제 등에 대해 실습생을 정기적으로 면담하여 실습교육이 원만하게 진행되도록 한다.

4) 평생교육사 현장실습 주요 문서 목록

평생교육 현장실습과목 이수에 대한 평가는 양성기관의 평가와 실습기관의 평가에 의하여 이루어진다. 실습기관에서의 실습과정은 중간 평가이고, 양성기관의 실습담당교수의 평가가 최종 평가이다. 중간 평가와 최종 평가를 감안하여 담당교수는 실습생의 최종의 학습 결과를 평점으로 산출한다.

평생교육 현장실습에서 필요한 서류들은 〈표 6-2〉와 같다(오명숙, 2019).

‖ 표 6-2 ‖ **평생교육 현장실습 시 작성 문서**

문서목록	담당기관 및 담당자	준거 및 내용
평생교육 현장실습 의뢰서	양성기관 행정담당	공동과제 수행
평생교육 현장실습 신청서	양성기관 실습과목 수강신청자	계약기간 및 목적
실습생의 자기소개서 및 이력서	양성기관 실습생	인적사항 및 소개
현장실습을 위한 서약서	실습생	기준과 원칙 공유
실습생 출근부	실습생	태도 평가
실습생 실습일지(일일보고서)	실습생	직무능력평가
현장실습 주간 보고서	실습생	중간 평가
실습지도계획서	실습기관 실습지도자	실습
실습지도과정 기록서	실습기관 실습지도자	질적 평가
현장실습(성적) 평가서	실습지도자 및 실습지도교수	최종 평가
현장실습 세미나 발표 보고서	실습생 최종발표	실습지도교수 평가
실습과목 최종 평가	실습지도교수	학점 이수

출처: 오명숙(2019), p. 111을 참조하여 재정리

3. 평생교육사 실습생 양성기관에서의 오리엔테이션[1]

1) 실습생의 역할과 임무 안내

현장실습을 통하여 실습생은 예비 평생교육사로서 현장에서 어떤 일을 왜 해야 하며, 어떻게 해야 하는지를 습득한다. 실습지도교수는 평생교육 현장에서 담당하게 될 다양한 직무를 이해하고 익히는 데 앞서 실습생으로서 왜, 어떻게 해야 하는가에 대한 기본자세와 마음가짐을 가질 수 있도록 지도해야 한다. 특히 현장에서 평생교육사가 해야 할 일감을 구분해 내고, 그 일을 중심으로 사고하며 실천하는 자세를 기를 수 있도록 지도해야 한다(김문섭 외, 2019).

현장실습은 단지 실습기관에 출근하는 것만으로 성공적인 실습이 보장되지 않는다. 실습을 위하여 사전에 충분히 준비해야 하고, 실습기간 동안 실습생으로서 적

[1] 이 절은 평생교육진흥원(2009)을 참조하여 재정리하였다.

극적으로 참여해야 하며, 실습에서 경험하는 것을 반성적으로 사고하며 기록할 수 있도록 지도해야 한다(평생교육진흥원, 2009).

2) 실습 사전준비

사전준비 없이 현장실습을 시작하게 되면 새로운 상황에 대한 적응은 물론, 인간 관계에서의 어려움, 실습의 목적과 의미에 대한 확신 부족 등 여러 가지 어려움을 겪을 수 있다. 이러한 경우 성공적인 실습을 기대하기란 어렵다. 따라서 현장실습을 수행하기에 앞서, 다음에 제시하고 있는 몇 가지 준비사항을 점검하도록 지도해야 한다.

(1) 자신의 관심영역에 대한 성찰

실습기관을 선정하기에 앞서 자신의 관심영역을 분명히 하는 것이 필요하다. 자신이 어떤 영역에 특히 관심을 가지고 있는지, 그리고 실습을 마친 후 어떤 기관으로 취업을 희망하는지를 우선적으로 고려해 본 후, 이와 관련성 있는 기관으로 선정해야 한다.

(2) 실습기관에 대한 정보수집 및 정리

자신의 관심영역에 대한 분석이 끝나면, 이와 관련 있는 기관의 정보를 수집하고 정리하는 작업이 이루어져야 한다. 해당 기관이 어느 지역에 위치하고 있으며, 어떤 유형으로 운영되고 있는지, 기관 특성은 무엇인지 등에 대하여 조사하는 작업이 이루어져야 한다. 이와 같이 관심영역에 대한 정보를 체계적으로 정리해 보는 작업은 실습과 취업을 위한 준비작업의 일환으로서 매우 중요하다.

(3)무엇을 배울 것인가에 대한 학습목록 작성

실습에 들어가기에 앞서 실습과정 동안 무엇을 배우고 싶은지, 그리고 현재 자신의 상태를 고려해 볼 때, 좀 더 배워야 할 것들이 무엇인지 등을 정리하는 학습목록을 작성해 보도록 지도해야 한다.

3) 실습목표 설정

현장실습에 들어가기에 앞서 가장 먼저 해야 할 일은 앞으로 참여하게 될 현장실습에 대한 자신의 믿음과 기대, 계획을 정리해 보는 것이다. 따라서 실습지도교수는 향후 참여하게 될 기관에 대해 실습생으로서 알고 있는 것은 무엇인지를 정리해 보고, 실습에 대한 나의 믿음과 기대는 어떤 것인지 추상적으로나마 그려 보는 작업을 수행하도록 도와야 한다. 또한 실습에 임하기 전에 현재 준비하고 있는 실습에 대한 목표와 계획 등을 정리해 보도록 지도해야 한다.

- 현장실습에 대한 자기진단과 목표 세우기
  - 현장실습에 대해 알고 있는 것이 무엇인가?(현장실습에 왜 참여해야 하는지 그 필요성에 대한 자신의 생각을 정리한다.)
  - 현장실습을 하고자 하는 기관은 어떤 유형의 기관인가?
  - 현장실습을 통해 무엇을 얻을 것이라고 기대하는가?(실습을 통하여 궁극적으로 얻으려고 하는지를 기술한다.)

실습생으로서 자신이 왜 실습에 참여하고자 하는지, 실습을 통하여 궁극적으로 무엇을 얻으려고 하는지, 그리고 그것을 달성하기 위해서 어떻게 해야 하는지에 대한 명확한 방향을 제시해 줄 수 있다.

4) 실습보고 유형별 특성지도

(1) 구두에 의한 보고인 경우
- 지시, 명령을 받은 상급자에게 보고한다.
- 시간을 적절하게 맞추어 보고한다.
- 결론을 먼저 보고한다.
- 요점만을 요령 있게 보고한다.

(2) 문서(실습일지)에 의한 보고인 경우

- 문장을 간략하게 한다.
- 틀린 글자나 빠진 내용이 없는지를 확인하고, 정자로 가능한 한 분명하게 기록한다.
- 문서제출의 기한을 엄수한다(실습일지는 매일의 보고를 원칙으로 하며, 실습이 시작되는 시간 전에 실습지도자에게 제출).

5) 평생교육사 실습생 자세와 예절 지도

실습지도교수는 실습생들이 실습에 임하기에 앞서 실습기관에서 취해야 할 기본자세와 태도를 익힐 수 있도록 지도해야 한다(평생교육진흥원, 2009).

(1) 실습기관 내에서 취해야 할 기본자세
① 적극적인 자세
실습에 임하는 데 있어서 중요한 것 중 하나는 적극적으로 참여하고 조력하려는 자세이다. 실습부서에서 일을 맡게 되면 그 일에 대해서는 최선을 다해야 하고, 깔끔하게 일을 처리해야 한다. 일을 하되 모르는 것이 있을 때에는 문의하면서 제대로 일을 하는 것이 중요하다. 또한 남는 시간을 활용하여 다른 일들이 어떻게 처리되는가를 예의 주시 하고, 그 일에 조력할 수 있는 적극적인 자세와 마인드가 필요하다.

② 배우는 자세
실습생은 기본적으로 배우는 자세를 취해야 한다. 실습지도자가 지시한 사항의 실행만으로는 업무 파악에 한계가 있다. 따라서 실습지도자가 알려 주는 것에만 머무르지 않고 스스로 더 배우고 익혀야 할 것들을 점검해 보고, 이를 위해 노력하는 자세를 취해야 한다.

또한, 지시받은 과제가 업무의 전체적인 맥락 속에서 어떤 부분을 차지하고 있으며, 다른 일들과는 어떤 관련이 있는지를 파악하면서 실습에 임해야 많은 것을 배울 수 있다.

③ 친밀감 형성

성공적인 실습을 위해서는 기관 내 실무자들과의 원만한 인간관계를 형성하는 것이 중요하다. 이를 위해서는 우선 이들과 친밀감을 형성하는 것이 요구되며, 이때 현장에서 관습적으로 지키는 규칙을 빨리 익히는 것이 가장 효과적이다.

따라서 실습생은 최대한 빠른 시일 내에 관찰을 통하여 실무자들의 관습과 업무수행 스타일 등을 파악하여 익히는 것이 필요하다.

(2) 실습생 준수사항

실습지도자는 실습생들이 실습기간 동안 다음과 같은 사항을 준수할 수 있도록 지도한다.

- 실습기간 중 모든 실습 내용은 실습기관의 내부규정과 규칙에 따라 운영된다.
- 실습기관의 모든 내규를 잘 숙지하여 위반하는 일이 없도록 한다.
- 기관의 생활이나 내부사항을 기관 외 사람에게 말하지 않도록 하며, 대외적으로 비밀을 지킨다.
- 실습기관 또는 실습지도자의 허락을 받지 않은 개인행동은 하지 않도록 하며, 실습기관의 업무에 방해가 되지 않도록 노력한다.
- 근무시간은 실습기관의 근무시간과 동일하게 근무하도록 한다(단, 기관에서 별도의 실습 근무시간을 정하고 있는 경우 그에 따르도록 한다).
- 출근한 즉시 출근부에 날인하고, 실습일정에 필요한 모든 준비를 갖춘다.
- 결근, 조퇴, 지각을 하는 경우에는 사전에 실습지도자에게 보고하도록 한다.
- 실습생은 실습기간 중 실습 매뉴얼을 항시 지참한다.
- 준전문가로서 품위에 맞는 단정한 복장과 용모를 갖춘다.
- 실습생 간 또는 기관 내 직원들과 항상 존칭을 사용한다.
- 실습생은 기간 내에서 개인의 신분에 대해 정확히 알 수 있도록 이름표를 항상 지참한다.

(3) 실습생의 마음가짐 및 태도

실습지도교수는 실습생이 실습에 임하기에 앞서 다음과 같은 마음가짐 및 태도를 형성하도록 지도해야 한다.

- 실습생은 양성기관의 대표성을 가지고 있다는 자부심과 태도로 품위를 유지하고, 최선을 다해 실습에 임해야 한다.
- 실습기관의 방침을 이해하고 스스로 그것에 적응할 수 있도록 노력한다.
- 시설의 직원, 외부자, 기관의 고객에 대해 예의를 지키고 친절한 마음과 자세를 가진다.
- 복장이나 소지품은 화려한 것을 피하도록 하며, 단정하고 검소하며 절제된 생활태도를 보인다.
- 시간 관리를 철저히 하는 등 성실성을 보인다.
- 모든 기록은 정확하고 분명, 간결, 명료화하며, 오자나 탈자 등이 없도록 기록하여 보관함으로써 업무의 신뢰성을 확보한다.
- 이론과 실제를 통합하는 연구 자세를 갖는다.

(4) 평생교육실습현장에서의 예절
① 인사 예절

인사는 '사람 인(人)'과 '일 사(事)'로 만들어진 단어로, 사람이 마땅히 섬기면서 해야 할 일이라는 것이다. 인사는 인간관계의 첫걸음이자 가장 기본적인 예의이며, 사람의 마음을 열게 하는 효과적인 방법이면서, 상대방에 대한 감사와 존경의 표현이다. 인사는 인사하는 사람 자신의 인격과 교양을 외적으로 나타내는 것이며, 스스로의 인격과 이미지 형성에도 중요한 역할을 한다(윤세남 외, 2015). 인사는 사람이 사람다움을 나타내는 가장 아름다운 행위로 타인과의 사귐에 있어 가장 기본이되는 예절이다. 인사할 때에는 인간으로서의 품격이 나타나도록 언행에 흐트러짐이 없어야 하며, 형식에만 흐르지 않고 반드시 사랑과 정성이 깃들어야 하며, 아울러 상대방을 공격하는 마음이 담겨야 한다. 사람이 모여 생활하는 곳에서는 인사가모든 예절의 기본으로 상대방에게 마음속으로부터 우러나오는 존경심과 친절로 인간관계를 원활하게 하는 가장 중요한 예절이다(한국산업인력공단, 2020).

외부인사가 사무실을 방문할 때는 자리에서 일어나 인사와 악수를 청하며 손님을 맞이해야 한다. 그것이 예우의 표현이다. 악수는 전문성, 진실성 그리고 신뢰성을 느끼게 하는 신체상의 접촉이다. 악수는 대화를 시작하기 전에 전달하는 강력한 비언어적 메시지이다. 악수를 하는 동안에는 상대방에게 눈을 맞추고 미소를 짓는다. 악수라는 신체적 접촉은 친분 관계를 만들고 상호 간에 긍정적인 작용을 일으킨다. 악수를 할 때는 오른손을 사용하여 살며시 잡는다. 악수는 힘 있게 해야 하지만 너무 강하게 손을 잡아서도 안 된다. 악수는 서로의 이름을 말하고 간단한 인사 몇 마디를 주고받는 정도의 시간 안에 끝내야 한다. 평소에 서로 느낌을 솔직히 말해 줄 수 있는 사람과 연습해 보는 것이 좋다. 악수는 다른 사람에게 소개되었을 때, 자기 자신을 직접 소개할 때, 작별 인사를 할 때와 같이 거의 모든 경우에 있어 적절한 행동이다.

② 명함 교환 예절

명함의 유래는 기원전 2세기경 중국에서 처음으로 시작되었다고 한다. 중국인들은 아는 사람의 집을 방문했을 때 상대방이 부재중이면 나무판이나 대나무를 깎아 이름을 적어 남겨 두면 집주인이 돌아와서 이름을 보고 상대의 집에 찾아가는 것이 예절이었다고 한다. 독일의 경우도 중국과 비슷한 용도로 16세기경 이름을 적은 쪽지를 사용했으며, 이와 용도가 다르지만 프랑스는 루이 14세 때부터 명함을 사용했다고 알려져 있다. 당시 사교계에서 귀부인들이 자신의 이름을 카드에 써서 왕에게 올렸다고 한다. 우리나라 최초의 명함 사용자는 한국인 최초의 유학생인 유길준으로 현재 미국 매사추세츠주 세일럼시의 피바디 에섹스 박물관(Peabody Essex Museum)에 명함이 보관되어 있다. 처음에는 흰 종이에 손으로 이름을 쓰는 것을 사용하였으나 점차 발전하여 동판 인쇄를 사용한 명함으로 오늘에 이르고 있다. 명함은 현대에 와서는 특히 사회인에게는 없어서는 안 될 업무상 소도구의 하나라고 할 수 있다. 명함은 받는 사람에게 종종 비즈니스의 첫인상을 줌과 동시에 가장 오래도록 계속될 인상을 남긴다. 명함은 우리가 뒤에 남기고 떠나는 악수와 같은 것이다. 명함을 교환할 때의 유의할 점은 다음과 같다.

- 명함을 건넬 때
  - 인사 전 명함을 꺼낼 때 너무 어렵지 않은 곳에 보관한다.
  - 상대방에게서 명함을 받으면 받은 즉시 호주머니에 넣지 않는다.
  - 명함은 아랫사람이 손윗사람에게 먼저 건네며, 두 사람 이상이 인사할 때는 상위자가 먼저 건네며 상대방 역시 두 사람일 경우 상위자에게 먼저 건네며, 상위자에게는 왼손으로 가볍게 받쳐 내는 것이 예의이며, 동위자, 하위자에게는 오른손으로만 쥐고 건넨다.
  - 명함을 내밀 때는 상대방이 보는 방향으로 내 명함을 돌려서 잡는다.
  - 쌍방이 동시에 명함을 꺼낼 때는 왼손으로 서로 교환하고 오른손으로 옮겨진다.
  - 명함 교환과 동시에 허리를 15도 정도 숙여 간단한 인사말을 한다.
  - 명함 교환 후에는 선채로 서로 악수를 하며 "잘 부탁드립니다."라고 한다.

- 명함을 받고 난 후
  - 상대방에게 명함을 받은 후에는 두 손으로 공손히 받쳐 들고 자세히 살펴본다.
  - 두 사람 이상에게서 명함 받은 경우에는 상대방을 서로 혼동하지 않기 위해 상대방이 앉아 있는 순서로 명함을 가지런히 책상 위에 놓는 것이 좋다.
  - 상대방이 보는 앞에서 받은 명함에 메모하는 것은 좋지 않으니, 미팅이 끝난 후에 메모하는 것이 바람직하다.

③ 전화 예절

전화는 서로의 모습을 보지 않고, 음성으로 모든 것이 전달되는 공간이다. 특히 비즈니스 사회에서 전화의 가치와 효용은 절대적이다. 전화는 직접 대면하는 것보다 신속하고 경제적으로 용건을 마칠 수 있다는 장점이 있으나 서로의 얼굴을 대면하지 않고 대화를 하므로 상대편의 표정과 동작, 태도를 알 수가 없어서 오해를 할수도 있다. 그러므로 전화 예절은 더욱 중요하게 인식되고 주의를 기울여야 한다. 상대방이 보이지 않는다 하더라도 말할 때는 미소를 띠면서 말한다. 사람들은 목소리만 듣고도 그 사람의 얼굴 표정을 바로 떠올릴 수 있다.

- 전화 받을 때의 전화 예절
  - 전화를 벨이 울리자마자 받는 것이 예의이다.
  - 전화받는 사람의 목소리가 그 회사에 대한 첫인상이므로 친절하고 밝게, 명확하고 예의를 갖추어 회사명, 부서명, 성명을 먼저 말한다.
  - 메모를 위해 펜과 종이를 준비한다.
  - 전화를 받을 사람이 통화 중일 때는 "지금 통화 중이니 잠깐 기다려 주십시오." 등의 이야기로 찾는 사람이 전화를 받을 형편이 아님을 밝힐 필요가 있다.
  - 용건은 간단명료하게 메모한다.
  - 전화를 받을 사람이 자리에 없을 경우에는 "○○○는 지금 자리에 없습니다."라고 말한 다음 "용건을 일러주시겠습니까?"라든가, "들어오는 대로 전화를 걸도록 하겠습니다."하고 말하는 것을 잊지 말아야 한다.
  - 긍정적인 말로서 전화 통화를 마치도록 하고 전화를 건 상대방에게 감사의 표시를 하고, 상대방이 전화를 끊은 후 잠시 있다 전화를 끊는다.

- 전화 걸 때의 전화 예절
  - 전화를 걸기 전 정보를 얻기 위해서는 얻고자 하는 내용을 미리 메모하여 빠뜨리지 않도록 한다.
  - 자기의 소속과 이름을 먼저 밝힌다. "○○평생교육원 ○○○입니다. 죄송합니다만 김 팀장님 계시면 부탁드립니다."라고 하면 된다.
  - 전화 건 목적을 말하고, 중요한 내용을 확인하고 메모한다.
  - 전화가 잘 안 들리는 때에는 망설이지 말고 그 사정을 알린다.
  - 전화는 정상적인 업무시간에 걸도록 한다. 업무 종료 5분 전에 전화를 건다면 제대로 통화할 수 없을 수 있다.
  - 통화를 원하는 상대와 통화할 수 없을 경우 비서나 다른 사람에게 메시지를 남기도록 준비한다.
  - 마무리 인사를 하고 상대방이 전화를 끊은 후, 잠시 있다 전화를 끊는다.
  - 전화는 직접 걸도록 한다.
  - 전화를 해 달라는 메시지를 받았다면 가능한 한 48시간 안에 답해 주도록

한다.

– 자주 거는 전화번호는 일람표를 만들어 둔다.

• 휴대전화

휴대전화는 일상적인 비즈니스 거래를 유지하고 도움이 필요한 사람에게 재빨리 연락을 취할 수 있도록 해 주는 편리한 현대의 기술이다. 그러나 이러한 순간적인 편리성을 얻기 위해서 우리는 많은 대가를 치러야 한다.

휴대전화를 지니고 있는 사람은 그 전화번호를 알고 있는 모든 사람이 원하는 때에 호출될 준비를 하고 있는 것이다. 당신은 전화를 받아야 한다는 책임감을 느끼고 전화를 받으며, 따라서 당신이 하고 있는 일에 방해를 받는다. 또한 휴대전화를 레스토랑, 엘리베이터, 지하철, 비행기, 버스, 기차 등의 밀폐된 공간에서 사용하는 것은 주위 사람을 배려하지 않는 것이다. 휴대전화를 사용하게 될 경우에는 다음을 유의해야 한다.

– 당신이 어디에서 휴대전화로 전화를 하든지 간에 상대방에게 통화를 강요하지 않는다.

– 상대방이 장거리 요금을 지불하게 되는 휴대전화의 사용은 피한다.

– 친구의 휴대전화를 빌려 달라고 부탁하지 않는다.

– 비상시에만 휴대전화를 사용하는 친구에게는 휴대전화로 전화하지 않도록 한다.

– 공공장소에서는 휴대전화 전원을 끄거나 무음으로 한다.

– 병원이나 항공기, 상가(喪家) 등에서는 휴대전화를 사용하지 않는다. 휴대전화의 전자파가 작동 이상을 불러일으킬 수도 있고, 환자나 보호자, 상주(喪主) 등의 기분과는 어긋나는 경우가 많기 때문이다.

– 강의시간에 휴대전화가 울린다고 해서 전화를 받기 위해 나가는 일이 없도록 한다.

– 벨소리나 대화소리를 너무 크게 해서 주위 사람에게 거부감을 주지 않도록 한다.

– 운전할 때 휴대전화 사용은 금물이다. 그만큼 사고의 위험이 높아진다.

④ 시간 관리

무단으로 결근, 조퇴, 외출, 지각을 해서는 안 된다. 실습생 한 사람의 실수는 그가 소속되어 있는 양성기관 이미지에 치명적인 영향을 미칠 수 있으므로, 부득이한 경우에는 사전에 양해를 구하도록 한다. 출근 시에는 실습기관의 직원들보다 10~20분 먼저 출근하여 업무 준비를 해 놓는 것이 바람직하다.

시간 관리에 대해 익숙하지 않을 경우, 실습지도자에게 확인해 가면서 작업을 수행하는 것이 쉬운 방법이다. 하루의 실습활동을 회상하면서 시간 관리를 위한 자신의 의지와 실천력을 점검해 볼 수 있다.

⑤ 복장

복장에 있어서도 예의를 갖추어 단정한 옷차림을 갖추도록 한다. 일반적으로, 실습은 여름학기 방학 동안에 이루어지는 경우가 많다. 이때, 주의해야 할 것은 실습 시의 복장이다. 슬리퍼와 모자, 반바지, 체육복 차림, 야한 옷차림과 짙은 화장은 실습에 부적합하다.

⑥ E-mail 예절

E-mail이란 통신망을 이용하여 메시지를 주고받는 것을 말한다. E-mail도 전화, 편지, 전보, TV, 신문, 라디오처럼 커뮤니케이션의 일부분이라고 생각할 수 있다. E-mail은 서로 보지 않고 문자나 기호로 모든 것을 전달하는 공간으로, 정보를 공유하는 속도와 주고받는 능력을 크게 증대시켜 주었다. E-mail로 인해 고객, 상사, 동료, 후배와 연락을 주고받으며 업무를 처리할 수 있어 효용과 가치가 매우 크다. 하지만 빠르고 편한 방법인 만큼 인격이 없다는 단점도 있다. E-mail 특유의 언어 사용을 최소한으로 유지함으로써 상대방을 혼란스럽게 하는 것은 피하도록 하는 것이 좋으며, 또한 다른 비즈니스 서신에 사용하는 똑같은 문법이나 철자로 올바른 언어를 사용하는 것이 좋다. E-mail의 발신자는 내용을 간단하고, 가능한 한 간결한 문장으로 작성하여 수신자가 빨리 읽고 제대로 응답할 수 있도록 해야 한다.

- E-mail 메시지 보내기
  - 상단에 보내는 사람의 이름을 적는다.

- 메시지에는 언제나 제목을 넣도록 한다.
- 요점에서 빗나가지 않는 제목을 잡도록 한다.
- 메시지는 간략하게 만든다.
- 올바른 철자와 문법을 사용한다.

- E-mail 메시지에 답하기
  - 상대방이 보내 온 E-mail의 내용과 관련된 일관성 있는 답을 하도록 한다.
  - 다른 비즈니스 서신에서와 마찬가지로 화가 난 감정의 표현을 보내는 것은 피한다.
  - 당신의 답장을 어디로, 누구에게 보내는지에 주의한다. 자동답신을 선택하여 보내는 것이 효율적으로 보이기는 하지만, 그 답신이 원래 E-mail을 보낸 사람에게 도착하지 않을 수도 있다. 원래의 메시지에 첨부된 회신 주소는 메시지를 보낸 사람의 것이 아닐 수도 있음을 명심하라.

(5) 인간관계 형성

현장실습을 성공적으로 수행하기 위해서는 기관 내 사람들과의 인간관계가 매우 중요한 요소로 작용한다. 이러한 인간관계를 뒷받침해 주는 요소들이 바로 긍정적인 자세, 건강, 직무에 대한 희망과 신념 등과 같은 것들이다. 따라서 동료와 직원들 간의 관계에 있어서 긍정적인 자세와 마음가짐을 갖도록 지도가 필요하다.

① 주변사람부터 잘 챙기기

함께 생활하게 될 기관 직원들과 실질적인 조언을 해 줄 수 있는 담당 직원에게 적극적으로 다가가도록 한다. 이때, 상대방이 부담스럽지 않게 예의를 갖춰 대화를 시작하는 것이 중요하다.

② 존중감과 호의 표현하기

인간관계는 거울을 보는 것과 같다. 자신이 호감을 보이면 그 사람도 호감을 보이게 되는 것이 일반적이다. 실습기간 동안 실습생에게 호의적인 사람도 있겠지만, 그렇지 않은 사람도 있을 수 있다. 그런 사람을 나에게 호의적인 사람, 내 사람으로 만들기 위한 실습생 자신의 노력이 필요하다.

누구나 자신의 가치를 인정받고 존중받기를 원하기 때문에 나에게 호의적이지 않은 사람에 대해 좀 더 신경을 써 주도록 한다.

③ 미소짓기

얼굴에 미소가 가득한 사람은 그만큼 많은 호감을 얻게 된다. 얼굴을 찡그리고 있는 사람보다는 싱긋 웃어 주는 사람에게 말 한마디라도 더 건네게 되는 것은 당연한 일이다.

④ 칭찬과 감사의 말을 아끼지 않기

'감사합니다', '고맙습니다', '동감합니다', '좋은 생각입니다' 등의 말은 인간관계를 원만하게 해 준다. 이런 말의 표현과 함께 상대방의 말에 동의할 때는 진심으로 하고, 상대의 호의에 감사할 줄 알아야 한다. 상대방의 장점을 기꺼이 칭찬해 줄 수 있는 사람이 되도록 해야 한다.

⑤ 비난이나 불평 자제하기

실습 도중 본인의 의사와는 상관없는 일을 담당하게 될 경우가 있다. 이때 일이나 담당자에 대해 비난을 하거나 불평을 할 경우, 인간관계에 문제가 생길 수 있다. 불평과 비난을 자제하는 것은 주위 사람들의 기분을 좋게 할 뿐만 아니라, 나아가 자신에게는 보다 긍정적으로 말하고 생각하게 함으로써 다른 사람들로 인한 스트레스를 받지 않게 한다는 점에서 일석삼조의 효과를 가져다 줄 것이다.

⑥ 잘못 인정하기

실습과정에서 업무상 실수가 발생할 수 있다. 자신에게 아무런 잘못이 없는 경우에는 어느 정도 자신을 방어할 필요가 있지만, 때때로 사람들은 자신의 잘못이 명백한 경우에도 계속 자신을 합리화시키면서 다른 사람에게 잘못을 떠넘기려 하기도 한다. 다른 사람의 잘못을 생각하기 전에 자신의 잘못을 돌아보는 자세는 성공적인 인간관계 형성에 매우 도움이 될 것이다.

(6) 평생교육실습현장에서의 성 예절

① 성 예절의 의미

최근 사회적으로 자주 등장하는 성희롱 문제에 대해 나와 나의 직장과는 관련이 없다고 생각하는 사람이 많다.

> "예쁘고 일도 잘해서 귀여워해 줬는데?"
> "같이 일하는 사이라서 친밀감의 표시로 무심코 했는데 법정에까지 간다면 무서워서 어떻게 일을 하나?"
> "그런 것은 아무래도 여자가 해야 어울리지, 남자들만 있는 곳에서 한번 분위기 좀 살려 줄 수 있잖아?"
> "업무의 연장인데, 그 정도는 할 수 있잖아?"

직장에서 성 예절을 지키지 않으면 성희롱으로 연결되는데, 이러한 성희롱 사건에서 가해자들은 한결 같은 항변을 한다. "희롱할 의사가 없었다.", "좋은 의도에서였다.", "다들 그렇게 한다.", "늘상 있는 일 아니냐?"라고 하지만, 피해자는 심한 불쾌감과 모욕감, 자기비하감을 느껴 직장생활과 업무에 많은 지장을 받는다. 가해자와 피해자의 이러한 인식과 입장 차이에서 성희롱의 문제가 발생한다.

이러한 성희롱의 정의는 「남녀차별금지 및 구제에 관한 법률」과 「남녀고용평등법」에 각각 명문화되어 있다. 표현의 차이는 있지만 법률상의 개념으로는 "업무와 관련하여 성적 언어나 행동 등으로 굴욕감을 느끼게 하거나 성적 언동 등을 조건으로 고용상 불이익을 주는 행위"라고 정의하고 있다. 비록 형사처벌 대상으로서의 범죄행위인 '성추행'이나 '성폭행'과는 구분되어 형사처벌 대상은 아니지만, 그 행위에 대해서 회사는 필요한 인사나 징계조치를 하여야 하고, 피해자는 가해자에게 민사상의 손해배상 청구를 할 수 있다.

어떤 행위가 성희롱이냐 하는 데 있어서 법률적인 기준의 특징은 가해자가 "의도적으로 성희롱을 했느냐"를 중시하는 것이 아니라, 피해자가 "성적 수치심이나 굴욕감을 느꼈느냐, 아니냐"를 중요한 기준으로 삼는다는 것이다. 즉, '친밀감의 표시로', '전혀 성적인 의도 없이' 한 행동이었더라도, 상대방이 "성적 수치심이나 굴욕감을 느꼈고, 합리적인 기준으로 보았을 때 그러한 피해자의 입장이 인정될 경우"

성립되는 것이다.

성희롱 관련 법의 기본취지는 '피해자 보호'에 초점이 맞춰져 있는데, 이유는 직장에서 불리한 입장에 있으므로 피해를 입었을 때 스스로의 구제방안을 모색하기가 쉽지 않기 때문이다.

② 성 예절을 지키기 위한 자세

성희롱 예방의 근본적 목표는 바람직한 남녀공존의 직장문화를 정착시키자는 것이다. 이를 위해서는 성별, 직위, 노사의 어느 입장에 있든지 모두가 과거와는 다른 사고와 행동이 정립되도록 함께 노력하는 것이 필요하다. 다음은 성 예절을 지키기 위한 자세이다.

- 여성의 직업참가율이 비약적으로 높아져서 직장에서 여성의 특징을 살린 한정된 업무를 담당하던 과거와는 달리, 여성과 남성이 대등한 동반자 관계로 동등한 역할과 능력발휘를 한다는 인식을 가질 필요가 있다.
- 직장 내에서 여성이 남성과 동등한 지위를 보장받기 위해서는 그만한 책임과 역할을 다해야 하며, 조직은 그에 상응하는 여건을 조성해야 한다.
- 성희롱 문제가 법정으로까지 연결되고, 사회적인 문제가 되기보다는 사전에 예방하고 효과적으로 처리하는 방안이 필요하다. 그렇지 않을 경우 회사에도 타격을 줄 뿐만 아니라 당사자에게도 심각한 피해를 줄 수 있다.
- 우리 사회에는 뿌리 깊은 남성 위주의 가부장적 문화와 성 역할에 대한 과거의 잘못된 인식이 아직도 남아 있으므로 남녀공존의 직장문화를 정착시키기 위한 남다른 노력이 필요하다.

이와 같이 직장 내에서 성 예절을 지키기 위해서는 우선 상스러운 언어나 모욕적이고 타인을 비하하는 언어 등 부적절한 언어와 행동으로 회사의 명예와 임직원으로서의 품위를 손상시키지 않도록 해야 한다. 또한, 실정법을 준수하여 회사의 명예와 본인의 품위를 지켜야 하며, 사회적 또는 윤리적으로 비난받는 행위를 하지 않아야 하고, 동료, 상하, 거래처 간에 존경과 신뢰를 쌓아 밝고 명랑한 직장을 만들도록 노력해야 한다.

💬 토론문제

1. 평생교육실습 진행과정에서 단계별 양성기관과 실습기관의 역할에 대하여 설명하시오.

2. 평생교육양성기관에서 실습생의 실습지도를 의뢰하기 위해서 실습기관을 선정할 때 확인해야 할 사항에 대하여 설명하시오.

3. 현장실습에 들어가기에 앞서 가장 먼저 해야 할 일은 실습목표를 설정하는 것이다. 실습목표 설정에 대하여 설명하시오.

4. 평생교육사 실습생이 실습기관 내에서 취하여야 할 기본자세에 대하여 설명하시오.

5. 평생교육사 실습생이 평생교육실습현장에서의 예절에 대하여 설명하시오.

참고문헌

국가평생교육진흥원(2015). 평생교육실습과목 운영지침.

국가평생교육진흥원(2021). 2021 평생교육백서. 국가평생교육원.

김동일(2020). 평생교육실습 이론과 실제. 정민사.

김문섭, 김진숙, 박선희(2019). 평생교육실습. 양성원.

김혜숙, 박선환, 박숙희, 이주희, 정미경(2008). 인간관계론. 양서원.

안홍선, 권혁준(2011). 평생교육사 실습이론과 실천. 양서원.

오명숙(2019). 평생교육 현장실습. 학지사.

오정희(2020). NCS기반 직업기초능력 향상을 위한 직업윤리. 동문사.

윤세남, 김화연, 최은영(2015). 국가공인 SMAT 서비스 경영자격 Module A 비즈니스 커뮤니케이션. 박문각.

평생교육진흥원(2009). 평생교육 현장실습 매뉴얼. 평생교육진흥원.

한국산업인력공단(2020). NCS기반 직업기초능력 직업윤리. 한국산업인력공단.

제 7 장

평생교육사 양성기관에서의 실습 진행과정[1)]

교육의 목적은 인격의 형성에 있다. 교육의 목적은 기계적인 사람을 만드는 데 있지 않고 인간적인 사람을 만드는 데 있다. 또한 교육의 비결은 상호존중의 묘미를 알게 하는 데 있다. 일정한 틀에 짜인 교육은 유익하지 못하다. 창조적인 표현과 지식에 대한 기쁨을 깨우쳐 주는 것이 교육자의 최고의 기술이다.

- Albert Einstein -

학습목표

1. 평생교육사 실습기관 선정 및 실습 전 기관분석에 대해 설명할 수 있다.
2. 평생교육사 현장실습 계약 체결, 진행 단계, 평가 단계를 설명할 수 있다.
3. 평생교육사 실습기관과 실습생들 사이의 현장실습 계약 체결, 진행 단계, 평가 단계 상황에 대처할 수 있다.

학습개요

평생교육사 실습을 위하여 실습기관을 선정한 후, 실습을 시행하기 전에 실습기관에 대하여 기관분석을 하여야 한다. 실습기관 기관분석을 통해서 실습을 잘할 수 있는 기관인지 사전에 확인할 수가 있다. 기관분석이 끝나면 실습기관과의 실습에 대하여 계약을 체결하고 평생교육사 실습이 진행된다. 실습이 끝나면 평가 단계를 거치게 된다. 실습기관에서 일어나는 각 단계별 과정을 배운다. 이 장에서는 평생교육 현장실습 전에 실습기관과의 실습 계약 체결, 실습기관과 실습생의 계약 체결 후 실습 진행과정, 실습이 끝난 후 과정에 대하여 배우게 된다.

---

1) 이 장의 내용은 평생교육진흥원(2009)을 참조하여 재정리하였다.

1. 평생교육사 실습기관 선정 및 실습 전 기관분석

1) 평생교육사 현장실습기관 선정 방법 요령

평생교육사 현장실습기관은 평생교육기관으로서의 정체성과 비전을 가지고 있어야 하고, 평생교육기관 유형별로 갖는 특성을 반영하는 사업 및 프로그램을 운영해야 하며, 현장실습의 목적을 충분히 달성할 수 있는 교육과정과 노하우를 갖추고 있어야 한다. 평생교육사 실습생은 다음과 같은 기준을 중심으로 실습 전에 현장실습기관을 선정하는 것이 좋다.

첫째, 평생교육기관으로서의 정체성과 비전을 가지고 있는 기관을 선정한다. 실습기관은 기본적으로「평생교육법」에 제시된 평생교육기관 범주에 포함되어야 하며, 평생교육을 실천하는 것이 주목적인 기관이어야 한다. 즉, 평생교육기관으로서의 정체성을 갖고 있어야 하며, 이를 확인하기 위한 방법으로 각 평생교육기관이 설정하고 있는 비전을 함께 살펴보아야 한다.

둘째, 평생교육기관의 특성을 반영한 사업 및 프로그램을 운영하고 있는 기관을 선정한다. 각 평생교육기관은 그 필요성과 목적이 다양하다. 평생교육기관을 잘 운영하기 위한 조건 중 하나는 시설 특성을 반영한 사업과 프로그램을 운영하여 그 기관이 갖는 차별성과 특화를 잘 구현해 내고 견지하느냐에 있다.

셋째, 실습생이 현장실습의 목적을 충분히 달성할 수 있는 정도의 교육과정과 노하우를 가지고 있는 기관을 선정한다. 즉, 평생교육사 현장실습은 평생교육사 양성과정의 일환으로 전개되는 실습과정이기에 전문적이고 체계적인 교육과정과 운영방식의 틀이 있어야 한다.

넷째, 실습기관의 실습지도가 기관의 여러 프로그램이나 업무 중의 하나로 공식화되어 있어, 실습생이 실습지도를 받는 것이 자연스러운 조직 분위기이어야 한다. 실습지도에 대한 전문인 교육운영 틀을 가지고 있을 뿐만 아니라, 실습지도가 기관의 주요 운영사업 및 프로그램으로 설정되어 있어야 한다. 이러한 실습지도에 대한 운영이 상시화, 공식화되어 있을 때 실습생은 물론 실습지도자 역시 안정된 상황에서 실습지도에 몰입할 수 있기 때문이다.

다섯째, 실습기관에서 실습생에게 기관의 단순 업무를 과도하게 배정하지 않도록 업무구조와 분위기를 갖춘 기관을 선정한다. 실습생이 실습지도를 받는 것은 평생교육의 현장 실무를 학습하기 위함이다. 그러나 기관 내에 배치된 실무인력의 수가 부족할 경우 실습생들이 실습을 갔을 때 실습지도가 이루어지지 못하고 단순 업무만 배정되는 경우도 있기 때문에 이러한 실습시설은 피하는 것이 좋다(평생교육진흥원, 2009).

2) 평생교육기관별 실습 전 분석사항

평생교육사 실습생들은 자신이 실습하게 될 실습기관, 실습지도자, 실습교육과정을 분석해 봄으로써 체계적으로 기관을 이해하고 실습기관 선정에도 도움을 받을 수 있다. 이러한 이해를 바탕으로 실습생과 실습생을 지도하는 교수는 상호 협의하에 실습기관을 신중하게 선정하는 것이 중요하다. 실습 전에 수행해야 할 분석의 틀에는 다음과 같은 내용이 포함될 수 있고, 이를 보고서 형태로 작성할 필요가 있다.

(1) 평생교육기관에 대한 분석

우선 평생교육기관 자체에 대한 분석을 통해 실습생은 본인이 관심 있고 경험을 쌓기를 원하는 평생교육기관을 선택할 수 있다. 이를 위해 실습생은 실습기관의 설립목적 및 연혁, 지역사회, 비전 및 중장기계획, 조직, 자원 현황, 운영 사업내용 및 프로그램 현황 등을 중심으로 분석할 필요가 있다(〈표 7-1〉 참조).

‖ 표 7-1 ‖ **평생교육기관에 대한 분석 내용**

1) 평생교육기관별 설립목적 및 연혁
2) 평생교육기관별 지역사회
– 지리적 배경
– 사회경제적 배경
– 역사문화적 배경
– 인구학적 배경
3) 평생교육기관별 비전 및 중장기계획
4) 평생교육기관별 조직
5) 평생교육기관별 자원 현황
6) 평생교육기관별 운영 사업내용 및 프로그램 현황

(2) 실습지도자에 대한 분석

평생교육실습에 있어서 실습지도자의 역량 및 역할은 매우 중요하다. 이에 평생교육사 실습생은 실습 전에 실습하고자 하는 실습기관에서 근무하는 실습지도자의 평생교육 실무 경력을 살펴본 후, 실습생 자신이 실습을 희망하는 분야와 일치하는지 여부를 짚어 보아야 한다. 이와 함께 실습지도자의 실습지도 이력 또한 실습지도에 영향을 미칠 수 있는 부분이므로 살펴볼 필요가 있다.

(3) 평생교육기관별 보유 평생교육사 실습교육과정에 대한 분석

평생교육사 실습생은 실습하고자 하는 기관이 보유하는 있는 실습교육 프로그램을 살펴보고 자신이 실습하고자 하는 방향과 맞는지 여부를 꼼꼼히 살펴본 후 실습기관을 결정해야 한다.

3) 평생교육사 실습기관 선정

(1) 평생교육사 실습기관목록 작성
① 평생교육사 실습기관목록 작성을 위한 실습기관 선정

평생교육양성기관에서는 실습생이 현장실습기관을 선정할 수 있도록 도와야 한다. 이를 위해 선행되어야 할 것은 실습기관목록의 작성을 위한 기관 선정이다. 우선 다양한 경로를 통해 실습기관을 탐색해야 한다. 기관을 선정할 때는 실습지도교수나 이미 자격증을 취득한 선배의 자문을 받아 선정하는 것이 좋다. 이 밖에 인터넷을 통하여 직접 기관을 찾는 방법도 있다. 또는 실습생을 요청하는 평생교육기관을 파악하여 실습기관으로 선정할 수도 있다. 또한 기존에 해당 양성기관 이수자들이 실습을 수행해 왔던 평생교육기관 중에서도 운영 현황 등을 점검하여 재선정할 수도 있다. 실습기관 선정 시 유의사항은 다음과 같다.

- 평생교육기관이 사립기관일 경우에는 정확한 명칭을 통하여 평생교육기관으로 허가 · 인가 · 등록된 기관인지를 확인한다.
- 현장실습기관으로서 적절한지 여부를 인터넷이나 전화상으로만 결정하지 말고 현장방문이나 기타 자세한 정보를 통하여 확인한 후 결정한다.

- 자신이 배우고 싶거나 취업하고자 하는 영역의 기관을 선정하도록 한다.
- 자신이 선정한 실습기관이 자신의 성향과 맞는지 확인한다. 예를 들어, 종교나 이념적인 측면에서 기관이 자신의 성향과 맞지 않는다면 중도에 실습을 포기하는 경우도 있을 수 있다.
- 집에서 통근하는 것이 적당한지 여부를 고려한다.
- 실습기관에서는 기관의 특성을 반영하는 프로그램을 통하여 다양하고 적절한 학습경험을 제공할 수 있어야 한다.
- 실습기관에서는 실습생의 업무수행(실습일지, 보고서, 프로그램 계획서)에 필요한 사무 공간 및 기자재 등을 제공할 수 있어야 하며, 상담 등과 같은 특별한 실습과제의 수행이 필요한 경우에는 이를 위한 공간도 제공할 수 있어야 한다.
- 실습기관의 인력확보 수준은 실습지도자가 실습생의 교육과 지도에 충분한 시간을 할애할 수 있으며, 실습생에게 기관 업무를 의존하지 않아도 될 정도가 되어야 한다.

② 실습기관목록 작성

평생교육양성기관에서는 실습기관목록 작성을 위한 기관 선정을 통해 새로이 선정 혹은 재선정한 기관을 모두 포함하여 해당 학기에 실습이 가능한 실습기관목록을 작성한 후, 각 기관에 대한 실습기관목록(실습기관 소개서, 실습교육 개요 포함)을 작성한다.

③ 실습기관목록 비치 및 열람

평생교육양성기관에서는 실습기관목록을 작성한 후 실습을 원하는 학생들이 열람하기에 좋은 장소나 학과 홈페이지 등을 활용하여 목록을 비치한다.

④ 실습기관에 대한 실습생의 요구수렴

실습기관목록에 작성된 기관 외에서 실습하기를 원하는 학생이 있을 경우 개별 실습기관에 대한 요구를 충분히 수렴할 수 있도록 한다. 이는 지리적 여건 및 향후 취업을 희망하는 기관 등에 실습을 요구하는 경우가 해당될 수 있다.

⑤ 추가 실습기관 가능 여부 및 실시 여부 확인

실습기관목록 외에 실습생의 요구에 의한 추가 실습기관에 대해서 '실습기관목록 작성을 위한 기관 선정' 단계에서와 같은 절차로 실습이 가능한 여건을 갖추었는지, 실제로 실습을 실시할 의사가 있는지 등에 대한 조사를 실시해야 한다.

⑥ 최종 실습기관목록 작성 및 비치

추가 실습기관에 대한 조사가 끝난 후 기존에 작성한 실습기관목록에 추가 실습기관에 대한 최종 실습기관목록을 작성하여 비치하고 실습희망학생이 열람할 수 있도록 한다.

(2) 평생교육실습과 관련한 전화 승낙

실습생들이 실습희망기관을 선정하면, 실습생은 실습 승낙을 받기 위하여 기관에 전화를 걸어 기관 방문 허락을 받아야 한다. 시간을 절약하기 위해서는 기관 방문 전에 전화로 승낙을 얻는 방법이 가장 좋지만, 일반적으로 대부분의 기관에서는 실습희망자 면접을 실시한 후에 실습 승낙을 결정하는 경우가 많다. 따라서 실습 승낙 건과 더불어 기관 방문에 대한 내용을 전화로 정중하게 문의해야 한다.

실습지도교수 역시 실습생들의 실습희망기관을 직접 방문하거나 실습지도자와의 전화 통화를 통해 실습이 잘 이루어질 수 있는 여건 조성에 노력을 기울여야 한다.

(3) 평생교육실습기관 방문 및 견학

양성기관 실습과목 지도교수는 실습생들로 하여금 다음에 제시하는 요령들을 익혀 실습 계약이 이루어지도록 돕는다.

① 실습기관 방문 및 견학 시 요령

전화로 방문 승낙이 이루어지면, 실습기관과 실습생 개인의 일정을 고려하여 실습기관 방문 날짜와 약속 시간을 잡는다. 특히 실습기관 방문 시에는 실습 의사를 분명히 밝히고 실습에 도움을 줄 것을 요청해야 한다. 실습기관 입장에서 실습을 지도한다는 것은 여러 가지 측면에서 부담이 될 수 있으므로 효과적인 실습을 위해서는 이들의 적극적인 협조 의사를 받아내는 것이 매우 중요하다. 따라서 실습생은 실습기관의 운영 흐름에 방해되지 않는 범위 내에서 충실하게 실습에 임할 것을 약속하고, 열심히 배우겠다는 의지를 밝혀야 한다.

실습기관을 방문할 때는 현장실습신청서, 자기소개서, 현장실습 협조의뢰서 등의 서류를 구비하여 방문하며, 다음과 같은 사항을 확인하고 수행할 수 있도록 지도한다.

- 실습생으로서 기관에 대한 인사와 정식으로 지도 요청
- 실습일정과 내용의 사전협의
- 시설의 상황에 대한 개괄적인 확인 및 실습지도 담당자 확인
- 실습에 필요한 물품, 준비해야 할 사항 확인
- 실습 시 복장과 식사(기관의 급식비 제공 여부) 확인
- 실습 시 소요되는 비용(실습지도비·추가비용) 확인
- 추가 제출서류 여부 확인
- 실습 당일 집합 장소와 시간 확인

자기소개서 작성

자기소개서는 면접과 함께 실습생을 평가하는 자료로서 매우 중요하다. 따라서 자기소개서 작성 시에는 자신을 대외적으로 알리는 데 가장 효과적인 내용으로 신중을 기해 작성하도록 지도한다.

1. 자기소개서 작성 방법

1) 간결한 문장으로 쓴다.

문장에 군더더기가 없도록 해야 한다. '저는', '나는' 등의 자신을 지칭하는 말과 함께, 앞에서 언급했던 부분을 반복하는 등의 불필요한 말들은 제외한다. 해야 할 이야기는 다 하되, 너무 길게 늘어놓아서는 안 되며 A4 용지 한두 장 정도가 적당하다.

2) 초고를 작성하여 쓴다.

한 번에 작성하지 말고, 초고를 작성하여 여러 번에 걸쳐 수정·보완한다. 자기소개

서의 경우 여러 기관에 제출하기 때문에 원본을 두고, 각 기관별로 수정하여 제출하는 것이 바람직하다.

자필로 쓰는 경우 깔끔하고 깨끗하게 작성하여야 하며, 잘못 써서 고치거나 지우는 일이 없도록 충분히 연습을 한 후 주의해서 쓴다. 또한 필체가 안 좋은 경우라 하더라도 정성을 들여 또박또박 정자로 오자나 탈자 없이 작성하여 실습생으로서의 성실성을 나타낼 수 있도록 한다.

3) 일관성이 있는 표현을 사용한다.

문장의 첫머리에서는 '나는 ~이다.'라고 했다가 어느 부분에 이르러서는 '저는 ~습니다.'라고 혼용해서 표현하는 경우가 많다. 어느 쪽을 쓰더라도 한 가지로 통일해서 써야 한다. 동일한 대상에 대한 반복 표현을 피하기 위해 다양한 표현을 쓰는 것은 좋으나 호칭, 종결형 어미, 존칭어 등은 일관된 표현으로 쓰는 것이 바람직하다.

4) 최소한의 정보는 반드시 기재한다.

자신이 강조하고 싶은 부분을 중점적으로 언급하되, 개인을 이해하는 데 기본 요소가 되는 성장과정, 지원동기 등은 반드시 기재하도록 한다. 또한 이력서에 전공이나 성적 증명서를 첨부하였더라도 반드시 이를 자기소개서에 다시 기재하도록 한다.

2. 작성 시 유의사항

1) 진부한 표현은 쓰지 않는다.

문장의 첫머리에 '저는', '나는'이란 단어로 시작하지 말아야 한다. 이는 마치 일기의 첫머리에 '오늘'이란 말로 시작하는 것과 똑같다.

2) 당연한 말은 쓰지 않는다.

"학생 때는 공부를 열심히 했습니다. / 군대시절 군복무를 충실히 했습니다. / 열심히 하겠습니다." 등과 같이 누구라도 쓸 수 있는 당연한 말은 차라리 쓰지 않는 게 낫다. 굳이 쓰고 싶다면, 구체적으로 예를 들어 다르게 표현하도록 한다.

3) 통신 언어는 쓰지 않는다.

맞춤법을 지키자. 글을 쓰는 데 있어서 가장 기본은 맞춤법이다. 요즘 자기소개서를 읽다 보면 자기소개서인지, 웹사이트 자유 게시판에 올리는 글인지 분간하기가 어려울 때가 많다. "~했구여.", "~하구", "~있슴다." 등 어미를 통신 언어로 그대로 사용하는 것은 피하도록 한다.

4) 솔직하고 진실하게 작성한다.

자신의 장점을 살려 당당하고 자신감 있는 모습을 보여 줄 수 있는 내용, 개선과 노력의 의지를 보여 줄 수 있는 내용으로 기술한다.

5) 구체적으로 표현한다.

해당 기관을 실습기관으로 선정한 이유와 평생교육에 대한 자신의 소신 및 마인드, 평생교육 분야에 대한 자신의 향후 계획 등을 구체적으로 기술한다.

6) 대학과 학과에서의 활동 경험을 자세하게 기록한다.

대학과 학과에서 경험한 다양한 평생교육 활동 경험담, 봉사활동 경험담 등을 구체적으로 기술해 줌으로써 자신에 대한 소개를 간접적으로 보여 주도록 한다.

7) 문법에 맞게 기술한다.

아무리 좋은 내용이라 하더라도 문법에 맞지 않는 문장은 좋은 이미지를 줄 수 없다. 특히 요즘 젊은이들 사이에서 유행하는 줄임말, 문법에 맞지 않는 용어 사용 등은 공식 문서 작성 시 부적절하다.

8) 실습기간 동안 배우고 싶은 부분, 하고 싶은 일에 대한 자신의 의견을 기술한다.

실습기간 동안 어떤 분야에서 어떤 일을 배우고 싶은지에 관한 구체적인 계획이 제시되어야 한다. 단순히 시키는 대로 잘하겠다는 내용은 기관에 자신을 어필하는 데 효과적이지 못하다.

출처: 평생교육진흥원(2009), pp. 107-108.

② 기관 방문 시 면접 요령

- 약속시간 전에 도착하라: 미리 약속시간 전에 도착하는 것이 좋다. 어느 기관이든지 첫 대면에서 약속시간을 지키지 못하는 사람에게는 좋지 못한 인상을 받는다.
- 대기실에서 바른 착석 자세를 유지하라: 주변에 사람이 없다고 하더라도 마음을

가다듬고 담당자와의 면접을 준비하는 자세를 가져야 한다. 의자 끝에 걸터앉지 말고 깊숙이 들여 앉으며, 양손은 무릎 위에 가지런히 얹는다.

• 발랄하고 자신감 있는 태도를 유지하라: 시종일관 침착하면서도 밝은 표정으로 예의를 지킨다. 때로는 부담스러운 질문을 받더라도 우물거리지 않고 자신감 있는 모습을 보인다. 질문에 대해서는 논리적인 대답을 한다. 일단 질문에 대한 답이 다소 빈약하더라도 당당히 이야기한다. 또한 자신이 '하고 싶은 일'을 분명하게 말할 수 있어야 한다.

(4) 평생교육 현장실습 시 필요한 서류 준비하기

평생교육 현장실습은 양성기관과 실습기관 쌍방의 합의에 의해 이루어지는 과정으로, 양 기관 모두의 실습 운영을 위한 신뢰 형성을 위해 다양한 서류가 요구된다. 이에 양성기관 행정관리자는 실습 진행과정에 따라 요구되는 서류들을 잘 갖추어 실습 진행에 차질이 없도록 협조하여야 한다. 평생교육 현장실습 시 요구되는 서식은 〈표 7-2〉와 같다.

‖ 표 7-2 ‖　**현장실습 시 요구되는 서식 종류**

서식이름	용도 및 이용방법
평생교육 현장실습 의뢰서 및 실습신청서	• 실습기관을 선정하여 실습을 의뢰할 때 필요한 공문 • 학교에서 실습기관으로 발송하거나 학생이 직접 제출
실습생 신상서	• 실습기관에 실습의뢰 시 필요한 실습생의 자기소개 양식 　※ 자기소개서를 통해서도 실습생의 신상을 파악하기도 함 • 실습기관에 제출
평생교육 현장실습 서약서	• 실습생이 실습기간 동안 실습기관의 규칙과 실습생으로서 지켜야 할 일을 서약하는 양식 • 실습기관에 따라서 선택적으로 작성
실습생 출근부	• 실습기관에서 실습 참여를 확인하는 양식
실습지도계획서	• 실습기관에서 실습생을 지도할 계획서 양식
실습지도기록서	• 실습기관에서 실습지도자가 실습지도과정을 기록하는 양식

평생교육 현장실습 평가서	• 실습기관에서 실습생의 성적을 평가하는 양식 • 실습기관은 이 양식을 기준으로 실습생의 성적을 평가한 후 학생의 소속 학교로 발송
평생교육 현장실습 일지(보고서)	• 실습생이 실습기간 중에 작성해야 할 보고서 양식 • 실습생은 학습기간 중 일지를 작성하여 소속 학교에 제출해야 함

출처: 평생교육진흥원(2009), p. 110.

2. 평생교육사 현장실습 계약 체결

실습생과 실습지도자 간의 현장실습 계약 체결과 관련하여 실습지도교수는 실습 계약 내용인 실습 목표, 실습 내용과 방법, 실습 평가 영역 등을 구체화시키는 데 있어 사전 조사된 실습기관유형 및 특성, 실습생의 제반여건을 고려한 조언을 통해 실습 계약 내용의 실행 가능성은 물론 실습의 질도 높여야 한다.

실습일지 작성 목적 및 작성 방법

✽ 실습일지 작성 목적
• 실습일지란, 실습을 진행하는 매일의 일과를 기록하는 것이다. 일반적으로 당일의 실습활동 영역 및 내용, 실습지도자와의 협의사항 및 자기평가, 실습지도자 의견으로 구성되어 있다.
• 실습생은 실습일지를 작성함으로써 실습시간에 어떤 업무를 하였는지 혹은 어떤 경험이나 관찰을 하였는지 모니터할 수 있다. 이와 함께 자신의 장단점을 객관적으로 인식하여 학습경험 상향에 기여할 수 있다. 한편, 실습일지는 실습지도자에게 있어 실습 업무 수행활동에 대한 실습생의 반응도 파악할 수 있게 한다.

✽ 실습일지 작성 방법
• 어떤 실습 활동을 하였는지 알아볼 수 있게 하는 가장 편리한 방법은 시간대별로 모든 활동(예: 참관, 교육, 직접수행, 휴식 등)의 내용을 기록하는 것이다. 각 활동 내용뿐만 아니라 활동에 대한 자신의 의견과 실습 전체 일정 및 자신의 수행에 대한 평가와 제언도 제시한다.

- 실습지도가 가능하도록 구체적·객관적으로 기술한다. 실습일지는 개인일기가 아니므로 실습일과에 대한 실습생 개인의 감정, 의견, 느낌 등은 가능한 한 피하는 것이 좋다.
- 실습생 대상의 교육활동이 있었을 경우 강의내용을 요약·기록하고, 특히 실습에 어떻게 적용할 것인지 기록한다.
- 프로그램을 참관하거나 보조 운영자로 참여했을 경우, 프로그램 운영자의 진행방법 및 학습자들의 반응 등을 자세하게 기록한다.

출처: 평생교육진흥원(2009), p. 111.

3. 평생교육사 현장실습 진행 단계와 평가 단계

1) 평생교육사 현장실습 진행 단계

현장실습이 시작되면, 양성기관의 역할은 실습과목 지도교수의 정기적인 관리(supervision)가 주를 이룬다. 실습과목 지도교수는 현장실습이 진행되는 동안 실습세미나를 실시한다. 대체로 학기 중에는 주 1회씩, 방학 중에는 부정기적으로 실습세미나를 실시하도록 한다. 실습 세미나를 통해 실습생들 간의 실습기관 유형별 특성 및 정보 등을 공유할 수 있는 환경을 조성해야 하며, 실습생들이 실습현장에서 부딪히게 되는 여러 가지 문제의 원인을 스스로 찾아내 해결하는 역량을 기르기 위한 자문역할도 수행해야 한다.

현장실습 중에는 실습생이나 실습지도자가 예견하지 못하는 문제들도 생길 수 있으며, 실습과목 지도교수가 실습 진행 상황을 파악하기 위해서라도 실습생의 E-mail이나 전화연락망을 구축해 둘 필요가 있다.

2) 평생교육사 현장실습 평가 단계

(1) 실습 평가회 실시

실습과목 지도교수는 현장실습이 종결된 이후, 실습과목 이수자들 간의 실습 내용 공유 및 자체평가를 위한 실습 평가회를 실시해야 한다. 학생들이 체험한 실습기관 유형별 특성 및 실습 내용을 공유하여, 간접적으로나마 평생교육 현장의 다양성과 역동성을 느낄 수 있는 자리를 마련해 주어야 한다.

(2) 향후 비전 설정 지도

4주간의 실습에 대한 실습생 자신의 반성과 평가가 이루어지면, 평생교육사로서의 자질과 비전에 대한 시각이 형성된다. 이러한 자기성찰적인 평가와 더불어, 평생교육사로서의 역할과 직무에 대한 비전 달성을 위하여 실습생 본인이 현재 무엇을 더 준비해야 하고, 어떤 노력이 요구되는지를 정리해 보는 과정이 요구된다.

따라서 실습과목 지도교수는 실습과정을 통해 느낀 점과 함께 향후 평생교육사로서 실습생 자신의 자질과 비전, 그리고 그 비전을 실현하기 위해서 필요한 노력 등을 생각하고 정리할 수 있는 기회를 제공하도록 한다(〈표 7-3〉 참조).

‖ 표 7-3 ‖ **비전 설정을 위한 워크시트(작성 예시)**

항목	주요 기술내용
실습을 통해 느낀 점	• 유관기관과 함께 진행하는 프로그램에 참관해 봄으로써 실무자 간 네트워크의 중요성과 의사소통의 어려움을 배울 수 있었다. • 실제 기관에서 업무를 담당하는 데 있어서 컴퓨터 작업이 매우 많아 컴퓨터 관련 자격증 취득의 필요성을 절실히 느낄 수 있었다. • 평생교육사로서 내가 잘 할 수 있는 것과 부족한 면을 생각해 보게 하는 기회를 가질 수 있었다. 이를 통해서 앞으로 내가 무엇을 준비하고, 발전시키고, 향상시켜야 하는지를 알게 되었고, 미래에 대한 계획도 보다 구체적으로 세울 수 있었다. • 평생교육 현장에서 이루어지는 현장실무를 체험하고 배울 수 있어서 매우 만족한다. • 학습자(고객)를 대하는 일이 매우 어려운 일임을 느꼈다. • 학습자도 기관의 고객이라는 점을 고려해 볼 때 학습자 응대하는 방법에 대한 스킬을 배워야 함을 느꼈다.
평생교육사로서 나의 자질과 비전	• 업무보조와 관련된 일은 어느 정도 잘 해낼 수 있었지만, 학습자 앞에 나서거나 아이들을 지도하는 능력은 많이 부족하다는 것을 느꼈다. 앞으로 이와 관련된 부분에 있어서 능력 향상을 위한 노력을 함으로써 평생교육사로서 필요한 다양한 자질과 스킬을 가질 수 있도록 하겠다. • 프로그램에 참관하다 보니 프로그램 기획에 참여하여 보다 좋은 프로그램을 내 손으로 만들어 볼 수 있었으면 하는 바람이 생겼다. 앞으로 더욱

	노력하여 전문적인 프로그램 개발자로서의 자질을 습득할 수 있도록 하겠다.
비전을 실현하기 위하여 현재 내가 준비해야 할 일	• 프레젠테이션 스킬을 습득하여 대중 앞에서의 불안증을 고쳐 나가도록 하겠다. • 컴퓨터 활용능력시험을 통하여 엑셀, 포토샵, UCC제작법 등에 대해 배우도록 하겠다. • 평생교육사로서 청소년 지도를 보다 잘해 내기 위해서는 청소년 지도에 필요한 다양한 자격증을 취득하여 준비하도록 하겠다. • 고객응대 및 기관에서의 고객 서비스를 잘하기 위해서 평생교육기관에서 요구되는 다양한 CS 스킬을 습득하도록 하겠다.

출처: 평생교육진흥원(2009), pp. 113-114.

(3) 실습과목 성적산출

실습과목 지도교수는 현장실습을 나가기 전, 오리엔테이션에 임했던 자세 및 실습기관에서 작성된 현장실습 평가서, 실습일지, 실습 평가회 및 비전 설정 등의 활동을 통해 학생별 실습과목 성적을 산출한다.

 토론문제

1. 평생교육실습기관 선정에 있어서 기준이 되는 요소에 대하여 설명하시오.

2. 평생교육사 실습 전 평생교육실습기관을 선정할 때 분석해야 할 사항에 대하여 설명하시오.

3. 평생교육실습기관 선정에 있어서 유의해야 할 사항에 대하여 설명하시오.

4. 평생교육사 실습생이 실습기관을 방문하여 면접할 때 면접 요령에 대하여 설명하시오.

5. 평생교육사 현장실습 평가에 대하여 설명하시오.

참고문헌

안홍선, 권혁훈(2011). 평생교육사 실습 이론과 실천. 양서원.
권두승(2008). 평생교육법 개정 해설자료. 교육과학기술부·평생교육진흥원.
김기홍(2001). 평생교육기관 운영 실태조사. 한국교육개발원.
김영희, 장문규, 윤정란(2008). 보육실습의 이해와 실제. 교문사.
김진화(2007). 평생교육사의 직무분석과 대학 평생교육사 양성과정의 효율화 방안연구. 한국교육개발원.
박용권(2009). 사회복지현장실습. 신정.
오혜경, 하지영(2008). 사회복지현장실습 매뉴얼. 양서원.
이해주, 윤여각, 전도근(2004). 평생교육 현장실습. 한국방송통신대학 출판부.
이화정, 양병찬, 변종임(2003). 평생교육 프로그램 개발의 실제. 학지사.
전남련(2009). 보육실습의 이론과 실제. 양서원.
평생교육진흥원(2008a). 2008 평생교육백서. 평생교육진흥원.
평생교육진흥원(2008b). 평생교육사 양성기관 운영 길라잡이. 평생교육진흥원.
평생교육진흥원(2009). 평생교육 현장실습 매뉴얼. 평생교육진흥원.
한국교육개발원(2006a). 평생교육 현장실습 워크북. 한국교육개발원.
한국교육개발원(2006b). 평생교육 현장실습 운영 매뉴얼. 한국교육개발원.

제 **8** 장

평생교육사 현장실습기관에서의
실습 진행과정[1]

"군자가 가르치는 방법은 다섯 가지가 있다. 때를 맞추어 내리는 비처럼 교화시키는 것이 있고, 덕을 이루게 하는 것이 있으며, 재주를 달성케 하는 것이 있다. 또 물음에 답하는 것이 있고, 혼자 사숙하는 방법이 있다. 이 다섯 가지가 군자가 가르치는 방법이다(교육의 다섯가지 방법).

– 맹자(孟子) –

학습목표

1. 평생교육사 현장실습 전 단계, 초기 단계, 중간 단계, 종결 및 평가 단계를 설명할 수 있다.
2. 평생교육사 현장실습의 전 단계, 초기 단계, 중간 단계, 종결 및 평가 단계를 실행할 수 있다.
3. 평생교육사 현장실습의 기간 중에 실습기관과 실습생들 사이에 발생할 수 있는 여러 가지 상황에 대처할 수 있다.

학습개요

평생교육사 현장실습과정에 있어서 실습기관과 실습생 간의 실습 전 단계, 초기 단계, 중간 단계, 종결 및 평가 단계에서 대하여 이해할 수 있고, 어떻게 현장실습이 진행되는가에 대하여 배울 수 있다. 그리고 현장실습과정이 어떻게 진행되는지 그 과정에 대하여 단계별, 즉 평생교육사 현장실습과정의 전 단계, 초기 단계, 중간 단계, 종결 및 평가 단계에 대하여 스스로 체험하면서 진행되어 가고 있는 상황을 알 수가 있다. 또한 평생교육사 현장실습기간 중에 실습기관과 실습생들 사이에서 발생할 수 있는 여러 상황에 대처하는 방법을 배운다.

이 장에서는 평생교육사 현장실습과정에 있어서 실습기관과 실습생 간의 실습 전 단계, 초기 단계, 중간 단계, 종결 및 평가 단계에 대하여 배운다.

---

1) 이 장의 내용은 평생교육진흥원(2009)을 참조하여 재정리하였다.

평생교육사 현장실습기관에서의 현장실습은 현장실습 전 단계, 현장실습 초기 단계, 현장실습 중간 단계, 현장실습 종결 및 평가 단계인 4단계로 진행된다(평생교육진흥원, 2009).

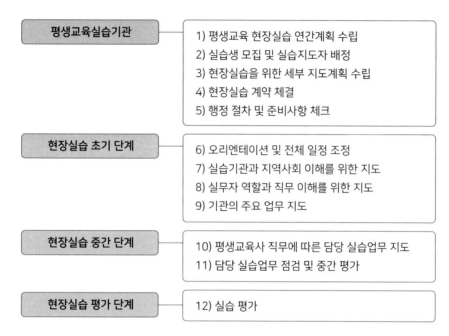

◀\ 그림 8-1 **현장실습기관에서의 현장실습 진행과정**

출처: 평생교육진흥원(2009), p. 68.

1. 평생교육사 현장실습 전 단계

◀\ 그림 8-2 **평생교육사 현장실습 전 단계**

출처: 평생교육진흥원(2009), p. 68.

1) 평생교육사 현장실습 연간계획 수립

평생교육실습기관은 양상기관에서 배운 지식, 기능, 태도를 현장에 접목하여 평생교육의 지평을 넓히는 현장성이 강조되는 곳이라고 볼 수 있다. 실습기관의 평생교육사 실습 전 과업은 태도를 형성하고 문제를 직접 해결하는 법을 배우고, 양성기관에서 배운 지식과 평생교육 현장 간의 차이를 확인하여 문제를 해결해 가는 과정이라고 할 수 있다. 따라서 평생교육실습기관에서는 평생교육 현장실습을 수행할 수 있는지에 대한 내부 검토를 거친 후 실습지도를 기획하고 준비해 나가야 한다.

실습기관의 연간 사업 일정 및 기관 특성에 따른 업무 내용에 따라 평생교육사 실습생을 언제 어떻게 모집할 것인지 등에 대한 '평생교육 현장실습 연간계획'을 수립하도록 하며, 연간계획 수립 시에는 다음과 같은 내용이 포함될 수 있다.

- 실습의 목적
- 연간 실습 횟수 및 기간
- 회차별 실습의 주요 내용
- 실습생 모집 인원 및 모집 방법
- 기대 효과

평생교육 현장실습을 위한 실습생 연간모집계획을 실습기관 홈페이지 등을 통해 공지해 두면, 양성기관 및 실습지원자들의 실습기관 선정에 도움을 줄 수 있다.

2) 평생교육사 실습생 모집 및 실습지도자 배정

실습생 모집은 실습기관이 주체가 되어 모집하는 방법과 양성기관의 요청에 따라 실습 여부를 결정하는 방법이 있다.

양성기관이 주체가 되어 실습생을 모집할 때에는 실습기관 홈페이지 및 평생교육과 관련한 주요 홈페이지에 실습생 모집 안내문을 공지하고, 각 양성기관에 실습생 모집 공문(p. 218의 〈양식 1〉 실습신청의뢰서 참조)을 보낸다.

실습지도자는 평생교육사를 우선으로 배정하되, 기관의 팀장급 이상 또는 실무 경력 2년 이상 등의 실습지도역량을 지닌 자를 배정한다(실습지도자 선정 시 고려사항 참조). 이때 실습지도자에게는 실습기간 동안의 업무량에 대한 수위 조절 등 기관 차원의 배려가 필요하다.

실습지도자 선정 시 고려사항

실습지도자의 기본적인 자격요건에 대해 법적으로 정해진 바는 없지만, 유사 관련 자격증의 경우를 고려해 볼 때, 2년 이상의 평생교육 실무경험을 가지고 있으며, 해당기관에 적어도 1년 이상 근무한 평생교육사 자격증 소지자를 기본으로 하는 것이 바람직하다. 실습지도자는 앞서 제시한 기본적인 자격조건 외에도 다음과 같은 점을 갖추어야 한다.

- 평생교육사로서의 자질과 능력을 갖추고 있으면서 동시에 실습생의 진취적 도전에 기꺼이 응하고 이를 권장하는 교사로서의 자질도 갖추는 것이 필요하다.
- 실습기관의 목적, 기능, 정책, 프로그램, 기관의 서비스 대상 집단의 특성을 잘 파악하고 있으며, 기관의 행정조직 및 자원을 유용하게 사용할 수 있는 기본 능력을 갖추는 것이 필요하다.
- 실습교육계획서, 실습 계약서, 실습생 평가서 등을 작성, 제시해 줄 수 있어야 한다.
- 실습일지 및 과정 기록의 검토와 평가를 포함하는 구체적인 개별 실습지도와 규칙적인 지도시간을 할애하여 실습생을 지도할 수 있어야 한다.

---

3) 평생교육사 현장실습을 위한 세부 지도계획 수립

평생교육실습지도자는 현장실습에 대한 목표 설정, 업무 선정, 일정확인 및 단위시간 및 주제에 따른 실습의 세부계획을 수립하며, 이 과정에서 다음과 같은 내용을 확인할 필요가 있다.

- 실습지원자들의 성별, 연령, 전공, 현장경력 여부 등 개인적인 특성은 어떠한가?
- 실습지도자로서의 역할과 책임은 무엇인가?
- 실습생이 우리 기관에서 경험해야 할 내용은 무엇인가?

- 실습지도를 통해 달성하고자 하는 최종 목표는 무엇인가?
- 목표 달성을 위하여 실습지도자로서 세부적으로 무엇을 어떻게 해야 할 것인가?
- 무엇을 어떻게 평가할 것인가에 대한 기준이 명확하게 확립되어 있는가?

세부 지도계획을 세우고 난 후, 그 내용을 지도계획서의 형태로 문서화해 놓는다.

4) 평생교육사 실습생 확정 및 현장실습 계약 체결

평생교육사 실습 모집이 끝난 후, 실습지도자는 실습지원자들과의 면담을 통해 예비 평생교육사로서의 자세와 역량을 확인하여 실습 허가 여부와 배치 업무를 최종적으로 판단하고, 그 결과를 해당 양성기관(또는 해당자)에 통보한다. 평생교육실습 수락을 통보받은 실습생은 실습시기 및 실습지도자 배정, 실습과 관련한 개괄적인 목표 및 실천 방안 등을 도출하기 위하여 실습 계약(〈표 8-1〉 참조)을 맺는다. 상황에 따라 현장실습 계약은 오리엔테이션 및 전체 일정 조정 시기에도 이루어질 수 있다.

평생교육실습 계약은 실습생이 주어진 실습기간 동안 무엇을 어떻게 해야 할 것인가를 구체화하기 위해 본격적인 실습에 들어가기 전 실습지도자와 실습생이 함께 수행하는 일종의 약속이다. 평생교육실습 계약을 통해 실습 목표, 실습 내용과 방법, 실습 평가 영역 등을 구체화시키고 명확히 하여 실습지도의 질을 향상시킬 수 있다. 또한 평생교육실습 계약은 실습지도자와 실습생 쌍방의 윤리적 의식 및 책임감 영역에서 다음과 같은 이점이 있다.

- 평생교육실습지도자 입장에서의 이점
  - 명확한 지도 영역 설정
  - 정기적인 피드백을 실습생에게 제공
  - 실습지도 시간을 계획적으로 배정하여 운영
  - 실습 평가 항목 개발에 있어 명확한 준거가 있으므로 실습 평가 용이

‖ 표 8-1 ‖　**실습 계약서(작성 예시)**

실습 계약서(양식)

1. 작성일시:
2. 실습기간:
3. 실습생명:　　　　　　　　　　　(인)
4. 실습지도자명:　　　　　　　　　　(인)
5. 양성기관 지도교수명:　　　　　　　(인)
6. 실습 내용(예시)

실습주제	실습 목표성취를 위한 과제	평가내용 및 방법
평생교육사로서 정체감 형성	• 평생교육사로서 나의 강점과 약점을 파악 • 실습기간 동안 학습한 부분에 대하여 평가서 작성	• 작성 여부
지역사회에 대한 이해	• 지역사회의 사용 가능한 자원목록을 작성 • 기관을 둘러싼 지역사회의 SWOT 분석 실시	• 작성 여부
기관구조의 이해	• 기관분석 보고서를 작성	• 작성 여부
기관사업과 프로그램의 이해	• 사업계획서를 읽고 각 사업의 특성을 비교분석 • 사업을 담당하는 평생교육사와의 면담을 통해 사업 현황과 문제점 파악	• 작성 여부 • 작성한 내용에 대해 실습지도자와 논의 및 피드백
평생교육 사업 및 프로그램 개발과 운영	• 기관에 적합한 프로그램 개발 계획서를 작성 • 현재 운영 중인 프로그램 운영과 진행에 참여	• 실시 여부 • 실시한 내용에 대해 실습지도자와 논의
평생교육 요구조사 및 평가실시	• 새로운 프로그램 개발 시 요구조사에 참여하여 질문지 개발, 질문지 분석 실시 • 프로그램 종료 후 평가실시를 위한 평가지 개발, 평가지 분석 실시	• 실시 여부
학습자 및 학습동아리 자문과 상담수행	• 학습자 및 학습동아리 운영자들과의 비형식적 인터뷰 실시 • 상담요청 시 상담수행	• 실시 여부 • 실시한 내용에 대해 실습지도자와 논의
강사 섭외와 관리 및 교육 실시	• 프로그램 준비 단계에서 강사 섭외 활동과 프로그램 • 진행 단계에서 강의 모니터링에 참여	• 실시 여부 • 실시한 내용에 대해 실습지도자와 논의

출처: 평생교육진흥원(2009), p. 72.

- 평생교육사 실습생 입장에서의 이점
  - 실습 목표에 대한 명확한 숙지
  - 실습생으로서의 자신의 역할을 분명히 인식
  - 정해진 실습 목표에 의거해 일관된 실습 진행 과정 경험
  - 실습지도자로부터 정기적인 피드백
  - 실습 종료 후 실습생이 실습하기 원했던 부분에서 만족감 형성

5) 평생교육사 실습기관 행정절차 및 준비사항 체크

평생교육사 실습기관은 현장실습 진행에 따른 행정절차에 대하여 실습에 앞서 꼼꼼히 확인하여야 한다. 양성기관의 실습의뢰서, 실습지원생 신상서 및 자기소개서 등의 서류접수를 확인하고, 실습의뢰에 대한 회신 공문 처리 및 실습 계약 체결을 비롯해 실습생 출근부, 실습지도기록서 등의 서류를 구비하였는지 확인해야한다.

평생교육사 실습생이 도착하기 전, 실습 사실을 실습기관 내 모든 부서에 공지하여 구성원 모두가 실습 내용을 확인하고 협조할 수 있도록 준비하며, 실습생에 대한 예의를 갖출 수 있도록 당부한다. 또한 실습생을 위한 별도의 자리를 마련하여 실습 시 빈자리를 돌아다니는 일이 없도록 한다. 그리고 실습생의 명찰을 준비하여 패용하게 함으로써 실습기관 내 직원들이 실습생임을 알아볼 수 있도록 돕는다.

‖ 표 8-2 ‖ **평생교육 현장실습 전(前) 단계에서의 체크리스트**

항목	준비 여부
1. 현장실습에 관한 연간계획이 수립되어 있는가?	
2. 현장실습지도계획서가 마련되어 있는가?	
3. 실습생 모집에 따른 행정절차가 완료되었는가?	
4. 실습 진행에 따른 필요서류가 모두 구비되었는가?	
5. 실습 진행 사실을 기관 내 모든 직원이 알고 있는가?	
6. 실습생을 위한 물리적 환경(책상, 전화, 컴퓨터 등)이 조성되었는가?	
7. 실습생의 명찰이 준비되었는가?	

출처: 평생교육진흥원(2009), p. 73.

2. 평생교육사 현장실습 초기 단계

◢◣\ 그림 8-3 **평생교육사 현장실습 초기 단계**

출처: 평생교육진흥원(2009), p. 74.

1) 오리엔테이션 및 전체 일정 조정

실습의 첫날 또는 첫 주는 구조화된 오리엔테이션을 제공함으로써 평생교육사 실습생으로서 실습에 임하는 준비 자세를 갖출 수 있도록 돕는다. 실습지도자는 오리엔테이션 진행 시 다음의 내용이 포함되도록 한다.

- 실습기관의 비전과 사명, 기본 원칙, 주요 사업 및 현황 등 기관 전반에 관한 소개와 안내
- 실습기간 중 실습생으로서 수행해야 할 주요 역할과 의무
- 복장, 호칭을 포함한 언어 예절, 시간 관리 등 실습기간 중 실습생 신분으로서 지켜야 할 각종 규칙

평생교육사 실습 일정별로 실습 내용을 미리 적은 전체 일정표를 작성하여 평생교육사 실습생에게 배부한다.

- 일반적으로 전체 일정표는 실습기관에서 작성하지만, 경우에 따라서는 실습계약 체결 시 파악된 실습생의 상황과 여건, 또는 실습생의 의견을 재차 확인하여 조정하기도 한다.
- 평생교육사 실습 종결과 동시에 제출해야 할 과제 또는 보고서가 있을 경우, 이에 필요한 절차나 필요 양식 등을 미리 제시하도록 한다.

오리엔테이션 진행에 필요한 내용은 별도의 자료나 책자의 형태로 준비해 두고, 필요에 따라 관련 동영상 및 안내서, 지침서 등도 사전에 준비하여 두도록 한다.

오리엔테이션 이후에는 평생교육사 실습생을 실습기관 내 구성원들에게 소개시킴으로써 단순한 일용직 근로자가 아닌 평생교육사 실습생으로서의 신분에 적합한 대우를 받을 수 있도록 배려한다.

2) 평생교육사 실습기관 및 지역사회 이해를 위한 지도

현장실습을 효과적으로 수행하기 위해서는 실습기관에 대한 자료수집과 관찰이 선행되어야 하므로, 실습 초기 단계에서 실습기관과 기관이 속해 있는 지역사회에 대한 체계적인 조사가 반드시 필요하다.

실습기관의 활동과 관련된 모든 영역이 자료수집과 관찰의 대상이 되어야 한다. 단, 일관성이나 계획성 없는 자료수집과 관찰을 방지하기 위하여 자료수집과 관찰 영역은 실습기관의 연혁, 사명과 이념, 조직과 운영, 시설환경 등의 내용을 중심으로 구성한다. 실습기관 및 지역사회 이해를 위한 자료수집 및 관찰 내용은 다음과 같은 워크시트를 중심으로 정리할 수 있도록 지도한다(〈표 8-3〉 참조).

‖ 표 8-3 ‖ **실습기관에 대한 이해 워크시트(작성 예시)**

기관명	○○ 평생학습관
위치	서울시 ○○구 ○○동
기관연혁	• 2022년 지역평생교육정보센터 지정 • 2021년 다문화교육센터 지정 • 2020년 ○○평생학습관 개원
설립이념	새로운 변화, 미래의 꿈, 고객과 함께하는 ○○평생학습관
설립주체	○○교육청
운영주체	○○교육청
기관의 설립 및 운영목적	고객이 만족하는 평생학습 여건 조성

주요사업 내용	• 지역생활과 관련된 사업: 만남의 장소제공, 생활상담, 조사와 자료수집, 광고활동, 연중행사 • 생활문화를 제공하는 사업: 프로그램 개설, 강연회 개최, 학습자료 제공, 학습방법 기술개발 • 지역연대를 높이는 사업: 관계기관 단체 등과의 연락조절 및 협력, 관계기관 단체시설들과의 연대, 인재발굴과 활용 촉진
시설 현황	• 대지면적 26,770㎡/건물면적 12,282㎡ • 원장실, 평생학습부, 디지털 자료실, 일반자료실, 평생학습실 10개, 시청각실, 대강당, 소강당, 열람실
기관이 속한 지역사회의 특성 (인구특성, 지리적 특성, 사회적 제반 문제, 행정기관의 의지와 중점 추진방향 등)	• ○○평생학습관은 ○○시 ○○구 ○○동에 위치하고 있음. ○○구는 대도시이지만 복지낙후지역이라는 오명을 가지고 있기도 함. 따라서 전문화된 교육서비스를 제공할 기관이 타 지역보다 적은 것이 사실임. 지역사회 자체 내 교육서비스의 부족은 지역사회의 주민들의 삶의 질 향상에 큰 문제가 될 수 있기 때문에 평생학습관의 역할이 매우 크게 작용함
지역 내 타 기관들과의 연계	• ○○평생학습관은 ○○다문화센터, ○○실버센터 등 2개 기관을 운영하고 있음 • 그 외에도 거주 지역 내에 있는 정신보건센터, 사회복지시설, 학교 평생교육운영위원회 등과 연계하는 등 지역사회기관들과 연계운영하고 있음

출처: 평생교육진흥원(2009), pp. 75-76를 참조하여 수정함

3) 평생교육사 실습기관 실무자 역할 및 직무 이해를 위한 지도

평생교육사 현장실습기간 동안 실습지도자 및 구성원과의 원만한 인간관계 형성과 직무에 대한 바른 이해는 실습생으로 하여금 현장에서의 업무수행에 대한 빠른 습득뿐만 아니라 실습과정의 적응을 도울 수 있다. 실습기관 실무자들의 역할 및 직무에 대한 이해를 위해 다음과 같은 내용을 중심으로 자료를 수집하고 관찰해 보도록 지도한다(〈표 8-4〉 참조).

- 실습기관의 조직구성 현황 및 구성원 수
- 조직별 주요 담당 업무 및 기타 협력 관계
- 구성원의 특성(성별, 연령, 경력 등)
- 구성원의 근무자세(일과, 업무처리 방법, 근무태도 등) 및 일상생활(언어, 대인관

계, 관심사 등)

- 교육훈련 관련 프로그램의 기획 및 관리 담당자들의 특성
- 실습기관 조직 내에서 자신이 수행하고자 하는 구체적인 역할과 업무

‖ 표 8-4 ‖　**실습기관실무자들의 역할 및 직무 이해 워크시트(작성 예시)**

- 기관 내 구성원 수의 현황
  - 구성원 수 8명

- 기관 내 조직구성의 현황(담당 업무 및 기타 협력관계)
  - ○○○부장
  - ○○○(평생학습부 총괄)
  - ○○○(다문화 교육 담당)
  - ○○○(부서 내 총무 역할 및 문해교실 운영)

- 기관 내 구성원의 근무자세(일과, 업무처리 방법, 근무태도 등)
  - 성실한 업무태도로 정확하게 자신의 업무를 처리해 내고 있었으며, 각자 맡은 역할을 잘 수행함
  - 하지만 부서 내에 다문화 교육과 평생교육이 함께 운영되고 있는데 두 업무의 교류가 잘 이루어지지 않아 기관을 찾아오거나 전화 상담을 요청하는 학습자들의 불편함을 초래하고 있었음
  - 자신의 업무 이외에 다른 부서에서 진행되는 평생교육 사업에 대한 이해과 관심이 없고, 정보 공유에 대한 직원들의 인식이 매우 낮은 상황임

- 교육훈련 관련 프로그램의 기획 및 관리 담당자들의 특성
  - 직위, 성명, 담당 프로그램, 임무의 공식성/비공식성, 교육 프로그램과 관련된 과업 등
  - ○○○실장: 평생교육부 총괄/공식적 업무
  - ○○○선생님: 평생교육 담당(프로그램 기획부터 실행, 평가활동 포함)/공식적 업무/자원봉사자 관리/비공식적 업무
  - ○○○선생님: 부서 내 총무/비공식적 업무/다문화 및 문해교실 운영/공식적 업무

- 실습기관 조직 내에서 자신이 수행하고자 하는 구체적인 역할과 업무
  - 평생교육 여름방학 특강 프로그램 준비 및 실질적인 운영 보조
  - 후반기 프로그램 개발을 위한 요구조사 설문지 개발에 참여
  - 설문조사 코딩작업 실시

출처: 평생교육진흥원(2009), p. 77.

4) 평생교육사 실습기관의 주요 업무 지도

실습기관 내에서 주로 이루어지는 업무의 종류와 성격, 내용 등을 관찰하고 정리

해 봄으로써 향후 평생교육사로서 수행해야 할 직무에 대한 분석이 이루어질 수 있다. 따라서 실습지도자는 실습생으로 하여금 실습이 진행되는 동안 기관 운영과 업무 추진에 대한 관찰을 토대로 기관의 주요 업무를 분석하도록 지도한다. 실습기관의 주요 업무 파악을 위한 구체적 내용으로는 다음과 같은 것이 포함될 수 있다.

- 실습기관의 연혁과 공간 규모
- 실습기관의 주요 사업에 따른 업무의 종류
- 주요 업무별 세부 내용
- 업무별 수행 빈도 및 중요도
- 업무 수행을 위한 실무자 역할

‖ 표 8-5 ‖ **현장실습 초기 단계에서의 체크리스트**

항목	준비 여부
1. 오리엔테이션 진행을 위한 자료가 안내문이나 책자의 형태로 잘 준비되어 있는가?	
2. 실습을 위한 전체 일정표가 작성되어 있는가?	
3. 실습 계약서가 준비되어 있는가?	
4. 기관 및 지역사회 분석을 위한 자료와 워크시트가 준비되어 있는가?	
5. 실습생의 개인적 특성 및 요구를 파악했는가?	

출처: 평생교육진흥원(2009), p. 78.

3. 평생교육사 현장실습 중간 단계

평생교육사 직무에 따른 담당 실습업무 지도 → 담당 실습업무 점검 및 중간 평가

▓▓\ 그림 8-4 **평생교육사 현장실습 중간 단계**

출처: 평생교육진흥원(2009), p. 79.

1) 평생교육사 직무에 따른 담당 실습업무 지도

평생교육사 실습이란 단순히 실습기관에서 시키는 업무만을 하면서 시간을 보내

는 것이 아니라, 향후 취업과 관련하여 평생교육 현장이 어떠하며 그곳에서 자신이 어떤 일을 하게 될지를 미리 경험해 보는 과정이다. 따라서 평생교육사 실습기관 및 실습지도자는 실습생의 담당 실습업무 배정 및 지도에 신중을 기해야 한다.

담당 실습업무는 평생교육사가 수행해야 할 주요 직무를 중심으로 선정하되, 각 업무별 워크시트를 마련하여 실습 내용을 요약·정리해 볼 수 있도록 제시한다. 한편, 담당 평생교육사 실습업무와 관련하여 실습지도자는 실습생으로 하여금 자신이 담당하게 된 업무 개요 작성 및 구체적인 일감목록을 작성하게 함으로써 평생교육사 실습생 스스로 자신의 역할을 찾을 수 있는 기회를 제공해야 한다. 담당 실습업무의 지도 시에는 다음과 같은 내용이 포함될 수 있다.

- 행사 기획에 대한 이해: 기관에서 진행되고 있는 각종 행사는 기관의 특성과 이념, 운영방침을 보여 주는 대표적인 프로그램이므로, 이에 대한 이해는 기관 파악의 기초 자료가 된다.
- 기관의 네트워크 현황 분석: 기관이 외부환경과 어떠한 관계를 맺고 있으며, 그러한 관계 속에서 기회요소와 위험요소는 무엇이고, 내부자원으로는 어떠한 것들을 보유하고 있는지를 분석해 봄으로써 기관의 현재와 미래를 예측해 보도록 지도한다(〈표 8-6〉 참조).

‖ 표 8-6 ‖ **실습기관의 네트워크 현황 분석 워크시트(작성 예시)**

유관기관과의 물적자원 네트워크 현황	
시설활용	• ○○기관의 강의실 및 행사장 사용으로 인하여 지역사회 내 시설 간의 특별한 네트워크는 이루어지고 있지 않았음
기자재	• 실습기관 자체의 기자재 활용
재정적 지원	• ○○시청의 평생교육 운영 사업비를 지원받음 • ○○교육청의 평생교육 운영 사업비를 지원받음
유관기관과의 인적자원 네트워크 현황	
강사	• ○○교육청 소속의 금빛 봉사단을 ○○○ 활성화 사업의 강사로 활용하기 위하여 인적자원을 지원받음 • ○○지역정보센터의 강사인력뱅크에 등록된 강사인력풀을 지원받아 본 프로그램의 강사로 활용하고 있음
자원봉사자	• ○○대학교의 평생교육원으로부터 노인교육지도자 양성과정 출신의 자원봉사자 명단을 지원받아 프로그램 운영 보조강사로 활용하고 있음

실무자들 간의 네트워크	• 대한노인회 ○○시지부 회장과 담당간사와의 네트워크 활용: 대한노인회 ○○시지부 및 지회 경로당을 대상으로 한 공문발송 및 추천을 실시, 학습자 모집에 있어서 실질적 지원을 받고 있었음 • 지역 보건소와 연계하여 프로그램을 지원받음 • ○○시청 담당직원들의 협조를 통하여 학습자 모집에 도움을 받고 있음

출처: 평생교육진흥원(2009), p. 80.

- 실습기관의 사업과 프로그램 체험하기: 대부분의 평생교육기관에서는 특정기간을 이용하여 특성화 사업 내지는 이벤트 프로그램을 기획하여 운영하는 경우가 많다. 이러한 프로그램이나 사업에 참여해 볼 수 있는 기회를 제공하여 현장실무와 현장감을 익힐 수 있도록 돕는다.
- 프로그램 평가 계획 및 진행 상황 분석: 실습기관의 프로그램 평가실시 여부와 계획 등은 실습기관 운영의 마지막 단계로서 실습기관 이해를 위해 간과할 수 없는 과정이므로, 프로그램 평가가 어떤 계획하에 어떻게 운영되고 있는지 살펴보도록 지도한다(〈표 8-7〉 참조).

‖ 표 8-7 ‖　**프로그램 평가 계획 및 실시과정 워크시트(작성 예시)**

항목	관찰 및 자료수집 내용
프로그램 평가 실시 여부와 실시 현황	• 프로그램 중간 평가와 종료 후 최종 평가 실시 • 중간 평가의 유형: 강사대상의 인터뷰와 학습자 집단을 대상으로 한 비형식적 인터뷰, 강의 모니터링 • 최종 평가: 프로그램 만족도 조사 실시 　- ○○ 프로그램: ○○월 ○○일 실시 　- ○○ 프로그램: ○○월 ○○일 실시 　- ○○ 프로그램: ○○월 ○○일 실시
프로그램 평가 계획	• 프로그램 중간 평가 계획 　- 강의 모니터링 담당자 선정, 투입 　- 학습 분위기 점검을 위한 강사 인터뷰 　- 학습자들 간의 비형식적 인터뷰 실시: 수업 전후 • 프로그램 최종 평가 계획 　- 만족도 조사방법 선택(설문지형태와 비형식적 인터뷰) 　- 만족도 조사지 개발 　- 만족도 조사 실시 일자 확정: ○○월 ○○일 　- 만족도 조사 실시 담당자 역할 분담

출처: 평생교육진흥원(2009), p. 81.

• 프로그램 모니터링과 분석: 프로그램 모니터링 작업은 빠른 시간 내에 실습기관의 프로그램을 이해하게 해 줄 뿐만 아니라, 프로그램 기획과 운영에 있어 새로운 비전을 찾도록 도와주는 과정이다. 따라서 프로그램의 종류와 운영실태, 강사의 강의법, 학습자의 분위기, 기관 내 실무자들의 분위기와 프로그램 운영에 대한 지원 시스템 등 다양한 측면에서 모니터링을 실시하는 것이 필요하다(〈표 8-8〉 참조).

‖ 표 8-8 ‖ 프로그램 모니터링과 분석에 관한 워크시트(작성 예시)

참관일: 강의명: 강사명:

항목	질문내용	5	4	3	2	1	comment
내용구성	강의 안내 여부		○				
	강의 내용에 대한 호기심 유발		○				
	강의 방식의 적절성			○			
	강의 속도			○			
강의전개	강의의 시작과 끝맺음의 여부			○			
	수업의 소수집중 여부			○			
	강의의 열의		○				
기자재 사용	기지재 다룸의 숙련도				○		
	강의 내용에 적절한 기자재 건택여부			○			
	악센트 효과			○			
학생들과의 관계	학생들의 의사존중		○				
	학생들의 참여 기회 제공			○			
	질문시간 제공					○	
	질문에 대한 대답의 성실도				○		
	학생의 잘잘못에 대한 반응				○		
	학생과의 적절한 친밀감 유지			○			
몸동작	시선 처리			○			
	서 있는 자리의 유동성			○			
	주의집중을 끌어내기 위한 몸동작				○		
목소리	성량의 크기			○			
	말하는 속도				○		
	발음의 정확도			○			
	강사의 최대 강점(장점): 강의의 내용 구성에 대한 전문성과 열정이 높음 강사의 최대 약점(단점): 학생들과의 관계 형성과 유지에 유연성과 전문성이 떨어짐						

출처: 평생교육진흥원(2009), p. 82.

- 학습자 분석: 실습기관을 주로 찾는 학습자들이 어떤 성향의 사람들이며, 각각의 프로그램에 따른 학습 분위기와 특성이 어떠한지를 분석함으로써, 현재 진행되고 있는 프로그램 운영상의 문제점 및 향후 발생할 수 있는 다양한 문제상황 등에 대한 해결책을 생각해 보도록 지도한다(〈표 8-9〉 참조).

‖ 표 8-9 ‖ **학습자 성향과 특성 파악을 위한 워크시트(작성 예시)**

학습자명(익명 가능):   수강강좌:

번호	질문내용	5	4	3	2	1	comment
1	강좌의 초기계획에 따른 체계적 진행				○		
2	학습내용의 양과 수준의 적합성				○		
3	강사의 수업진행 능숙도					○	강사의 전문성 부족
4	강사의 수업시간 약속수행 여부				○		상습적으로 강의에 지각
5	학습자들의 수업시간 약속수행 여부			○			
6	수강한 강좌의 강의방법 적절성				○		
7	수강한 강좌의 실용성의 정도			○			
8	수강한 강좌의 교육시설의 적합성 여부				○		시설이 실습을 하기에 부적절
9	수강한 강좌의 내용과 홍보 내용과의 일치도			○			
10	본 강좌의 재등록 의향				○		
11	수강한 강좌에의 적극적 참여의 정도			○			
12	수강한 강좌에 대한 전반적인 만족도				○		
13	수강한 강좌의 개선사항:	비고: 교육시설을 보다 적절한 곳으로 세팅할 필요가 있음. 강사 섭외 시 강사의 전문성을 좀 더 고려할 필요가 있음					

출처: 평생교육진흥원(2009), p. 83.

- 학습자 상담 및 학습동아리 자문: 실습기관에서 학습자 및 학습동아리에 대한 상담활동을 어떻게 실시하고 있는지 관찰하게 하고, 실제 상담과정 및 상호작용활동에 참여할 수 있는 기회를 제공해 준다. 이를 통해 학습자 상담 및 학습동

아리 자문 활동 시 어떤 능력이 요구되는지 분석하고, 이와 관련하여 실습생
자신에게 부족한 점이 무엇인지 등에 대하여 성찰하는 시간을 가져 볼 수 있도
록 한다.

• 홍보 전략 개발과 분석: 프로그램 홍보는 선행된 프로그램 개발 과정의 효과를
최대한으로 끌어올리는 데 필요한 과정이다. 홍보의 원칙, 기법 등을 활용하여
홍보 대상 집단 확인, 홍보 카피 및 홍보 방법 선정, 관련 예산의 책정, 홍보 일
정 등이 포함된 구체적 홍보 전략을 수립해 볼 기회를 제공함으로써 체계적인
홍보 방법과 노하우(knowhow)를 섭렵하도록 지도한다.

• 강사 선정과 오리엔테이션: 실습기관에서 아무리 우수한 프로그램을 개발한다고
할지라도 이를 가르칠 강사를 적절하게 섭외하고 관리하지 못한다면 좋은 결
과를 기대할 수 없다. 따라서 강사 섭외 및 교육(오리엔테이션), 관리 · 평가 등
의 과정을 관찰할 기회를 제공한다.

• 모의 프로그램 기획하기: 실습생이 실습과정을 통하여 실습기관의 특성과 운영
프로그램 특성, 문제점 및 보완점 등의 파악 과정을 거친 후, 향후 실습기관에
서 필요로 할 것으로 예상되는 프로그램을 만들어 볼 기회를 제공한다. 새로운
프로그램 개발은 다음과 같은 과정으로 이루어진다.

　– 새로운 프로그램 개발의 필요성 확인: 새로운 프로그램을 개발하기 위해서는 실
시하고자 하는 프로그램의 주제와 필요성, 목적을 명료화하고, 이와 유사한
프로그램이 타 기관에서 어떤 형태로 진행되고 있는지에 대한 특성 파악이
요구된다.

　– 기존 프로그램에 대한 분석: 기존 프로그램을 개선할 경우, 기존 프로그램의
특성과 문제점을 분석하고 개선이 필요한 이유, 그리고 개선 시 비교준거가
될 타 기관의 프로그램에 대한 분석이 필요하다.

　– 학습자 요구분석: 성공적인 프로그램 개발을 위해서 학습자의 요구분석이 반
드시 선행되어야 한다. 구체적이고 체계적인 학습자 요구분석을 통해 프로
그램 목표와 내용을 구성해야 한다.

　– 프로그램의 목표 설정과 내용 구성: 개발하고자 하는 프로그램을 통해서 어떠
한 성과를 얻길 바라는지에 관한 목표 설정과 명료화 작업이 요구된다. 그
리고 이를 바탕으로 구체적인 교수계획이 세워져야 한다.

　　　－ 홍보계획: 적절한 수의 수강자를 모으기 위한 마케팅과 홍보 전략을 수립해
　　　　야 한다.
　• 기타 다음의 내용에 관한 지도도 수시로 진행되어야 한다.
　　　－ 공문서 등 작성 및 처리에 대한 지도: 현재 기관에서 활용되고 있는 공문서의 종
　　　　류와 결재 방법, 각종 기안문 작성 요령에 대해 요약·정리해 보도록 한다.
　　　－ 전화 응대 및 상담에 대한 지도: 기관 내외부로부터의 전화 문의 및 상담에 관
　　　　한 기본 응대 방법을 익히도록 돕는다.

2) 담당 평생교육사 실습업무 점검 및 중간 평가하기

평생교육사 실습업무 지도과정 중 실습지도자는 다음의 사항을 수시로 체크해야
한다.

　• 예비 평생교육사로서의 업무능력 향상에 도움을 줄 수 있는 업무인가?
　• 실습 계약의 내용이 반영된 업무인가?
　• 실습생이 감당할 수 있을 만큼의 업무인가?
　• 실습 내용 중 필수 실습 내용(프로그램 기획 등)이 포함되어 있는가?
　• 잡무 위주의 업무가 아닌가?
　• 실습생의 업무 수행과정에 실습지도자 및 업무 관련 담당직원들이 충분한 도
　　움과 피드백을 제공하고 있는가?

담당 평생교육사 실습업무가 어느 정도 마무리될 즈음에 실습지도자는 실습생의
실습일지, 실습생의 실습업무별로 기록한 워크시트들을 중심으로 전문적인 조언과
자문을 수행하도록 한다.

　• 실습일지에 제시된 실습생의 의견, 건의사항이나 의문점 등에 대해 실습일지
　　의 실습지도자란에 간단한 답변을 적어 넣을 수도 있고, 필요한 경우 상황이나
　　실습 내용에 따라서 구두로 답변을 제공할 수도 있다.
　• 실습생이 실습업무별로 기록한 워크시트들을 중심으로 워크시트에 실습지도

자 자신의 의견을 적거나 구두로 실습생에게 자문을 제공할 수도 있다.

이 외에 실습지도자와 실습생이 별도의 평가회를 마련하여 그동안 진행되어 왔던 전체 실습과정에 대해서 조망해 보는 시간을 가지는 방법도 있다. 즉, 실습생은 의문이 들었던 점과 건의사항 등을, 실습지도자는 실습의 진행과정 전체에 대해 향후 교정이 필요한 부분과 잘했던 부분에 대해 의견을 서로 교환하는 시간을 갖도록 한다.

‖ 표 8-10 ‖ **평생교육 현장실습 중간 단계에서의 체크리스트**

항목	준비 여부
1. 예비 평생교육사로서 반드시 경험해야 할 직무에 대한 지도가 이루어지고 있는가?	
2. 실습의 전체 일정표에 따라 진행되고 있는가?	
3. 실습지도를 위한 실습생과의 정기적인 만남(예: 주 ○회 ○시간)의 시간이 정해져 있는가?	
4. 실습생 간의 관계가 원만한가?	
5. 전반적인 실습 수행과정에서의 적절한 피드백이 이루어지고 있는가?	
6. 실습일지에 대한 정기적인 점검 및 조언 활동이 이루어지고 있는가?	
7. 중간 평가서가 준비되어 있는가?	

출처: 평생교육진흥원(2009), p. 87.

4. 평생교육사 현장실습 종결 및 평가 단계

평생교육사 실습 평가는 양성기관에서 배운 학습이론을 현장에서 구현하면서 목표의 성취 정도를 평가하는 것이다. 실습생은 4주간 실습을 통해 배운 것과 함께, 실습생의 관점에서의 실습지도자 및 실습기관을 평가한다. 한편, 실습지도자는 실습기관 입장에서 실습생의 실습 수행 정도를 체계적이고 구조화된 상호과정을 토대로 평가한다.

1) 평생교육사 실습생 자기평가

평생교육사 실습생의 자기평가는 실습지도자의 평가에 대한 신뢰를 기반으로 자신이 향후 어떤 점을 어떻게 극복해 나갈 것인가에 초점을 두고 이루어져야 한다(〈표 8-11〉 참조).

|| 표 8-11 || **실습생 자기평가 워크시트(작성 예시)**

항목	주요 기술 내용
소속부서 에서의 업무보조를 통해 배운 것	[참고] 소속된 부서의 실무자들과 보조를 맞추어 실습을 진행해 가면서 배우고 느낀 점을 중심으로 기술한다. • 자료 준비, 좌석 배치, 강사 섭외는 어떻게 해야 하는지, 그리고 평가는 어떻게 하는지 등 학교에서 이론적으로 배웠던 것을 현장에서 체험하는 좋은 시간을 가질 수 있었다. • 특강, 프로그램을 준비하는 과정에서 평생교육사의 직무에 대한 보다 자세한 이해를 할 수 있었다. • 학습자 응대 시 상대방으로 하여금 불만을 제기하지 않으면서 민원을 효과적으로 처리하는 방법에 대해 다양한 형태로 체험, 습득하는 기회를 가졌다. • 프로그램 참관을 통하여 분석 보고서 작성 요령을 배웠으며, 기관에서의 실질적인 공문서 작성법을 배울 수 있는 좋은 기회를 가졌다.
프로젝트 수행을 통해 배운 것	[참고] 실습지도자와 협의하여 단기간 진행되는 프로젝트를 수행하거나 프로그램에 참여했을 수 있다. 이 과정에서 배우고 느낀 점을 기술하도록 한다. • 프로그램 홍보 관련 업무를 담당하면서, 프로그램을 기획하고, 운영하는 업무만큼이나 홍보가 중요한 활동임을 깨닫게 되었다. • 행사 진행 시 악천후로 학습자들의 참여율이 떨어질까 노심초사하는 과정을 통하여 프로그램을 진행하는 실무자의 마음과 자세를 이해할 수 있었다. • 강사 섭외의 어려움과 중요도를 깨닫게 되었으며, 교육 장소에서 강사가 강의에 몰입할 수 있도록 실무자가 해야 할 중요한 역할을 배우는 기회를 가졌다. • 중요한 행사의 경우, 자리(의자) 배치가 매우 중요한 준비 작업이며, 상황에 맞게 유연성 있게 대처해야 하는 방법에 대해 습득할 수 있었다. • 보고서 작성에 대해 학교에서 배웠으나 실질적인 경험이 부족함을 깨달았다. • 이번 기회를 통하여 현장에서 사업비 확보를 위해 보고서 작성을 하는 과정에 참여함으로써 보다 효과적인 보고서 작성의 노하우를 배울 수 있었다.

출처: 평생교육진흥원(2009), pp. 88-89.

2) 실습현장평가

실습현장평가는 실습생이 실습현장평가서(p. 219의 〈양식 2〉 참조)를 활용하여 실습현장에 대한 평가를 하는 것으로 실습일정, 실습 내용 및 역할, 실습에 대한 기대감, 만족도, 이해도, 현실성, 지도자와의 의사소통 활성화 정도 등을 평가한다.

현장평가에는 실습생과 실습지도자와의 지속적 성장을 위한 기관 및 실습지도자에 대한 평가도 포함되는데, 이는 실습지도자의 입장에서 향후 효과적 실습지도 프로그램을 지속적으로 개발하는 데 매우 중요한 자료가 된다.

‖ 표 8-12 ‖ **실습현장평가 워크시트(작성 예시)**

항목	주요 기술 내용
현장실습의 목표 달성 정도	• 현장에서의 실무능력을 익히고, 실무자로서의 자질을 점검해 보고자 했던 초기의 실습 목표를 달성하여 매우 만족한다.
실습생에게 필요한 교육제공의 정도	• 실습 초기에 기관에 대한 오리엔테이션을 실시하였다. 이러한 교육의 제공은 실습생의 입장에서 기관 내 전체 업무 및 기관 전반에 대한 이해를 돕는데 매우 필요한 것이었다고 생각한다. • 다양한 프로그램에 참여하고 참관해 봄으로써, 현장에 대한 실질적인 이해를 얻을 수 있었다. • 회의 참석을 통하여 실무자의 직무수행에 대한 전반적인 이해를 도울 수 있주었다.
실습과정의 장점 및 특이점	• 여러 분야에서 다양한 실무경험을 할 수 있어서 매우 좋았다. 특히 평생교육사업기관으로 지역의 특성화사업 기획과 운영에 참여해 봄으로써 지역에 대한 이해와 더불어 지역에 적합한 평생교육 프로그램 개발이 무엇인지를 배울 수 있는 좋은 기회를 가졌다. • 청소년 대상의 프로그램을 기획하고 운영하는 과정을 통하여 청소년들과의 공감대를 형성하고 그들의 문화를 이해하는 좋은 기회를 가질 수 있었다. • 청소년을 위한 프로그램을 준비하고 운영하는 과정을 통하여 향후 졸업 후 나의 미래 모습을 그려 볼 수 있어서 매우 행복하였다.
기타 실습과정 운영상의 개선사항	• 업무가 미숙한 담당자가 실습지도를 담당하여 초반에 업무 파악과 습득에 어려움을 겪었다. 실습지도를 담당하는 담당자는 적어도 업무 경력이 2년 이상, 해당 기관에 1년 이상 재직한 자로 자격을 주는 것이 필요할 것이다. • 담당 실무자의 수에 비해 기관의 업무가 너무 많아 실습생이 그 부분을 메우는 역할을 해야 하였다. 업무나 기관에 대한 정확한 이해 없이 기관의 주요 업무를 담당하다보니 당황스러운 경우가 종종 있었다. 보다 효과적인 업무 수행을 위해서는 사전에 업무 및 기관에 대한 정확한 오리엔테이션이 제시되어야 할 것이다.

출처: 평생교육진흥원(2009), p. 90.

3) 평생교육사 실습생 평가

가능하다면 실습지도자를 비롯한 전 구성원과 평생교육사 실습생이 한 자리에 모여 평가회를 갖도록 한다. 이 시간에는 실습생의 간략한 보고와 평가, 목표성취 정도, 실습을 통해 배운 점, 그리고 기관에 대한 제언 등을 발표하고 현장의 선배로서 구성원들이 실습생에게 도움이 될 만한 조언과 평가를 겸하는 시간을 가진다.

실습생은 실습을 마치면서 최종적인 평가보고서(p. 221의 〈양식 3〉 참조)를 기관에 제출한다. 4주간 실습을 경험하면서 기관의 운영적인 측면 및 프로그램 실습의 측면 등 다각적인 시각에서의 관점을 정리할 수 있는 기회를 갖는다. 최종 평가보고서는 최종 평가일에 제출, 발표하게 되며 실습지도자와 다른 실무자들의 실습 피드백을 받는 자료로 사용된다.

실습지도자는 최종적으로 실습 프로그램 전체 및 특정 학습활동을 비롯하여 실습생이 실습지도 기간 동안 보여 주었던 태도와 행동을 기준으로 평가한다. 평가 결과인 현장실습 평가서는 양성기관 행정담당자에게 송부한다.

‖ 표 8-13 ‖ **평생교육 현장실습 종결 및 평가 단계에서의 체크리스트**

항목	준비 여부
1. 실습 평가를 위한 별도의 평가회를 마련하였는가?	
2. 평가회를 통하여 실습활동에 대한 피드백과 향후 비전에 대한 지도가 이루어졌는가?	
3. 평가회를 통해 제시된 실습생의 의견을 향후 반영할 준비가 되어 있는가?	
4. 실습 평가 관련 서류(실습생 평가서, 평생교육 현장실습 평가서, 최종 평가보고서)가 준비되어 있는가?	
5. 양성기관 발송용 실습 평가서가 준비되어 있는가?	

출처: 평생교육진흥원(2009), p. 91.

양식 1　실습신청의뢰서(예시)

실습신청의뢰서

수　신 :

참　조 :

제　목 :

1. 평생교육 및 연구활동을 통하여 평생교육 발전에 전력을 다하시는 귀하와 귀기
관의 무궁한 발전을 기원합니다.
2. 우리 기관은 다음과 같이 실습교육이 가능하오니 관심 있는 학습자들이 참여할
수 있도록 협조를 부탁드립니다.

- 다　음 -

가. 실습부서/분야:

나. 양성기관별 배정 가능 실습생 수:

다. 실습담당직원:　　　　　　　　(연락처: ☎　　　　　　)

라. 실습비:

붙임 1. 실습지도계획서 1부.
　　　2. 실습지도자 신상서 1부. 끝

기관장(직인)

담당자: ○○○　　　　　　　　과장 ○○○

시행: ○○○-○○○(　년　월　일)

주소:

전화:　　　　　　　　　／ E-mail:

양식 2 평생교육사 실습현장평가서

평생교육사 실습현장평가서

실습생 이름		(인)	실습기관명	
실습기간			실습지도자	(인)
실습 평가 일시			실습지도교수	

1. 실습일정에 대한 평가

2. 현장실습의 목표달성 정도(실습에 대한 만족도)

   1) 구체적이고 적절한 목표설정 여부

   2) 목표의 달성 여부

3. 실습생의 업무 분담 정도

4. 실습생에게 필요한 교육제공의 정도

5. 실습과정의 현실성

6. 실습생과 구성원들 간의 의사소통 활성화 정도

7. 실습기간 중 유익했던 내용

8. 실습기간 중 가장 안 좋았던 내용

9. 실습지도자에 대한 평가

　　1) 실습지도 시 태도

　　2) 실습계획의 적절성

　　3) 평생교육업무의 전문성

　　4) 행정능력 및 업무 전달체계

　　5) 전문가로서 윤리 및 가치관의 이행

10. 실습총평 및 건의사항

* 본 평가서는 실습생 본인이 작성하는 것으로 서술양식을 작성한 뒤 실습지도자와 평
　가회를 갖는 것이 좋습니다.

양식 3 최종 평가보고서

최종 평가보고서

실습생 이름	(인)	실습기관명	
실습기간		실습지도자	(인)
실습 평가 일시		실습지도교수	

1. 기관 평가

　　1) 운영 차원

　　2) 조직 차원

　　3) 프로그램 차원

2. 실습 평가

　　1) 실습 목표 달성도

　　2) 실습 운영 차원

　　3) 실습 내용 차원

　　4) 실습을 통해 배운 점

토론문제

1. 평생교육실습기관에서 실습지도자 선정 시 고려해야 할 사항 대하여 설명하시오.

2. 평생교육사 실습생을 확정하고, 현장실습 계약을 체결할때 실습지도자와 실습생 측에 서의 각각 이점에 대하여 설명하시오.

3. 평생교육실습기관 실무자들의 역할과 직무에 대하여 설명하시오.

4. 평생교육실습기관에서의 현장실습 초기 단계에서 체크해야 할 사항에 대하여 설명하 시오.

5. 평생교육실습기관에서 현장실습업무의 지도 시에 포함될 내용에 대하여 설명하시오.

6. 평생교육사 현장실습업무 지도과정 중 실습지도자가 수시로 체크해야 할 사항에 대하 여 설명하시오.

7. 평생교육사 현장실습업무 시 평생교육사 실습생이 실습현장에 대한 평가에 대하여 설 명하시오.

8. 평생교육사 현장실습 종결 후 평생교육사 실습생이 실습현장에 대해 작성하는 최종 평 가보고서에 대하여 설명하시오.

참고문헌

교육부(2015). 평생교육실습 과목 운영지침.

김문섭, 김진숙, 박선희(2019). 개정판 평생교육실습. 양성원.

안홍선, 권혁훈(2011). 평생교육사실습 이론과 실천. 양서원.

평생교육진흥원(2009). 평생교육 현장실습 매뉴얼. 평생교육진흥원.

국가평생진흥원 홈페이지(2023). http://www.nile.or.kr

평생교육사자격관리 홈페이지(2023). http://www.lleu.nile.or.kr

제 9 장

평생교육사 현장실습일지 작성

> 우리가 해야 할 일은 끊임없이 호기심을 갖고 새로운 생각을 시험해 보고 새로운 인상을 받는 것이다.
>
> - Walter Pater -

학습목표

1. 현장실습일지 기록의 의미를 이해한다.
2. 현장실습일지를 효과적으로 작성한다.
3. 현장실습일지 작성을 통하여 자기성찰력과 실무수행력을 강화할 수 있다.

학습개요

현장실습은 실습생이 평생교육사의 직무를 사전에 체험해 보는 과정이다. 이 과정을 통해 실습지도자를 비롯하여 실습기관에서 만나는 다양한 사람과 교육적 만남이 이루어지고 교육적 관계가 형성된다. 실습생이 현장에서 평생교육사 업무를 성공적으로 수행하기 위해서는 직업적 정체성과 책무성에 대한 성찰적 사고가 필요하다. 현장실습일지는 실습 활동에 대한 160시간의 기록인 동시에 실습과정에 대해 숙고했던 수많은 시간이 내포되어 있다. 평생교육사로서 성장과 변화를 도모하려면 자신과 공동체의 내면에 잠재된 신념과 가치관에 대한 비판적 성찰과 함께 긍정적 방향으로 개선해 나가려는 대안을 제시할 수 있어야 한다. 형식적으로 나열된 실습일지가 아니라 실제적인 생동감이 전해지는 현장실습일지로 작성해 나갈 때, 평생교육 현장은 실습교육이 축적된 경험의 장이 될 것이다.

1. 평생교육사 현장실습일지 작성 방법 및 내용

1) 실습일지 기록의 의미

실습생은 현장실습과정 중에서 몸으로 배우는 것 못지않게 배운 내용을 기록으로 익히는 작업도 중요하다. 실습일지를 작성하는 일은 학습일지나 성찰일지와 마찬가지로 소가 되새김질을 하듯 하루 일과를 반추하는 작업이다. 가슴 뿌듯한 날과 가슴 뻐근한 날이 교차되면서 지나간 과거의 후회를 흘러보내고 새로운 미래의 다짐을 기약하게 만드는 것도 축적과 기록의 힘이다.

전주성(2008)은 고등교육 영역에서의 학습일기 쓰기가 교육적 측면에서 어떤 유용성을 가졌는지, 또한 학습일기 쓰기에 대한 만족도는 어떠한지를 학습자의 관점에서 경험적으로 분석했다. 기존의 연구들이 학습일기 쓰기를 주로 반성적 사고의 도구로서 강조하고 있지만, 이 연구는 '교육에 대한 자신만의 관점 형성', '교육 관련 이슈에 관한 관심 유발', '사회적 적응력 향상' 등 학습일기 쓰기의 다양한 유용성까지 확인하였다. 학습일기를 주고받는 가운데 철저하고 구체적으로 피드백을 주거나 학습일기 쓰기에 대해 교수자가 솔선수범함으로써 학생들이 긍정적인 경험을 가질 수 있었다. 교수자와 학생 간에 공고한 신뢰가 구축되면 자기평가나 동료평가, 그리고 교수자와 학생 간의 공동 평가 등 다양한 방법으로 학습일기 쓰기를 평가해 볼 수 있을 것이다.

권성연(2009)은 성찰일지가 학습자에게 적극적이고 깊이 있는 사고와 학습의 내면화를 유도하고, 학습자의 학습 과정을 분석·파악할 수 있는 유용한 도구가 될 수 있다고 보았고, 한우식(2011)은 성인이 학습하는 데 있어서 중요한 핵심 요소로 인식되는 경험이야말로 최고의 가치를 지닌 자원이자 성인학습자의 살아 있는 교과서가 될 수 있다고 강조하였다.

김진숙(2012)의 평생교육실습 체험에 대한 내러티브 연구에 의하면 실습생들은 실습 체험을 통해 이론과 실습 간에 상관관계가 있음을 확인하게 되었고, 평생교육사로서의 마음가짐과 예의범절을 익힐 수 있었으며, 사람들 간의 관계와 소통을 배울 수 있었다.

한상길(2014)에 의하면 실습생의 인식 변화는 평생교육 현장실습 참여 과정의 시작점부터 종결될 때까지 사회적 환경의 유기적 관계에 의해 새롭게 구성된다. 실습 현장에서 어렵고 힘든 직무를 경험하면서 평생교육자로서의 소질과 적성을 스스로 검증하게 되거나, 조직 내 이해관계자들 간의 인간관계를 겪으면서 평생교육의 위상을 인식하는데, 이는 비판적 성찰이나 반성적 사고가 작용하였기 때문일 것이다.

이해주, 윤여각, 이규선(2020)은 실천 현장의 객관적 사실과 그 사실에 기반한 실천가의 느낌이나 생각을 짧은 메모, 녹취 그리고 전사 방식 등의 다양한 기록방식을 통해 즉시 정리해 두기를 추천하는데, 이와 같은 기록은 보고서나 보도자료 등 현장성을 담아 글을 써야 할 때 매우 유용하기 때문이다.

이 연구 결과를 종합해 볼 때, 현장실습일지를 기록한다는 것은 개개인에게 나타나는 경험들에 대한 성찰 과정이며 긍정적이고 의미 있는 과정으로 재구성되도록 이끌어 주는 작업이다. 실습생이 현장실습에 적극적으로 참여하면서 듣고 보고 느낀 것들을 기록하여 성찰적 사고 과정을 거칠수록 실습은 더욱 내실화될 것이고 현장실습에 대한 만족도도 높아질 것이며, 아울러 실습 수행 상태를 파악할 수 있는 중요한 평가 자료로서의 의미도 증대될 것이다.

2) 실습일지 작성 방법

실습생은 실습지도 사항에 따라 성실하게 실습을 수행하고, [그림 9-1]의 실습일지를 매일 기록해야 한다. 실습일지 상단의 '실습지도자 확인'란을 제외하고 나머지 빈칸에 빠짐없이 해당 사항을 기재하도록 한다.

'실습일'은 연·월·일·요일까지 정확하게 기재하고, '실습시간'은 점심시간을 제외하고 하루 8시간이 되어야 한다. 시·분은 24시간제에 따라 숫자로 표기하고, 시·분의 글자는 생략하고 그 사이에 쌍점(:)을 찍어서 구분한다(예: 오전 9시 → 09:00, 오후 6시 → 18:00). 지각/조퇴/결근 여부는 해당 사항이 없으면 가운뎃점(·)을 찍거나 '없음'으로 표기한다.

'실습 내용'란에는 실습 일정에 따른 업무명 순으로 주요 활동 내용을 기술하되, 〈표 9-1〉의 실습 일정에 따른 내용을 구체적·객관적으로 작성한다. 실습과정상에 있었던 당일 업무에 대해 가급적 주관을 배제하고 객관적인 사실에 근거하여 정확하게 기록한다.

'실습소감 및 자기평가'란에는 실습 내용에 관한 실습생의 의견 및 자기평가를 기술하되, 감정 위주의 소감보다는 업무처리와 관련하여 누가 어떻게 느끼고 무엇을 생각하였는지 등에 초점을 맞추도록 한다. 또한 실습지도를 통해 습득한 지식과 기술을 실무에 어떻게 적용할 수 있는지에 대한 실무 수행을 기록하여 실습지도자와의 의사소통 기회로 활용한다. 실습지도자는 실습생의 수행 능력 분석과 조언, 실습 과정 중에 겪는 문제해결과 자문 등으로 실습생과 협력적인 관계를 유지해 나간다. 실습일지를 기록할 때의 기타 유의할 점은 다음과 같다.

첫째, 하루의 근무 생활과 소감을 상세하게 기록하여 실습기간 중의 경험과 앞으로의 평생교육 직장 생활의 지표가 되도록 한다.

둘째, 내용은 가능한 한 구체적으로 작성하며, 수기 작성할 때 용지가 부족하면 덧붙여 써도 좋으나 허락되지 않는 인쇄물은 부착하지 않는다.

‖ 실습일지(0일차)

실습일	년　월　일(　요일)			실습지도자 확인	(서명 또는 인)
실습시간	출근일시	퇴근시간	식사시간	지각/조퇴결근 여부 (사유)	실습시간
					시간
실습 내용	※ 실습 일정에 따른 업무명 순으로, 주요 활동 내용을 기술 ※ 실습지도가 가능하도록 구체적·객관적으로 기술(실습일지는 개인일기가 아니므로 실습일과에 대한 개인의 감정, 의견, 느낌 등은 가능한 한 피해야 함) ※ 프로그램 참관(보조 진행) 시, 단순히 '○○○ 프로그램 참관'이 아닌, 프로그램의 목적, 주요 내용, 강의자의 진행방법 등을 자세히 기록				
실습소감 및 자기평가 (협의사항 포함)	※ 실습 내용에 관한 실습생의 의견 및 자기평가를 기술하되 사실에 기초하여 기록하며 발전·진행적으로 기록 ※ 실습지도를 통해 습득한 지식과 기술을 실무에 어떻게 적용할 수 있는지 등을 기록 ※ 해당 일자의 실습업무 수행을 통해 실습지도자에게 제안하고 싶은 사항 기록				

〽〽 그림 9-1 실습일지 양식

출처: 교육부(2015), p. 18.

셋째, 실습일지는 규정된 것을 사용하며 정자로 반듯하고 깨끗하게 기록하여 알아보기 쉽게 작성한다.

넷째, 행위의 주체가 실무자인지 실습자인지 분명하게 명시하고, 은어, 속어 및 오탈자가 없도록 주의하여 작성한다.

다섯째, 매일매일 기록하고, 당일 실습이 끝나면 바로 실습지도자에게 제출하여 검토 및 서명을 받는다.

‖ 표 9-1 ‖ **현장실습 일정(작성 예시)**

실습일	실습시간	실습 주제	세부 내용
1	8	오리엔테이션 및 면담	개회, 실습기관 및 실습생 근무지침 안내, 사전 설문조사, 자기소개서 작성하기, 실습 담당자와의 면담
2	8	「평생교육법」 및 관련 정책 파악하기	「평생교육법」, 평생교육 관련 정책 교육 강의 · 토론
3	8	행정업무	행정실무 교육, 공문서 작성법 실습
4	8	유관기관 방문 실습과제 구상	방문기관 평생학습 사업 성과의 진단과 평가, 모의 프로그램 기획 관련 과제 구상
5	8	프로그램 기획	평생교육 우수사례 및 유관 기관 프로그램 조사
6	8		실습기관의 주요 사업 및 프로그램 분석
7	8		학습자 요구분석, 운영기획안 구상
8	8		사업계획서, 사업예산안 작성
9	8		모의 프로그램 개발
10	8	프로그램 운영 지원	평생교육 프로그램 홍보 및 마케팅 방안 모색
11	8		학습자 관리 및 지원
12	8		인적 데이터베이스 관리 및 지원, 수강생 관리시스템 보조
13	8		학습정보 데이터베이스 관리 및 지원
14	8		학습시설 · 매체 관리 및 지원
15	8		프로그램 관리 운영 및 모니터링
16	8		프로그램 만족도 조사 지원, 프로그램 평가 척도 검토
17	8	실습과제 점검	모의 프로그램 사업 예산 편성(안) 발표 및 토론
18	8	프로그램 운영 지원	지원 분야 중 두 가지를 선택하여 집중 지원
19	8	유관기관 행사 참석	평생학습 관련 행사 참석 및 보고서 작성
20	8	과제 제출 실습 평가회	과제 제출, 평가회 준비, 소감 공유, 사후 설문조사 등

2. 평생교육사 현장실습일지 작성 사례

　다음의 현장실습일지의 사례는 '2020 평생학습대상'에서 대상을 받은 ○○○동 행복학습센터의 우수사례 및 관련 자료 등을 통합 · 유추하여 일별 실습일지로 재구성한 것이다.

1) 사례 1

　실습 내용은 실습 일정에 따른 업무명 순으로, 주요 활동 내용을 일목요연하게 기술하였다. 실습 소감에는 해당 일자의 실습업무 수행을 통해 실습지도자에게 제안하고 싶은 사항을 기록하였다.

‖ **실습일지(1일차)**

실습일	2021년 ○○월 ○○일(월요일)			실습지도자 확인	(서명 또는 인)
실습시간	출근일시	퇴근시간	식사시간	지각/조퇴결근 여부 (사유)	실습시간
	09:00	18:00	12:00~13:00	·	8시간
실습 내용	〈오리엔테이션 및 면담〉 09:00~12:00 오리엔테이션 ◆ 기관 운영 개요 1. 운영주체 ○○○동 주민자치회/운영 기간 2013년 7월 1일~2020년/운영지역 인천 연수구 ○○○동/수혜 대상 모든 연령층 주민 2. 행정복지센터 개소일(2012. 1. 1.)/주민자치위원회 구성일(2012. 3. 6.)/주민자치회 구성일 (2016. 6. 21.) ◆ 2020년에 주민자치센터 중 유일하게 평생학습관으로 승격됨. 평생교육사를 자체 고용함으로써 실습기관으로서 역할 가능, 향후 평생교육사의 직무를 체계적으로 교육, 평생교육사 직무 관련 양성과정 개설 예정 ◆ 실습생 근무지침: 강조사항 1. 실습생은 가르치면서 배우는 학생의 위치로 실습생에게 실습기관의 모든 실무자는 선배이자 스승이다. 항상 공손한 태도를 보이고 바른 태도로 인사하는 것을 잊지 않도록 한다. 2. 지각, 조퇴, 외출의 합이 3회인 경우에는 1회의 결근으로 간주하고, 결근이 3일 이상이면 교육실습 이수가 불가능하다. 단, 상고(공무원 복무규정에 따름), 징병 검사, 군사 훈련 등 기관장의 사전 승인을 받으면 출석으로 인정하되 그 기간만큼 현장실습을 연장할 수 있으며, 이때에는 증빙 서류를 제출하여야 한다.				

3. 실내는 절대 금연 구역이므로 흡연을 금지한다.

4. 실습생은 실습기관의 지도 방침과 실습 담당자의 지도에 따라야 하며, 이에 따르지 않거나 실습생으로서 품행이 불량하고 품위를 손상하는 행위를 할 때는 실습을 중지시킬 수 있다.

◆ 실습기관 시설 견학 및 직원 소개: 실습기관의 시설 · 설비를 둘러보고, 직원들과 상견례 실시

13:00~16:00 사전 설문조사 및 자기소개서 작성하기

문항	사전 설문 내용	1	2	3	4	5
1	양성기관에서 배운 평생교육 관련 이론을 실습현장에 적용 및 실천을 할 수 있으리라 예상하는가?					
2	평생교육사에 요구되는 전문적인 지식, 기술 및 올바른 태도와 자질이 함양되리라 생각되는가?					
3	실습현장의 조직 내 인간관계가 갖는 역동성을 이해하는가?					
4	다양한 이해관계자의 요구를 이해할 수 있는 능력이 함양되리라 생각되는가?					
5	평생교육 현장에 따른 구체적인 직무를 이해하고, 수행 방법을 습득하리라 예상되는가?					
6	평생교육사로서의 삶의 준비, 소질과 적성이 갖춰졌는지 실습생 스스로 평가 · 검증하리라 생각되는가?					
7	실습생 자신의 직업적 적성을 확인하고 구체적인 경력개발 계획 수립의 기회를 받으리라 예상되는가?					

16:00~18:00 실습지도자와의 면담

1. 실습기간: 매주 월~금 09:00~18:00/8시간이며 20일간 진행

2. 일정 조정: 일차별로 시행할 실습과정과 모의 프로그램 제작 일정 협의

실습소감 및 자기평가 (협의사항 포함)

　배정된 실습기관에서 실습을 시작하는 첫날, 비록 읍 · 면 · 동 단위의 실습기관이지만, 일반 주민자치센터 프로그램 운영기관에서 평생학습관으로 전환하는 쾌거를 이룬 기관이기에 평생교육사로서의 성장에 대한 기대가 커졌다.

　실습기관의 근무지침에서 주의를 필요로 하는 측면이 있었다. 예를 들면, 출퇴근부에 본인의 이름을 한자(漢字)로 적는다거나, 강의나 프로그램 시작 시각과 끝나는 시간을 엄수하고, 강사보다 먼저 도착하여 대기한다는 점은 명심해야겠다.

　마지막 시간에는 실습지도자와의 면담 겸 대화의 시간이 있었다. 실습 일정을 보니 개인적으로 반드시 참석해야 하는 대학교 행사와 겹치는 기간이 있어서, 실습지도자와의 면담 시간을 통하여 고민을 말씀드렸더니 흔쾌하게 조정해 주셔서 감사했다. 아마도 자기소개서에 적어 둔 관련 내용을 미리 읽어 보신 것 같다. 시작이 반이라는 말처럼, 첫날의 단추가 잘 끼워졌으니 마지막 날까지 성실하게 임하여 유종의 미를 거두어야겠다고 다짐하게 된다.

2) 사례 2

실습 내용은 주요 활동 내용을 사실에 근거하여 정확하게 기술하였다. 낯선 행정
업무의 필요성에 대한 자기평가가 실습소감에 포함되었다.

|| 실습일지(3일차)

실습일	2021년 ○○월 ○○일(수요일)			실습지도자 확인	(서명 또는 인)
실습시간	출근일시	퇴근시간	식사시간	지각/조퇴결근여부 (사유)	실습시간
	09:00	18:00	12:00~13:00	·	8시간
실습 내용	〈행정업무〉 **09:00~12:00 행정실무 교육** ◆ 공문서의 의미와 작성법: 개정된 행정업무운영편람(2020)을 참조하면 전체적인 맥락 이해에 도움(다운로드 필요) ◆ 공문서 작성의 일반 원칙: 전자적으로 처리하되, 이해하기 쉽게 작성(전자문서시스템의 공문서 용어 점검 기능 활용) ◆ 문서 작성 기준: 문자, 숫자, 날짜, 시간, 금액, 쪽 번호 표시, 띄움 표시, 항목의 표시 등 규정 숙지 ◆ 일반기안문 작성 1. 문서의 구성 요소와 작성 기준에 따라 형식과 내용의 조화를 이루어 결재자의 승인을 얻을 수 있어야 함 2. 내부 결재 문서를 외부 시행문으로 작성할 때는 수신과 발신명의에 유의함 **13:00~17:00 기안 및 공문서 모의 작성 실습** ◆ 실습기관에 보관된 공문서를 통해 작성 기준 확인, 오류 분석 맞춤법이나 작성 기준에 어긋난 사례 찾아내기 ◆ 국가나 지방자치단체 공모에 관한 공고문을 참고로 하여 실습기관이 해당 사업에 응모한다는 전제하에 모의 공문서 작성 **17:00~18:00 모의 작성한 공문서 검토, 수정** ◆ 여러 차례 실습지도자님의 수정 지도를 받으면서 공문서의 정확한 표현에 대한 중요성을 이해하게 됨.
실습소감 및 자기평가 (협의사항 포함)	교직에 종사했던 동아리 선배님은 가르치는 일 말고 행정업무가 너무 많아 힘들다고 했던 기억이 났다. 공문서 작성법이 낯설어서인지 오류가 계속 발견되었다. 왜 이런 복잡한 규정을 만들었을까 탓했지만 말 대신 문서로 의사전달을 해야 한다면 사용자 간에 모종의 약속이 필요할 수밖에 없을 것이다. 프로그램을 기획하여 운영계획서로 만들어 결재를 올릴 때 그 내용을 담는 용기가 공문서라는 비유에 완전 수긍하게 되었다. 보기 좋은 떡이 먹기도 좋다는 옛 말처럼 하루바삐 공문서 작성법에 익숙해져서 결재권자와의 의사소통을 원활히 할 수 있는 행정력을 갖추어야겠다. 특히 외부 발송 문서의 경우 개인은 물론 기관의 신뢰도에도 영향을 미칠 수 있다고 생각하니, 오류가 나오지 않을 때까지 계속 수정해 주셨던 실습지도자님의 맹훈련을 조금은 이해할 수 있었다.

3) 사례 3

유관기관 방문 시 방문목적, 프로그램 운영 현황, 특이사항 등을 실습 내용에 자세히 기록하였다. 실습 내용에 관한 실습생의 의견 및 자기평가를 기술하되 사실에 기초하여 발전·진행적으로 소감을 작성하였다.

|| 실습일지(4일차)

실습일	2021년 ○○월 ○○일(목요일)			실습지도자 확인	(서명 또는 인)
실습시간	출근일시	퇴근시간	식사시간	지각/조퇴결근 여부 (사유)	실습시간
	09:00	18:00	12:00~13:00	·	8시간
실습 내용	〈유관기관 방문, 실습과제 구상〉 **09:00~12:00 은평구 평생학습관 방문** ◆ 방문목적 코로나 시대에 '평생학습관이 어떤 임무를 수행해야 하는지?' 또 '어떤 방향으로의 변화를 가져와야 하는지?'에 대한 방안 모색 ◆ 기관 안내 1. 서울시 은평구 평생학습관은 2012년 평생학습도시로 선정, 2019년 은평구에 시민교육과를 설치하여 적극적으로 평생교육을 실시하는 지방자치단체 2. 은평구 전체를 학습공간으로 생각하고 각각의 동네 학습터를 마련하고 이를 지원하는 평생학습관으로 체계를 구축 및 운영 3. 은평시민대학, 은평 우리 동네 배움터, 마을 누림, 은상 프로젝트, 늘 배움 학교, 숨은 고수 교실, 인생 수업, 학습동아리, 작은 도서관 네트워크, 도서관 프로그램, 다빈치 실험실, 질문하는 학교 등 다양한 학습공간이나 프로그램 운영 ◆ 해당 기관의 코로나 팬데믹 시대의 대처 방안 1. 온라인 디지털 콘텐츠와 방식으로의 전환과 도입, 소규모 학습모임 강화, 학습 리더 활용 강화, 새로운 콘텐츠의 개발과 활용 등 2. 온라인 디지털 형태의 평생교육을 강화하면서 디지털 콘텐츠를 개발·제공하면서 새로운 콘텐츠를 제공하는 것과 동시에 평생교육이 나아가야 할 방향을 지방자치단체에서 유도하고 지원하는 역할을 은평구에서 설계 ◆ 기관 캐릭터로서의 '평학이' 단순한 표시물이나 상징을 넘어서 온·오프라인 캐릭터로서 은평구 평생교육을 설명하고 안내하고 시민과 대화를 나누는 역할 **13:00~16:00 유관기관 프로그램 참관** ◆ 프로그램 운영의 특징 프로그램을 온라인으로 진행하도록 하면서 다양한 온라인 교육을 코로나19 상황에서도

학습자를 위해 제공, 온라인 공유와 오프라인 교육 병행

◆ 주요 프로그램 현황

1. 신나는 질문나라: 구청의 행정, 전환 마을, 안전, 노동인권 등의 다양한 주제에 대하여 토크쇼 형태로 질문을 하고 대답을 구하는 방식을 통해 흥미를 유도하고 쉽게 이해할 수 있는 온라인 콘텐츠로 주 1회 제공

2. 온라인 문해교육 콘텐츠 공유: 문해교육 네트워크 구축, 문해교육 교수법 강의, 늘 배움 학교 문해교실(문해교육 온라인 과정) 운영 등

3. 은평 우리 동네 배움터: 온라인 프로그램 운영이 활발하게 운영될 수 있도록 학습장비 준비, 줌을 활용한 실시간 온라인 수업을 지원하는 디지털 방송 전문가를 육성하는 사업, 우리 동네 배움터의 콘텐츠를 실시간 온라인 강의로 제공하기 위한 전문가 육성을 통해 동네 배움터 학습 지원

4. 은평 배움모아: 지역 통합교육 종합 시스템으로 온라인으로 은평구의 다양한 평생교육이나 학습모임 등을 살펴보고 참여할 수 있는 종합 창구. 학습모아, 소식모아, 기록모아, 동네 배움터모아, 시민활동가모아, 은씨네 배움모아 등의 메뉴로 구성, 각각의 메뉴에는 다양한 학습모임을 안내

16:00~18:00 실습과제 구상

◆ 코로나19 대응의 지역 평생교육 시사점 정리

1. 다양성 확보: 코로나19에 대한 대응과 평생교육의 방향 그리고 이를 주민과 공유하려는 노력이 포럼, 평생교육 홍보 등의 방법으로 추진

2. 다수의 평생교육 프로그램을 온라인 콘텐츠로 전환하거나 연계: 대부분의 평생교육 프로그램은 온라인으로 담거나 소개, 학습자의 접근성 높이기 위해 노력

3. 온라인 교육으로의 전환을 지원하기 위한 지원: 은평구 평생학습관 유튜브 채널 개설, 은평 배움모아 홈페이지 운영, 온라인 방송 설비 구축 및 활용, 온라인 학습환경 조성 등의 기초 구성

◆ 모의 프로그램 기획 과제 구상

실습소감 및 자기평가 (협의사항 포함)	시·군·구 단위의 은평구 평생학습관을 다녀왔다. 코로나19 이후 평생교육기관의 오프라인 프로그램 운영이 중단된 상황에서 향후 어떻게 프로그램을 기획해야 하는가에 아이디어를 얻고 싶었다. 이 기관의 다양한 평생교육 활동은 기존의 오프라인 중심에서 온라인 중심으로 많이 바뀌었지만, 은평구의 다양한 평생교육기관이나 유관단체와 함께 만들어 가기 위한 네트워크라는 평생교육 사업의 본질은 그대로였다. 온라인 교육의 채널은 주로 유튜브였다. 하지만 은평구 안에서 이루어지는 프로그램이 너무나 다양하고 각각의 채널을 갖게 되거나 혼란스러워질 수 있어서 이를 하나로 통합하는 '은평 배움모아'를 만들었다고 한다. 온라인 교육의 다양성을 담아내려는 조치라 생각되었다. 지금 당장 읍·면·동 단위의 평생교육기관이 따라 할 만큼 만만한 프로그램은 아니었지만, 온라인 학습 프로그램을 포기해서는 안 되는 시대에 진입했다는 느낌이 강하게 다가왔던 시간이었다.

4) 사례 4

현장실습에 대한 실습생 자신의 반성적 사고가 이루어지면서 평생교육사로서의
역량 및 비전에 대한 성찰적 평가가 이루어지고 있다. 직무수행을 위한 준비와 노
력의 필요성을 정리하였다.

‖ 실습일지(6일차)

실습일	2021년 ○○월 ○○일(월요일)			실습지도자 확인	(서명 또는 인)
실습시간	출근일시	퇴근시간	식사시간	지각/조퇴결근 여부 (사유)	실습시간
	09:00	18:00	12:00~13:00	·	8시간

실습 내용	〈프로그램 기획〉 09:00~12:00 실습기관의 주요 사업 설명 ◆ 공유가치 학습플랫폼 1. 목표: 지역 주민과 함께 사회적 가치를 만들고 실천하는 공유가치 창출을 학습에 연계 2. 종류: 도시양봉, 게릴라가드닝, 발효 아카데미, 착한 계단, 사랑의 발자국, 젓가락 교육 ◆ 모두의 평생학습 1. 목표: 다양한 계층의 주민에게 균등한 학습의 기회를 제공 2. 종류: 행복학습센터, 문턱 없는 배움터, 실천을 기획하는 학습공동체(CoP), 작은 도서관, 어울림 한마당, 2020년 시 평생학습관 지정 ◆ 사유하는 시민, 마을을 품다 1. 목표: 마을 민주주의 실현을 위한 시민성 교육과 문화자치 공동체 구축 2. 종류: 주민총회, 아파트 리빙랩 13:00~18:00 프로그램 분석 ◆ 단기형으로 시작한 사업 및 프로그램이 중장기형으로 발전하면서 현재까지 이어지고 있음

시작 연도	프로그램명
2013	행복학습센터 운영
2014	사랑의 발자국(~2019)
2016	발효 아카데미, 주민기자단, 책 읽어 주는 언니 · 오빠
2017	착한 계단, 두드리 樂 장애인 난타교실
2018	도시양봉, 게릴라가드닝
2019	젓가락 교육, 주민총회
2020	시 평생학습관 지정, 아파트 리빙랩

	◆ 자부담 외에 공모사업과 연계한 지원금으로 운영되고 있음. 도시양봉, 게릴라가드닝, 두드리 樂 장애인 난타교실, 아파트 리빙랩 등 ◆ 6진 대분류에 해당하는 프로그램들이 고루 포함됨(시민참여교육까지) ◆ 지역사회의 다양한 자원을 네트워크 하여 학습공동체–지역 활성화–주민자치 활동이 서로 연계되는 선순환 구조를 통해, 지속발전이 가능한 사람 중심의 학습공동체 마을로 성장하고 있음
실습소감 및 자기평가 (협의사항 포함)	평생교육기관의 얼굴은 평생교육 사업과 프로그램으로 단장되는 것 같다. 같은 프로그램인 듯하지만 브랜드화되어 차별화 과정을 거치면서 고유 가치를 창출하게 되기 때문이다. 동 단위 평생교육기관이라서 자체 인력으로 여러 가지 사업이나 프로그램을 꾸려 왔을텐데, 이만큼 성장해 온 비결이 자못 궁금하여 자꾸만 질문하게 되었다. 아무리 평생학습도시에서 시작한 행복학습센터이지만 오늘날 성장, 발전하게 된 비결이 무엇인가? 강의를 맡으신 회장님 말씀에 의하면 실무진의 열정과 봉사, 주민들의 평생학습에 대한 관심 그리고 지역 내 성인학습기관의 부재라고 한다. 이제는 자체적으로 평생교육사를 채용함으로써 시 단위 평생학습관의 지위까지 획득한 이 기관의 저력을 보면서도 개인적으로도 재정 자원의 지속가능성에 대한 염려가 생겼다.

5) 사례 5

실습지도를 통해 습득한 지식과 기술을 실무에 어떻게 적용할 수 있는지 등에 대한 고민과 반성적 사고로 실습소감을 기록하였다.

‖ 실습일지(8일차)

실습일	2021년 ○○월 ○○일(목요일)			실습지도자 확인	(서명 또는 인)
실습시간	출근일시	퇴근시간	식사시간	지각/조퇴결근 여부 (사유)	실습시간
	09:00	18:00	12:00~13:00	·	8시간
실습 내용	〈프로그램 기획〉 09:00~12:00 사업계획서 작성 ◆ 공모사업의 경우 주관기관에서 계획서의 틀을 제시하는지 확인 1. 사업의 필요성 및 목적 2. 프로그램 세부 계획: 교육과정 및 시간표, 일정별 세부 추진계획, 프로그램 강사 현황, 예산 편성 및 대응 투자의 적절성 등 3. 활용방안 및 기대효과 ◆ 모의 사업계획서 작성 1. 기획 아이디어를 다듬어서 계획서로 구체화하기 　육하원칙에 의거하여 명확하게 작성 2. 필요성과 목적이 자연스럽게 이어짐으로써 설득효과 내기				

사업의 필요성을 강조하고 세부 운영계획을 통하여 해결방안 제시
3. 사업을 위한 세부 프로그램에 대한 추진 일정 수립
4. 보조금 활용 효과가 반영된 기대효과의 일반화 방안 제시

13:00~15:00 사업예산(안) 편성

◆ 예산의 개념과 종류, 기관의 총수입과 총지출 대비한 예산 편성
◆ 수입액 산정 시 보조금과 자체예산은 분리 제시
◆ 지출액 산출 시 비목별 구분
◆ 해당 사업에 배정된 보조금 예산 확인한 후, 소요예산 산출, 단가×수량×횟수=금액, 목표 인원 수 등 기재, 세부 산출 근거 작성하여 편성
◆ 예산 절감 노력
1. 명확한 산출 근거를 명시하여 정확하게 집행
2. 두 개 업체 이상 동일 사양에 대한 견적서를 징구하여 금액 비교
3. 물가정보 안내 적극 활용
◆ 합리적이고 현실적인 예산 책정
1. 보조금일 경우 예산항목별 세부 집행 방법 준수
2. 사업비 잔액(미집행 금액, 이자 등)은 사업완료일 기준으로 통장 잔액으로 남아 있어야 함
3. 사업비 집행 관련 자료는 당해 기관에서 5년간 보관

15:00~18:00 사업예산안 작성

◆ 예시안 수정해 보기

구분		산출내역	총 사업비			비고
			계	보조금	자부담	
총계			6,270,000	3,000,000	3,270,000	
강사비	소계		3,450,000	3,000,000	450,000	
	도시양봉가	150,000×20회 =3,000,000원	3,000,000	3,000,000	0	성인
	체험학습	150,000×3회 =450,000원	450,000	0	450,000	어린이 청소년
홍보비	소계		200,000	0	200,000	
	현수막	50,000원×4개 =200,000원	200,000	0	200,000	
기타	소계		2,620,000	0	2,620,000	
	꿀벌	250,000×4통 =1,000,000원	1,000,000	0	1,000,000	4통
	양봉물품	1식	1,620,000	0	1,620,000	별첨 서류

	〈수정 사항〉 1. 예산의 금액 단위: 천 원, 6,270,000 대신 6,270으로 기재 2. 산출내역: 단위 빠지지 않도록 유의 3. 기타: 비목 세분화하여 독립 → 물품구입비, 재료비, 사무용품비 등 ◆ 모의 사업예산안 편성해 보기 실습기관 주요 사업 중에서 택일 가능
실습소감 및 자기평가 (협의사항 포함)	예산 편성은 공문서 작성보다 더 낯설게 느껴졌다. 더구나 양봉에 대한 경험이 없다 보니 필요 물품이나 소요량이 어느 정도가 될지 감이 잡히질 않았다. 단가에 대한 정보도 부족하여 일일이 인터넷 검색을 하여 비교해 보았다. 예산을 절약할 수 있는 요인이다 보니 가격 비교는 필수였지만, 무조건 싼 가격으로 구입하다가 질이 나빠서 사업을 망칠까 봐 선택하는 데 어려움이 있었다. 예산서에 표기하는 예산의 금액 단위는 '천 원'으로 하고, 모든 계량 단위는 '미터법'에 따른다 등 지켜야 할 원칙들도 있었다. 　지출비목을 구분하는 일도 주의를 요하는 작업이었다. 보조금 사용 원칙에 의거하여 지출할 수 없는 경우도 있어서 뒤늦게 재조정하는 일도 있었다. 예산 편성에 대한 설명을 들어 놓고도 막상 적용하려면 어찌할 바를 몰랐다. 사업예산이 실현 가능하게 책정되어야 하는데, 이런 일에 왕초보인 나로서는 뜬구름 잡는 초안을 작성할 수밖에 없었다. 실습지도자님의 꼼꼼한 피드백 덕분에 완성하고 나서도 공적 기금을 쓴다는 것에 대한 책무성은 무겁게 다가왔다.

6) 사례 6

　학습자 만족도 조사에 동행하여 보조 업무를 수행한 일정이 기록되었고, 기존 척도를 통하여 이해당사자의 개념 이해, 척도에 대한 객관적이고 비판적인 사고의 필요성을 부각시켰다.

|| 실습일지(16일차)

실습일	2021년 ○○월 ○○일(월요일)			실습지도자 확인	(서명 또는 인)
실습시간	출근일시	퇴근시간	식사시간	지각/조퇴결근 여부 (사유)	실습시간
	09:00	18:00	12:00~13:00	·	8시간
	〈프로그램 운영 지원〉 09:00~12:00 프로그램 만족도 조사 지원 ◆ 평생학습 개인실태조사의 조사 정확성 및 활용 가능성 제고 방안 1. 표본 수 확대				

실습 내용

2. 평생교육에 대한 명확한 구분과 합의 필요: 학력보완교육이 비형식교육에서 형식교육으로 재분류, 자기주도의 온라인 개인학습이나 학습동아리 형태의 학습도 재고
3. 새로운 평생학습 트렌드 파악을 위한 문항 개발과 항목 추가 고려할 필요

◆ 프로그램 운영 결과에 대한 학습자 대상의 설문조사
1. 설문 영역: 교육내용 및 교육방법, 교육기간, 강사 만족도 등
2. 수료 직전에 실시: 설문지와 펜 준비
3. 설문지 회수 및 코딩 작업
4. 문항별 분석 및 정리
5. 설문조사 항목에 대한 추가 또는 삭제 여부 협의

13:00~18:00 평생교육실습 프로그램 평가척도 검토

◆ 이해당사자 기반 평가
  평가 전반적인 부분에 있어서 이해당사자를 포함시키는 평가
◆ 이해당사자 선정
  실습생, 담당교수, 실습지도자, 자격제도 관계자
◆ 4주간의 현장실습 효과 및 개선점 파악을 위한 척도 문항 예시(구경희, 2017)

1. 실습생

구분	문항
1	실습한 기관은 평생교육 사업 및 프로그램을 운영하는 곳이다.
2	실습기간 동안 실습기관 직원들은 실습지도에 관심을 가졌다.
3	실습생 전용 좌석 및 명찰 패용 등 신분을 우대하였다.
4	실습지도자로부터 전문적인 실습지도를 받았다.
5	실습을 통해 평생교육사 업무에 대한 이해가 향상되었다.
6	실습을 통해 진로 및 취업 정보를 획득할 수 있었다.

2. 담당교수

구분	문항
1	실습생은 실습일지를 충실하게 작성하였다.
2	현장실습 확인서, 현장실습 평가서, 실습생 평가서 등을 통해 실습지도자의 실습생에 대한 평가를 확인하였다.
3	실습 OT 및 평가회 참여도, 실습일지, 현장실습 평가서, 실습생 평가서, 실습 후 결과물 등 다양한 자료를 종합하여 실습생을 최종 평가하였다.
4	평생교육실습 프로그램의 최종 평가는 공정하게 이루어졌다.

3. 실습지도자

구분	문항
1	실습지도자의 자격요건에 대한 규정은 적절하다.
2	실습기간 중에 담당교수의 방문은 실습현장 점검, 실습생 중간 지도, 실습기관과의 업무협조 등에 효과적이다.
3	국가나 지방자치단체 평생교육 관련 기관에서는 실습지도와 관련된 연수 및 보수교육을 실시하였다.
4	실습생은 적극적인 태도로 실습에 임하였다.
5	실습생은 매일 성실하게 실습일지를 작성하였다.
6	초기에 수립했던 실습지도 목표와 계획을 달성하였다.

4. 프로그램 자격제도 관계자

구분	문항
1	담당교수는 실습현장을 1회 이상 방문하였다.
2	실습현장 방문을 통해 실습기관의 실습 운영 실태 및 환경을 모니터링하였다.
3	현장실습의 원활한 운영을 위한 실습기관의 건의사항을 확인하였다.

◆ 네 가지 척도 중 택 1하여 수정 및 보완: 새로운 평가척도 제작

실습소감 및 자기평가 (협의사항 포함)

　　실습생으로서 평생교육실습 프로그램에 대한 평가척도를 부분적으로 평가하려니 생소하면서도 신선하게 느껴졌다. 또한 실습생 외에도 관련 대상자가 추가되어 각자의 입장에서 실습 프로그램을 효과적으로 운영하고 있는지에 대한 의견을 피력함으로써 실습기관에 대한 인증 역할도 가능할 것 같다. 단, 설문 문항이 타당하고 신뢰할 수 있어야 한다는 전제가 필요할 것이다. 실습생 대상의 문항을 검토하면서 과하거나 부족한 부분은 없는지 생각해 보았다. 나는 기존의 6개 문항에 5단계 응답지 중에서 '대체로 만족한다' 이상으로 표시하게 될 것 같다. 특히 1번 문항은 예/아니요로 답할 수 있기 때문에 오지선다형이 큰 도움이 되지 않을 듯하여 차라리 다른 문항으로 대체하는 것이 보다 효과적인 척도가 될 것으로 생각한다. 3번 문항도 이제는 더 이상 논할 거리가 아닌 것이 좌석 배치나 명찰 준비 정도의 배려는 기본적으로 이루어지고 있기 때문이다. 그 배려가 어려운 상황의 기관에서는 미리 실습생 받는 것을 거절하고 있을지도 모르겠다는 생각도 들었다. 문항의 삭제보다 어려운 문제는 문항의 추가이다. 더욱 타당하고 신뢰할 수 있는 척도가 되려면 어떤 부분이 보완되어야 할지 밤새도록 고민하게 될 것 같다.

7) 사례 7

실습과제에 대한 중간점검을 통하여 자신의 과제 수행력을 객관적으로 비교해 보고, 숙고해야 할 내용에 대한 반성적 사고를 기록하였다.

∥ 실습일지(17일차)

실습일	2021년 ○○월 ○○일(화요일)			실습지도자 확인	(서명 또는 인)
실습시간	출근일시	퇴근시간	식사시간	지각/조퇴결근 여부 (사유)	실습시간
	09:00	18:00	12:00~13:00	·	8시간
실습 내용	〈실습과제 점검〉 **09:00~12:00 실습과제 발표: 공유가치 학습플랫폼 사업** ◆ 사업예산 편성에 따른 프로그램별 소요예산 산출해 보기: 택일 1. 사업 목적: 지역주민과 함께 사회적 가치를 만들고 공유가치 창출 연계 2. 프로그램별 예산 편성: 도시양봉(750만 원), 게릴라가드닝(431만 7천 원), 발효 아카데미(328만 8천 원), 젓가락 교육(417만 원) 3. 고려할 점: 보조금 포함 여부, 학습자 부담 경비 여부, 일인당 소요액, 참가 인원수 결정, 지출비목별 소요예산 산출 등 **13:00~16:00 실습과제 토론: 소요예산 산출 관련** ◆ 사업예산안 발표: 도시양봉 선택 1. 선택 이유: 꿀벌을 매개로 한 도시 환경 개선 및 도시양봉가 관심 2. 예산 구성: 보조금(시 평생학습관 공모사업) 사용 3. 참가비(학습자 부담): 60명 예상 4. 지출비목: 강사비, 홍보비, 재료비, 기타 ◆ 토론 1. 사업 목적에 부합하는 교육과정 운영이 가능한 예산인가? 2. 지출비목이 바르게 제시되었는가? 3. 소요예산 산출이 제대로 되었는가? 4. 기타 수정, 보완해야 할 부분은 무엇인가? **16:00~18:00 실습과제 수정, 보완** ◆ 예산 작성 시 주의사항, 학습자 부담 경비 검토
실습소감 및 자기평가 (협의사항 포함)	모의 프로그램 기획 과제 중 일부인 사업예산 편성안에 대한 중간점검이 있었다. 사업계획서는 그럴듯하나 예산 편성이 비현실적이라면 목적 달성에 어려움이 있을 것이라 헛수고로 돌아갈 수도 있으니 조마조마한 마음이었다. 　보조금 사용에 대해 세심한 주의가 필요하다. 예산 편성 및 집행은 효율성, 투명성, 책임성 차원에서 정해진 조건들을 충족시켜야 하는 까다로운 행정실무 중 하나라는 생각이 들었다. 최종적으로 과제 제출하기 전에 중간점검을 통하여 몇 가지 허점을 발견할 수 있었고, 지방자치단체 예산 편성 운영 기준을 확인하면서 수정·보완할 수 있었다. 백문이불여일견, 백견이불여일행!

8) 사례 8

지역 특성이 드러난 평생학습 축제를 통해 기관의 비전이 지역사회에 어떻게 적용되는지 등 지역축제의 차별화에 대한 정보를 기록하였다.

‖ **실습일지(18일차)**

실습일	2021년 ○○월 ○○일(목요일)			실습지도자 확인	(서명 또는 인)
실습시간	**출근일시**	**퇴근시간**	**식사시간**	**지각/조퇴결근 여부 (사유)**	**실습시간**
	09:00	18:00	12:00~13:00	·	8시간

실습 내용	〈유관기관 행사 참석〉

09:00~12:00 지역축제에 대한 사전 정보 검색

◆ 평생학습 관련 행사 조사, 행사 주최 측과의 사전 약속 재확인
◆ 보고서 형식 구상 및 질의 사항 준비
  행사 주관기관이나 단체의 현황/행사 취지, 목적, 내용 등

13:00~18:00 평생학습 행사 참석

◆ 지역축제 일정

시 간	소요 시간 (분)	내용		비고
		행사 진행순서	참여 부스	
14:00~ 14:05	5	개회 및 국민의례	부스(참여 & 체험) 운영 〈정책마켓 개최〉 마음에 드는 정책에 투자해 주세요!	사회자
14:05~ 14:20	15	내빈소개 및 인사말		참석 내빈
14:20~ 16:00	100	〈120인 원탁토론회〉 제안자 의제 발표, 숙의 토론, 투표		테이블별 주민자치위원 (FT) 보조
16:00~ 18:30	150	자치센터 프로그램 발표회, 무대공연		참가자
18:30~ 19:00	30	자치 계획 및 투표 결과 발표		주민자치회장

◆ 탐방보고서 별도 제출

실습소감 및 자기평가 (협의사항 포함)	오늘 다녀온 지역축제는 주민총회와 어울림 한마당이 결합한 형태였는데, 지역 특성을 잘 살린 성공적인 축제였다. 개인적으로 인상적이었던 내용들을 정리해 본다. 내가 직접 운영할 때 아이디어를 얻을 수 있을 것 같다. 1. 대주제(주민과 같이 함께 가치)와 소주제(이제는 必 환경이다!) 2. 주민자치회가 지역사회 허브 역할을 하며, 관내 상가, 유관기관 등과의 협력하여 상생을 도모 3. 세대별, 연령별 지역주민이 함께 참여하는 행사로 지역 정체성과 유대감 확립 4. 테마별 체험 부스와 무대공연 외 플래시몹 이벤트 진행 5. 자원봉사자 모집은 1365 자원봉사 포털로 접수 6. 체크리스트 활용: 사전확인, 접수 관련, 숙의 관련, 투표 관련, 홍보 관련, 기타 내용 등에 대한 점검표 확인

9) 사례 9

　실습 내용에 유종의 미를 거두기 위하여 현장실습 평가회 준비부터 실무 종료를 위한 뒷정리까지 요약·정리하였고, 동료 소감 및 자신의 실습소감을 종합적으로 기술하였다.

‖ 실습일지(20일차)

실습일	2021년 ○○월 ○○일(금요일)			실습지도자 확인	(서명 또는 인)
실습시간	출근일시	퇴근시간	식사시간	지각/조퇴결근 여부 (사유)	실습시간
	09:00	18:00	12:00~13:00	·	8시간
실습 내용	〈과제 제출, 실습 평가회〉 09:00~12:00 실습 평가회 ◆ 평가회 준비 식순 준비, 활동 동영상, 소감 발표자 선정, 간단한 다과, 좌석 배치 등 ◆ 소감문 작성하기 실습 동기, 목적, 실습 내용, 실무과정 수행 중 좌절과 보람, 예비 평생교육사로서의 비전 등 자유로이 기술 ◆ 실습 소감 나누기 실습생들의 자평 및 실습지도자의 지도평 포함 ◆ 과제 제출				

	13:00~17:00 사후 설문조사 외 ◆ 사후 설문조사 및 실습 활동에 대한 서술식 평가 ◆ 실습 내용 최종 정리 및 실습일지 검토 1. 반드시 포함해야 할 내용 확인 2. 실습일지 제출에 앞서 그동안 작성한 서류 분류하고 순서대로 정리, 합본 **17:00~18:00 현장실습 뒷정리** ◆ 실습 장소, 현장실습 비품 등 뒷정리
실습소감 및 자기평가 (협의사항 포함)	〈김○○〉 현장실습 이전에 평생교육사에게 평생교육에 대한 풍부한 지적 능력이 우선이라 생각했는데, 현장실습 이후에는 실무자나 학습자에 대한 고려가 우선시되어야 함을 느꼈다. 그들과의 일상적인 대화에서부터 생활 습관, 태도, 환경 등을 알고 실무에 임하는 것도 나로서는 숙달해야 될 역량인 것 같다. 〈이○○〉 프로그램을 이끌어 가려면 방대하고 깊이 있는 관련 지식과 능력이 필요하다는 사실을 깨닫게 되었다. 경력자도 사전에 시뮬레이션을 돌리고 여러 준비를 한다는데, 실습생이나 직장 초년병으로서는 얼마나 많은 노력과 전문성이 필요할 것인가! 소명 의식을 갖지 못한다면 중도에 포기할 수도 있겠다고 생각했다. 〈최○○〉 사실 평생교육 이론 수업을 수강하면서 이론과 실천의 중요성을 배웠지만, 실제 현장실습에서는 실무가 어떻게 이루어지고 있는지, 실무 과정에서 특히 주목해야 할 점은 무엇인지 등에 대해서는 실제로 현장에 나와 실습하기 전에는 제대로 이해하기 어려웠을 것 같다. 〈박○○〉 평생교육직에 대한 가치관의 변화라는 거창한 결과는 없었지만, 현장실습을 통해 이 직업이 기대되고 재밌었다는 점은 큰 성과인 것 같다. 중요한 것은 내가 얼마나 완벽하게 프로그램을 진행하느냐가 아니라 학습자들에게 어느 정도 학습이 일어나는가였다. 평생교육과 대상자에 대해 더 깊게 생각하게 되었다. 동료들의 소감을 들으면서 대동소이하게 느끼고 있음을 알게 되었다. 나도 실습 첫날에는 모든 것이 막막하기만 했는데, 어느새 실습 마지막 날이 되어 함께 생활했던 분들과 이별의 순간을 맞이하였다. 그동안 마음 맞는 사람과 모의 프로그램 공동 개발도 해 보고, 실습지도자님의 지식과 경험을 온전히 수용하고자 노력했던 뜻깊은 시간을 가질 수 있었다. 사랑을 담은 충고와 조언을 아끼지 않은 사람들과의 협업은 잊지 못할 아름다운 추억이 되었다. 평생교육사를 할 것이냐에 대한 직업적 고민이 있었지만 끝까지 실습에 즐겁게 임하는 것을 보니 적성에 맞나 보다. 평생교육을 전공으로 공부하고 있지만, 이론과 실천의 틈새를 느꼈고 행정실무는 그동안 접하지 못했던 분야라 너무 어렵게만 느껴졌는데, 현장실습을 무사히 마치고 나니 왠지 모를 자신감이 생겼다. 유사한 평생교육 프로그램이 각 지역에서 행해질 때, 상황 요인에 의해 얼마든지 달라질 수 있으며, 평생교육사의 열정과 의지로 명품 브랜드화될 수 있음을 보면서, 평생교육사 역할의 중요성을 다시금 인식하게 되었다. 실습기관 찾기가 쉽지 않은 시기에 현장실습을 허락해 주신 것만도 감사한데, 실습지도자님을 비롯하여 관계자분들의 따뜻한 환대를 받아 사랑의 빚을 지고 가는 기분이다. 현장실습을 위해 애써 주신 모든 분께 감사드리며, 평생교육의 블루오션에 도전할 때마다 기억하고 힘을 얻을 것이다.

3. 평생교육사 현장실습일지 평가 방법

실습기관에서는 평생교육 현장 실무능력 배양을 위한 실습계획 수립을 비롯하여 실습생 선발, 지도, 출결 관리, 교육, 평가 등을 실시해야 한다. 현장실습일지는 실습 과정 및 결과에 대한 평가 자료로 활용할 수 있는데, 실습생이 어떤 문제를 어떤 맥락에서 어떻게 해결하고자 하는지 그 과정과 평생교육사로서의 구체적인 목표 달성 여부가 드러나 있기 때문이다.

실습지도자는 실습기간에 관찰한 것과 실습일지에 기록된 것을 참고하여 [그림 9-2]의 실습지도기록서를 작성한다. 주 1회(1주: 40시간), 총 4회에 걸쳐 실습생의 강점 및 개선점에 대한 의견이나 실습 내용에 대한 피드백 등을 기록하고, 주차별로 누적 관찰한 사항을 서술하여 실습생에 대한 총괄적인 평가 시에 참고한다.

실습지도기록서

실습지도자:　　　　　(서명 또는 인)

주차	실습지도자 의견
1주차	※ 실습생의 강점 및 개선점에 대한 의견 제시 ※ 실습 내용에 대한 피드백 등을 주차별 작성
2주차	
3주차	
4주차	

※ 총 160시간의 실습시간 중 40시간을 1주로 산정하여 작성

그림 9-2 **실습지도기록서 양식**

출처: 교육부(2015), p. 20.

최낙천(2015)은 현장실습의 영역이 참관 실습(Observation Practice), 참가 실습(Participation Practice), 실무 실습(Administrative Work Practice)의 세 단계로 구분되며, 서로 유기적인 연관성을 가지고 있다고 설명하였다. 우선, 참관 실습은 관찰과 참관의 두 가지 영역을 포괄하는 실습으로서, 관찰은 참가 실습과 실무 실습에 들어가기 전에 평생교육의 전반적인 상황을 이해하기 위하여 실습기관의 제반 활동에 걸쳐 객관적 사실에 대한 자료를 수집하는 활동이다. 참관은 참가 실습의 바로 전 단계로서 실습생이 지도 주체로서 평생교육에 대한 현상을 파악하는 것이며, 실습지도자의 지시에 따라 프로그램 일부를 맡거나 보조하는 것을 말한다. 다음으로, 참가 실습은 관찰과 참관의 경험을 기초로 하여, 실습지도자의 지도하에 실습생 자신의 계획에 의해 프로그램 지도, 연구조사, 프로그램 기획 · 운영 지원 등을 실제로 실시하는 활동이다. 마지막으로, 실무 실습은 평생교육사로 근무하는 동안 추진해야 할 행정사무의 경험을 쌓는 활동을 말한다.

실습지도자는 현장실습을 나온 실습생의 참관, 참가, 실무 실습에 대해 현장실습일지를 통한 평가를 얼마나 반영하는 것이 바람직할지에 대해 생각해 볼 수 있다. 4주라는 짧은 실습기간에 평생교육사가 해야 하는 모든 업무를 실습하게 하는 데에는 한계가 있다는 점을 고려한다면 중점적으로 실습해야 할 업무를 기준으로 업무처리 능력 향상도를 평가할 수 있을 것이다. 또는 근무태도, 목표 달성도, 평생교육사로서의 전문성과 도덕성, 실습 관련자들과의 인간관계 기술, 실습기간에 실습생이 수행했던 모든 실습 활동에 대한 실습 전후의 변화에 중점을 두어 평가할 수도 있을 것이다.

실습생은 현장실습을 자기주도적이고 자발적으로 자신들의 학습을 긍정적으로 실천해 나가되, 비판적인 성찰 과정을 통해 이론과 체험의 간극을 좁혀 나가는 기회로 삼아야 한다. 실습생으로서 소임을 책임감 있게 수행하고 실습기관의 특성을 이해하면서 실습지도자와의 관계 형성에 노력해야 한다. 일반적인 실습생 준수사항을 평생교육실습과목 운영지침에 제시된 현장실습 평가기준에 대비해 보면 〈표 9-2〉와 같이 근무태도, 자질 영역과 연관되어 있음을 알 수 있다.

‖표 9-2‖ **실습생 준수사항과 현장실습 평가기준(예시)**

	실습생 준수사항	현장실습 평가기준	
1	출·퇴근 시간을 준수하고 별도의 출근부에 확인 서명한다.	근무사항	근무 태도
2	실습기관의 근무규정에 의거하여 성실히 근무한다. 다만 상고(공무원 복무규정에 따름), 징병 검사, 군사 훈련 등 기관장의 사전 승인을 받았을 때 출석으로 인정하되 그 기간만큼 현장실습을 연장할 수 있으며, 이때는 증빙서류를 제출하여야 한다.	근무사항	
3	일일 업무 계획에 따라 현장실습에 임하고, 실무 수행 과정을 실습일지에 기록한다.	태도	
4	프로그램을 참관할 때 사전에 해당 강사의 허락을 받는다.	태도	
5	점심은 직원식당을 이용하거나 도시락을 지참하며, 기관의 금연 지침을 준수한다.	태도	
6	실습과정에서 조사분석 업무를 담당할 때에는 개인정보보호법과 조사윤리 규정 등에 따라 참여자에게 사전 동의를 얻는다.	가치관	자질
7	공정하고 책임감 있게 직무를 수행해야 한다. 프로그램 학습자와 외부에서 개인적으로 만나지 않으며, 실습과정 중 어떠한 경우라도 금품을 주고받지 않는다.	가치관 관계 형성	
8	사람들에게 항상 공손하고 바른 태도로 인사하며, 특히 실습지도자와 원만한 인간관계를 형성하여 적극적인 배움의 자세를 견지한다.	자세	
9	실습기관의 지도 방침과 실습담당자의 지도에 따라야 하며, 이에 따르지 않거나 실습생으로서 품행이 불량하고 품위를 손상하는 행위를 할 때는 실습 중지 조치도 감수한다.	자세 관계 형성	
10	실습생은 양성기관과 실습기관에 제출할 서류를 잘 구분하여 자격증 신청에 차질이 생기지 않도록 한다.	자세	

직무 훈련의 과정인 현장실습은 지식과 기술만이 아니라 태도의 변화도 가져온다. 실습생의 태도는 실습생이 직무를 수행하는 자세와 직결되고, 근무 상황으로 나타나며, 이는 현장실습일지에 반영된다. 따라서 현장실습일지 기록 내용을 근거로 근무태도를 평가할 수 있으므로 이에 대한 평가 원칙, 감점기준이나 실격기준에 대한 세부기준을 수립할 수 있다(〈예시 1〉 참조).

┃ 예시 1 ┃

근무태도 영역(10)

1. 근무 일반, 근무 상황의 평가
- 지각·조퇴·외출 3회는 1회의 결근으로 하고, 결근 3일 이상이면 현장실습 이수가 불가능하다.
- 장기간의 유고, 결근 및 공식적인 대외 행사 참가로 인하여 3일 이상 결근한 실습생은 실습기간을 연장하여 평가할 수 있다.

2. 실격기준
- 결근 3일 이상인 경우(지각, 조퇴, 외출 3회는 결근 1일로 계산)는 실격 처리한다.
- 실습기관의 현장실습지도 방침과 실습담당자의 지도에 불응하는 경우는 실격 처리한다.

3. 감점기준

종류		근무일반 감점
근무 자세	대리 출결 서명	-1
	실내에서 흡연	-1
결근	질병	-1
	무단	-2
지각	질병	-1
	무단	-2
조퇴	질병	-1
	무단	-2
공결, 경조결, 공지각, 공조퇴		없음

실습자 자질의 평가항목인 목표 설정 및 계획 수립, 가치관, 관계 형성 등에 대해서도 특성별로 세부기준을 수립할 수 있다(〈예시 2〉 참조).

▌예시 2 ▌

자질 영역(15)

평가항목	특성	세부기준(상 · 중 · 하)
목표 설정 및 계획 수립	자율성	실습일지를 매일 작성하였는가
	구체성	평생교육사 실무 내용이 육하원칙으로 작성되었는가
	정확성	사실에 근거하여 객관적 · 합리적인 내용으로 작성되었는가
가치관	성찰성	비판과 성찰이 담긴 실습소감이 작성되었는가
관계 형성	발전성	통찰적 자기평가의 맥락이 이어지고 있는가

이와 같이 현장실습일지를 통한 평가 영역별 평가는 실습지도자가 영역을 선택할 수 있고 세부기준을 자율적으로 수립하여 점수를 부여할 수 있다. 실습생과 이러한 기준을 공유하면 실습일지 기록의 내실화도 가능할 것이다. 〈표 9-3〉의 평가 영역별 배점표는 총평 100% 중 25%를 배당한 근무태도와 자질은 현장실습일지 기록으로, 75%를 배당한 학습지도 능력, 연구조사 활동, 학급경영 및 사무처리 능력은 과제물 등으로 평가하는 방안을 예시해 본 것이다.

양성기관으로 송부하는 실습생 평가서는 실습기관과 양성기관 공동의 공식 기록이 되기 때문에 실습지도자는 책임감을 느끼고 출석 상황과 실습기간 등 현장실습 관련 내용을 바탕으로 최종적으로 평가한다.

실습지도교수는 현장실습이 종료되면, 실습생에 대한 최종 평가를 위해 실습과목 수업 참여도를 비롯하여 실습기관에서 작성된 현장실습 평가서, 실습일지, 실습평가회 및 과제 등을 통해 학생별 실습 성적을 부여한다. 학점은 실습기간을 기준으로 각 양성기관의 학점인정 기준에 따라 부여하는데, 실습 시작부터 마무리까지 실습생, 양성기관, 실습지도자, 실습기관 모두 효과적인 실습과정을 위해 유기적인 관계를 유지해야 할 것이다.

|| 표 9-3 || **평가 영역별 배점표(예)**

평가 영역	평가 항목	총평 (100%)	근거 자료	비고
근무태도	근무사항	5	실습일지, 출근부	감점제 적용
	태도	5		
자질	목표 설정 및 계획 수립	5	실습일지 내용	자율성/구체성/정확성
	가치관	5	실습일지 소감	성찰적 사고
	관계 형성	5	실습일지 소감 및 자기평가	발전성
학습지도 능력	기관 이해	10	과제물	필수 항목
	모의 프로그램 개발(2)	15		
	모의 프로그램 홍보 및 마케팅	5		
	교육 프로그램 운영 지원	10	운영지원 결과물	선택 항목
	유관기관 방문 및 관련 행사 참석	10	탐방보고서	필수 항목
연구조사 활동	모의 프로그램 개발(1)	15	과제물	필수 항목
학급경영 및 사무처리 능력	행정업무	10	행정처리 문서	필수 항목

4. 평생교육사 현장실습을 통한 향후 비전

평생교육사가 하나의 직업으로서 사회에 정착하고 평생교육 활성화에 이바지할 수 있으려면 양성기관과 평생교육기관이 상생의 협력관계를 맺을 수 있어야 한다. 실습생들이 자신들의 전공이나 취업 희망 기관의 특성에 맞추어 선택할 수 있도록 실습기관이 질적·양적으로 확대되어야 하고, 기관들이 기꺼이 실습생을 받아줄 수 있는 여건이 마련되어야 하기 때문이다. 현장실습은 실습기관에서 소정의 시간을 충족하고 실습지도자의 지도로 실습교육 평가를 인정받으면 되는 과목이기 때문에 실습지도자의 역량과 능력은 현장실습에서 매우 중요한 요인이 된다.

그러나 최영근, 윤명희, 조정은(2015)도 지적했듯이 평생교육실습기관에서 가장 어려운 사항은 담당할 전문인력이 부족하다는 점이다. 체계적인 평생교육실습 프로그램 운영을 위해서 교재 및 매뉴얼을 기관이나 대학 차원에서 마련해 줄 필요가 있다.

김진원(2017)의 연구에 의하면 실습생이 실습지도자에 대해 긍정적으로 인식할수록 현장실습 성과에 대한 인식이 높았는데, 교육학 또는 평생교육 전공인 실습지도자들에게 실습생들이 높은 성과를 나타냈다. 비전공자의 경우 실습지도의 중요성에 대한 인식이 낮을 수 있고 전문적인 실습지도 능력이 부족할 수 있다고 분석되었는데, 현장실습은 실습생뿐만 아니라 실습지도자에게도 자기 경험에 대해 성찰하고 연구하는 과정으로 수용되어야 할 것이다.

구경희(2017)는 평생교육사의 역할의 중요성을 강조하면서 양성과정을 통한 평생교육사의 전문성 확보가 우선되어야 한다고 보았다. 국가가 「평생교육법」 개정을 통해 현장실습과 관련된 규정들을 강화하여 그 필요성과 중요성을 부각하고 있지만, 현장에서 진행되고 있는 현장실습은 그 목적과 취지를 제대로 반영하지 못하고 있다는 것이다. 이러한 상황에서 평생교육실습 프로그램이 그 목적과 의도대로 잘 운영이 되고 있는지, 그 효과나 영향은 어떠한지에 대한 평가가 필요한데, 프로그램을 종합적으로 평가하기 위해서는 프로그램의 진행 단계에 따른 다양한 이해당사자들의 평가 요구 및 관점을 반영한 평가가 필요하다고 보았다. 효과적인 프로그램 운영을 위해 진행 단계에 따른 각 이해당사자 입장의 변수들을 밝혀내어, 현장에서 실시되고 있는 평생교육실습 프로그램의 내적 충실도 문제를 규명하기 위한 노력이 지속되어야 할 것이다.

오중근 등(2018)은 현행 평생교육사의 문제점으로 평생교육사 양성과정에서 현장실습의 전문성이 부족하고, 평생교육사 자격취득 후 계속교육 규정이 미비하며, 평생교육사 의무 배치에 대한 법적 효력이 미비하다는 점 등을 들고 있다. 평생교육기관에 평생교육사 배치를 권장하고, 그 기관에 규정에 맞는 평생교육사가 있다면 실습지도자로 현장실습이 가능하다. 하지만 그 규정은 평생교육사 배치에 대한 강제성이 없으며, 평생교육사 배치 의무화에 대한 법적 효력도 부족하기에 고용 불안정으로 인한 평생교육사 업무의 지속성 및 전문성에 한계가 있다는 것이다. 평생교육사의 의무 배치가 구체화된 법적 강제조항이 만들어지고 급수별 명확한 배치기준이 제시되며, 평생교육사 보수교육 과정 의무화를 위한 제도 등이 보완될 때 평생교육사의 전문성이 쌓여 갈 것이라 주장하였다.

오명숙(2019)은 실습교과목에 대한 지식 이해와 실습이라는 현장 체험을 이수한 사람들에게 평생교육사 자격증이 발급되는 현재의 평생교육 현장실습과정에서 추후 논의되어야 할 부분으로 평생교육사로의 직무 책임성을 들고 있다. 실습과정이 실습생의 실무 역량, 공적 책임 이행 및 평생교육적 가치 실행이라는 질적인 평생교육실습 평가 기준을 충족시킬 수 있어야 함을 강조하였다.

이해주 등(2020)도 평생교육사에 단지 자격을 부여하는 형식적인 차원에 머물러 있다면 크게 문제 될 것은 없지만 평생교육사의 전문성을 주장하는 데는 한계가 있음을 지적하였다. 평생교육의 영역이 방대한 만큼 평생교육사에는 평생교육의 다양한 현장에 적합한 능력(지식, 기술, 태도)을 갖추고 있어야 한다는 요구가 있다. 정부의 여러 부처가 관여되어 있는 평생교육에서 평생교육사가 전문성을 갖추고 적극적으로 임해야 하고, 평생교육 관련 행정부서나 주민 대상 평생교육 관련 사업장에 이르기까지 자신의 전문성을 차별화하면서도 함께 일하고 있는 다른 전문가들과 함께 소통하고 협력할 수 있어야 한다. 이를 위해 평생교육사에게 교육에 대한 감식력 증진, 교육에 대한 표현의 수준 향상, 교육설계와 실행에 이한 문제해결력 증진, 교육의 실제에 대한 연구력 증진, 상황에 대한 탄력적 대처능력 증진 등의 과제해결 능력을 제시하였다.

박명신(2020)은 평생교육실습 내용의 상대적 중요도를 분석하였다. 평생교육실습 내용의 상대적 중요도가 영역별로는 '현장실습', '오리엔테이션', '실습 세미나', '실습 평가' 순으로 나타났고, 요소별로는 19개의 평생교육실습 내용의 요소 가운데 담당 실무 업무, 평생교육사의 직무·실무 이해, 실습기관별 특성·주요 실습 내용 공유 순으로 높게 나타났다. 실제 평생교육 현장의 평생교육실습에서 중점을 두고 체계적으로 경험하게 해 줄 영역과 요소에 대한 이러한 분석 결과는 평생교육사(실습지도자) 교육 및 연수를 통해 담당 실무 업무 등의 전문역량을 강화해야 함을 의미한다. 체계적인 평생교육실습을 통해 평생교육사로서 효율적인 평생교육실습을 설계·운영할 수 있는 합리적 근거와 방향을 설정해 줄 수 있어야 할 것이다.

평생교육에 대한 요구수준이 다양화·전문화되어 가고, 평생교육 프로그램에 대한 질적 수월성이 요구되는 상황에서 평생교육사 양성기관과 실습기관 간에는 긴밀한 상호협조체제가 구축되어야 한다. 양성기관에서는 실습기관에 근무하는 평생교육사가 자신의 고유 업무 외에 실습생을 지도하는 부담을 덜어 주는 방안으로 현장실습과 관련하여 다양한 표준안을 개발·보급할 수 있을 것이다. 실습기관 역시 평생교육사라는 전문가를 양성하는 과정에 이바지하는 공동체로서 그 일의 중요성을 인식하고, 실습교육 프로그램 개발과 실습지도과정의 문제점을 분석하며 이를 해결하겠다는 의지와 열정이 필요하다. 뿐만 아니라 실습을 위한 준비를 철저하게 한 상태에서 실습생을 받을 수 있도록 여건이 조성되어야 할 것이다. 실습지도자 또한 표준안을 현장실습 상황에 맞추어 수시로 재구조화할 수 있어야 하고 때로는 현장에서 습득한 경험을 이론과 통합하여 더욱 효과적인 표준안으로 제시할 수 있는 전문역량을 갖추어야 한다. 물론 자격연수제나 평생교육실습기관 인증제 등의 제도적인 뒷받침도 뒤따라야 할 것이다.

예비 평생교육사를 지도하고 평가해야 하는 실습지도자는 솔선수범하여 평생교육사로서의 모델로 성장해 나가야 한다. 주도적인 자세의 실습생과 자율적인 실습지도자의 협력적인 관계는 평생교육 현장의 감각과 직무능력 배양을 촉진할 것이고, 비판적 성찰이 담긴 실습일지를 매개로 철저한 준비와 교육훈련에 대한 공감을 높여 줄 것이다. 그리하여 평생교육 현장실습이 자격증 취득 과정에 그치지 않고, 한 걸음 더 나아가 성인의 학습지도를 담당하는 성인교육자로서 비전을 펼쳐 가는 경험 축적의 과정으로 발전해 가기를 기대해 본다.

🗨 토론문제

1. 실습일지는 성찰일지가 될 수 있는지 설명하시오.
2. 현장실습 평가가 외부적인 평가체제로 측정되는 측면이 많다고 볼 때의 문제점과 대안은 무엇인지 설명하시오.
3. 실습지도자는 현장실습의 성과에 영향을 미치는 요인인가? 만일 그렇다면 실습지도자 양성 방안은 있는지 설명하시오.

참고문헌

교육부, 국가평생교육진흥원(2015). 국가평생교육진흥원 평생교육 실습과목 운영지침. 교육부 평생학습정책과.

권성연(2009). 성찰일지 분석을 통한 이러닝 성인학습자의 학습전략 탐색. 평생교육적 연구, 15(3), 21-49.

구경희(2017). 이해당사자 기반 평생교육실습 프로그램 평가척도 개발. 동의대학교 대학원 박사학위논문.

김문섭, 김진숙, 박선희(2017). 평생교육실습일지. 양서원.

김진원(2017). 평생교육 현장실습 성과에 대한 실습생의 인식 연구. 한국방송통신대학교 대학원 석사학위논문.

김진숙(2012). 평생교육실습 체험에 대한 내러티브 연구. 청소년학연구, 19(7), 271-293.

박명신(2020). 평생교육실습 내용의 상대적 중요도 분석. 한국평생교육·HRD연구, 16(1), 161-185.

오명숙(2019). 평생교육 현장실습. 학지사.

오중근, 배숙영, 서옥순, 이경아, 김은희, 박기주, 김정희, 황해인(2018). 평생교육실습론. 항공신문.

이해주, 윤여각, 이규선(2020). 평생교육실습. 한국방송통신대학교출판부.

전주성(2008). 학습일기 쓰기가 학습자의 자기성찰적 학습능력과 학습태도에 미치는 영향 연구: 고등교육의 학습자를 중심으로. 한국연구재단(NRF).

최낙천(2015). 평생교육실습록. 한울사.

최영근, 윤명희, 조정은(2015). 평생교육실습 프로그램의 운영실태 및 평생교육사 직무 모델에 기반한 요구도 분석. 한국수산해양교육학회.

한상길(2014). 반성적 성찰을 통한 평생교육 현장실습 경험연구. *Andragogy Today*, *17*(4), 59-84.

한우식(2011). 학습동아리 참여노인의 학습경험 과정과 지속요인에 관한 연구. 숭실대학교 대학원 박사학위논문.

평생교육사 현장실습 실무

학습목표

1. 평생교육 사업 및 프로그램을 기관과 학습자의 특성에 맞게 기획할 수 있다.
2. 평생교육 사업 및 프로그램의 목표 달성을 위한 운영 과정을 이해하고 지원한다.
3. 기안 및 공문서의 작성 기준에 맞추어 각종 문서를 기안할 수 있다.
4. 사업 예산의 편성·집행과 관련하여 소요예산 산출과 정산 보고를 할 수 있다.

학습개요

평생교육사의 직무는 평생교육기관의 특성에 따라 세분화·전문화되고 있다. 평생교육사에게 요구되는 직무의 내용이나 요구되는 능력은 기관마다 다를 수 있지만, 어느 현장에서나 기본적으로 수행하는 공통 업무가 있다. 대부분의 평생교육 활동이 사업이나 프로그램의 형태로 기획·운영되고 있기 때문에, 평생교육사가 관습적으로 업무를 수행하다 보면 기관의 다양성에도 불구하고 천편일률적인 프로그램이 운영될 우려가 크다. 따라서 현장실습 실무는 공통업무를 기본적으로 익히되, 기관만의 차별화 방안에도 관심을 가져야 한다. 평생교육사는 현장의 우수사례들을 분석하여 작은 차이를 발견하는 안목을 기르고 명품으로 만들어 내기 위한 창의적이고 전문적인 역량을 길러 나가야 할 것이다. 이 장에서는 평생교육 사업 및 프로그램 기획, 프로그램의 운영 지원 그리고 행정실무에 대하여 중점적으로 다루되, 평생교육사 실무가 적용되는 현장의 우수사례와 병행하여 설명하기로 한다.

1. 평생교육 사업 및 프로그램 기획

「평생교육법」 제24조에 의하면 평생교육사는 평생교육의 기획, 진행, 분석, 평가, 교수 업무를 수행한다고 규정되어 있다. 이에 근거하여 평생교육사 직무 연구가 거듭될수록 평생교육사 직무에 따른 범주가 확장되었는데, 국가평생교육진흥원(2011)은 평생교육사 직무의 범위를 조사·분석, 기획·계획, 네트워킹, 프로그램 개발, 운영 지원, 교수학습, 변화 촉진, 상담 컨설팅, 평가 보고, 행정경영에 이르기까지 10개의 범위로 늘렸다. 그리고 다시 각 직무에 따라 여러 개의 하위 과업으로 구분하였는데 '기획·계획' 직무의 경우 8개의 과업을 포함하고 있다. 직무의 분화는 연구자의 관점에 따라 세분화되고 있지만, 기획 실무가 평생교육사의 공통 업무라는 점에서는 일치되고 있다. 따라서 여기에서는 평생교육 사업 및 프로그램 기획에 대하여, 교육부(2015)의 『평생교육실습과목 운영지침』에서 제시한 바와 같이, 실습기관의 주요 프로그램 조사 및 분석, 학습자 요구분석 실시, 평생교육 프로그램 개발, 평생교육 프로그램 홍보 및 마케팅 순으로 현장사례와 함께 설명하기로 한다.

1) 실습기관의 주요 프로그램 조사 및 분석

평생교육의 주요 사업 및 프로그램은 대체로 프로그램의 운영 결과로 성과가 측정되기 때문에 적합한 사업과 프로그램을 기획하고 운영하는 일은 매우 중요하다. 새로운 기획물이 좋은 성과를 내기 위해서는 먼저 기존의 기획물들을 수집·분석해 볼 필요가 있다. 또한 평생학습은 국가/시·도/시·군·구/읍·면·동으로 이어지는 촘촘한 평생교육 추진체제를 가지고 있으므로, 하위 기관에서 사업이나 프로그램을 기획할 때에는 상위 기관의 비전이나 전략, 중·장기/연간계획 등과의 연계를 고려해야 한다. 따라서 실습생은 실습기관의 주요 사업 및 프로그램을 분석하기에 앞서 국가평생교육진흥원 홈페이지에 접속하여 여러 가지 자료를 검색해 보아야 한다. 홈페이지에는 당해 연도뿐만 아니라 그동안 연구물이 누적·관리되고 있어서 과제 발굴 안목을 기르는 데에도 도움이 될 것이다. 기획·계획 직무에 대해 과업별로 관련된 내용을 검색하여 〈표 10-1〉과 같이 정리해 보았다.

‖ 표 10-1 ‖   **2023 국가평생교육진흥원 홈페이지 검색 자료(예)**

기획 · 계획 직무		관련 자료
평생학습 비전과 전략 수립	비전	온(溫) 국민 평생교육 안전망, 온(on) 시민 평생학습 플랫폼
	핵심 가치	공공성, 도전성, 혁신성, 신뢰성
	전략 방향	평생교육 기회 확대, 디지털 평생교육체제 전환 뉴노멀 대응 평생교육 체질 개선, 경영혁신 · 사회적 가치 강화
평생학습 추진체제		국가-지방자치단체-민간 평생학습 협력체계 구축
평생학습 중 · 장기/ 연간계획 수립	전략 과제 (16)	정책 연구 및 조사 기능 강화, 디지털 평생교육 플랫폼 구축, 대학 평생 교육 활성화, 업무 프로세스 및 인력 운영 효율화, 지역 중심 학습생태 계 강화, 디지털 평생교육 콘텐츠 다양화, 학습경험 인정체계 강화, 조직 운영 및 시스템 고도화, 지속가능발전 성인 문해력 향상, 디지털 지원시 스템 고도화, 평생교육 전문가 역량 강화, 수요자 맞춤형 성과 홍보 체계 화, 전 국민 학습 참여 격차 완화, K-평생교육 글로벌 브랜딩 기반 구축, 학교 평생교육 체계적 지원 강화, 고객만족 경영체계 구축
평생학습 단위 계획 수립	주요 사업	지역 평생교육 활성화, 매치업 프로그램, 평생교육 바우처 지원, 대학의 평생교육 체제 지원, 평생교육사 자격제도 운용, 국가 평생학습 포털 '늘 배움', 평생학습 계좌제, 학점은행제, 독학학위제, 한국형 온라인 공개강 좌(K-MOOC), 성인 문해교육 지원, 검정고시 프로그램 운영 지원, 학부 모 자녀교육 역량 강화, 다문화교육 활성화 지원, 학교협동조합 중앙지 원센터, 대학평생교육원 강좌 개설 지원, 대학의 장애학생지원센터 운영 지원 사업
제5차 평생교육진흥 기본계획 (2023~2027년)	평생 학습 진흥 방안	• 대학의 역할을 전 국민 재교육 · 향상교육의 상시 플랫폼으로 확대 • 지방자치단체 중심으로 대학, 기업 등과 지역 평생학습을 함께 진흥 하여, 지역 정주여건 개선, 국가 균형발전, 지역소멸 방지에 일조 • 30~50대를 생애도약기로 지정하고 학습상담(컨설팅)부터 학습콘텐
	주요 내용	츠까지 획기적으로 지원하는 한편, 평생학습 휴가 · 휴직제 도입 검토 • 사회부총리가 총괄 · 조정하는 국가-지방자치단체-민간 평생학습 협 력체계 구축
평생학습 공모사업 기획서 작성		
평생학습 예산계획 및 편성		주요 사업별 공고문 참조
평생학습 실행계획서		

(1) 실습기관의 상황 분석

이 장에서 실습기관 현장 사례로 인용한 연수구 소재 행복학습센터는 '2020 평생학습대상'에서 대상을 받은 기관이다. 행복학습센터는 2013년 정부 공약으로부터 출발하여 소외 지역주민들이 평생교육을 받을 수 있도록 유관시설 등을 활용하여 읍·면·동 단위로 운영하였고, 지역특화 평생교육 사업의 개발과 운영을 위해 센터별로 행복학습매니저를 배정받았다. 2014년에는 행복학습센터 조성을 위한 시범사업이 평생학습도시로 지정된 일부 시·군·구 자치단체를 중심으로 시행되었는데, 사업에 관심이 있는 자치단체가 자발적으로 기획하고 운영하는 데 초점을 두면서 진행되었다.

이 기관도 지역의 특성과 다양한 학습수요자에 맞는 프로그램 발굴을 위해 2013년부터 행복학습센터 운영사업에 적극적으로 참여해 왔다. 거점센터로서의 허브 역할을 해 주는 자치구 산하의 주민자치센터 중 하나이지만, 주민의 학습역량 강화, 교육 재능 기부, 봉사활동과 같은 학습동아리 활동 등으로 지역자원을 발굴하고 행복 학습 구현을 통한 마을공동체 활성화에 선도적 역할을 하였다. 특히 마을의 우수한 학습자원을 활용한 학습수요 충족 및 풍성한 배움의 기회 제공과 지역 평생학습체계의 새로운 모델을 제시함으로써 2020년에는 인천시 평생학습관으로 지정되기에 이르렀다. 행복학습센터로는 전국 최초로 평생학습관의 위상을 갖춤으로써 평생교육사 실습기관으로서 양질의 지역 인적자원을 양성할 수 있는 기반이 구축된 것이다.

평생교육 상황에 대한 사전 조사 및 잠재적 학습자 분석을 통해 기획하고자 하는 프로그램의 필요성과 지역사회에 미칠 영향을 예측해 볼 수 있다. 사전 조사의 범주에는 평생교육기관의 경영 현황과 운영 중인 프로그램, 지역 내 유사 프로그램 현황, 지역사회의 사회문화적 환경 등이 포함된다. 잠재적 학습자의 분석 항목으로는 학력, 소득, 나이, 성별, 종교 등의 인구통계학적 현황과 평생교육 참여 현황 등이 포함되나, 개인정보보호 지침이 강화되면서 학습자에 대한 조사 항목은 제한받고 있다.

이 지역은 간석지를 메워 조성하고 있는 인천경제자유구역청(IFEZ) 내 국제업무 중심지로 다양한 국제기구가 유치되어 활동하고 있는 국제도시이다. 그러나 갯벌을 메꾸어 만든 인공도시라는 지역 특성 때문에 초창기에는 자연 생태계는 물론, 인공 생태계까지 새롭게 창출해야 하는 상황이었다. 주거 형태는 100% 아파트와 오피스텔이며, 인근에 있는 상가들은 임대료가 워낙 높아서 성인을 위한 사설 학원이 들어서기가 쉽지 않았다. 2020년 6월 현재 총 11,600여 세대 약 37,000명의 잠재적 학습자가 있으며, 자녀교육 열의가 높고 자기 계발을 위한 평생학습 열망이 높은 젊은 세대가 많다. 이 기관의 평생교육 사업이나 프로그램 개설 희망에 대한 주민들의 관심과 요구는 높은 편이라서 해를 거듭할수록 개설하는 평생교육 프로그램의 숫자는 증가하였다. 지방자치단체 보조금과 프로그램 수강료가 주된 수입원이고, 2020년 제1기에는 약 130개의 프로그램으로 수강생을 모집하였다.

(2) 실습기관의 SWOT 분석

SWOT는 많은 기관에서 사용하는 분석기법으로서, 강점(Strength), 약점(Weakness), 기회(Opportunity), 위협(Threat)의 약자를 따서 만든 명칭이다. 기관의 내부환경 및 외부환경을 분석하여 강점은 살리고 약점은 보완하며 기회는 활용하고 위협은 억제하는 전략을 수립한다. 사각형의 매트릭스로 기관의 현재 상황을 일목요연하게 나타낼 수 있어서 널리 사용되는 분석기법이다.

SWOT 방법으로 분석한 이 기관의 강점, 기회, 약점, 위협 요인을 정리하면 [그림 10-1]과 같다.

기획하고 지도력을 발휘하는 선도 그룹 (운영진, 실무자, 자원봉사자 등)	강점	약점	기관운영비 부족
지역사회 행정복지센터 중에서 평생교육의 개념으로 운영	기회	위협	코로나 범유행 불완전한 법 제도

▥ 그림 10-1 **SWOT 분석(예)**

이 기관의 강점 요인은 평생교육 사업 및 프로그램을 기획, 실행하면서 지도력을 발휘하고 있는 약 60여 명의 사람들이었다. 평생교육사를 비롯하여 주민자치위원 30명, 사무국과 각 도서관을 포함한 주민자치센터에서 봉사하고 있는 30여 명의 자원활동가의 헌신과 봉사가 바탕이 되었다. 특히 평생교육 프로그램 개발 및 운영·기획을 전담하기 위해 자체적으로 채용한 평생교육사는 주민센터 단위의 평생교육기관에서는 보기 드문 경우였다.

기회 요인은 주변 지역에 평생교육 개념을 가지고 운영되고 있는 주민센터가 없다는 점이었다. 척박한 환경이 오히려 기회가 된다는 역발상을 하여 아무도 하지 않는 일이라 성공 잠재력이 높다고 판단하였다.

약점 요인은 운영 재원이 부족하다는 점이었다. 제한적으로 교부되는 지방자치단체 보조금으로는 기관 운영의 안정을 기하기 어려웠다. 그동안 평생교육사 등 자체적으로 채용한 상근 직원의 월급은 자체 프로그램 수강료에서 지급해 왔는데, 프로그램이 제대로 운영되지 못했던 코로나 상황에서는 상근직 인건비를 확보할 수가 없게 되었다. 강점 요인 중 하나가 위협 요인으로 뒤바뀐 것이었다.

위협 요인은 코로나 팬데믹과 같은 어쩔 수 없는 재해와 불완전한 법 제도라고 보았다. 현재 지방분권 제도가 시행되고 있으나, 주민과 가까운 거리에 있는 전국의 읍·면·동 학습권역까지 정부나 지방자치단체 지원금의 충분한 혜택이 미치기에는 한계가 있었다. 만일 「평생교육법」상에 당해 기관과 같은 유형에도 평생교육사 배치를 의무화하여 주민자치센터 직무에서 직렬로 포함할 수 있는 제도로 완비될 수 있었다면 코로나19와 같은 상황에서도 자체 채용한 평생교육사 인건비 문제는 발생하지 않았을 것이다.

2) 학습자 요구분석 실시(실습기관 학습자 대상)

설문조사는 학습자 요구를 진단·분석하기 위해 주로 사용하는 조사 방법이다. 규모가 큰 모집단이나 표본의 특성을 기술할 때 유용하다. 이 방법의 관건은 좋은 설문지를 만드는 것이다. 신뢰성과 타당성 확보, 목적 달성에 적합한 구조, 간명하고 이해하기 쉬운 질문, 핵심적인 내용 구성이 중요하며, 응답률을 높이기 위해서는 대체로 설문지의 길이가 짧을수록 좋다.

단시간에 많은 자료 수집과 해석이 쉽다는 장점이 있지만, 복잡 미묘한 주제에 대해 상당히 한정된 정보만 제공하고, 응답이 잘못되거나 누락 부분에 대해 중간에 바꿀 수 없다는 단점도 있다. 따라서 자세한 서술적인 정보가 필요하거나 문제의 원인, 태도, 느낌에 관한 자료를 수집하기 위해서는 개방되고 자유로운 면접설문을 병행하여 실시하는 것이 바람직하다. 설문의 목적과 특성에 따라 비대면으로 이루어지는 우편설문, 전화설문, 온라인설문 등을 선택할 수도 있다.

과거의 설문조사 방법은 학습자의 결핍에 초점이 맞추어진 선호도 조사에 그친다는 한계가 있다. 때문에 CHNA 단축형 요구분석기법(Coffing-Hutchinson Need Analysis Methodology Short Form)이 대안으로 제시되었는데, 이는 분석자의 의도성과 주관성을 최대한 배제하여 학습자의 삶의 필요나 요구에 접근할 수 있도록 설문지를 만든다. 즉, 잠재적 학습자의 모집단을 대표하는 소수의 표집단 선정, 요구조사 2회 실시, 문항 추출과 범주화, 가장 중요하고 시급한 항목을 우선순위별로 다시 조사·정리하는 순으로 작업과정을 거친다. 이러한 작업으로 학습자들이 현재 직면한 문제나 시급하고 중요하게 여기는 문제들을 알 수 있도록 돕고, 한 번에 다양한 프로그램을 개발할 수 있는 정보를 얻을 수 있다.

학습자 요구를 폭넓게 이해하기 위해서는 지역의 일반적인 자원을 비롯하여 인적·물적·재정적·정보적 자원 등을 조사하여 분석할 필요가 있다. 평생교육 사업 및 프로그램은 지역사회의 자원이 최대한 활용될 수 있도록 기획할 때 성공 확률이 높아진다. 따라서 평생교육사는 지역의 특성을 반영한 사업 및 프로그램 개발을 위하여 유용한 제반 자원을 수집하고 평생교육 활동에 필요한 자원으로 발굴, 연계하는 능력을 갖추어야 할 것이다.

이 기관에서는 문화·여가 프로그램 운영 시 설문조사를 통한 학습자 만족도 조사를 시행하였다. 그러나 실무자들은 질문지법으로는 학습자들의 제반 요구를 정확하게 파악하는 데 한계가 있다고 판단하였다. 따라서 학습활동 중에 들어오는 개별 민원들은 대면상담을 통하여 수시로 조치했고, 단시간에 해결되기 어려운 사항들은 주민총회 과정을 통해 학습자를 포함한 주민 전체의 요구를 추출하여 해결하고자 노력하였다.

학습자 요구분석의 주된 통로로 활용되는 주민총회는 이 기관에서 시행하는 사업 중 하나였다. 2019년 주민총회 사업 일정을 간략히 살펴보면, 당해 연도 2월부터 9월까지 자치위원 모집, 역량 강화교육, 마을사업 발굴, 사업계획, 사전투표, 주민총회에 이르기까지 순차적으로 진행되었다. 이 모든 과정에 주민자치위원과 기관 실무자, 기관을 이용하는 주민들, 관내 학교 기관과 학생들 그리고 23개 아파트단지 입주자대표회의나 운영지원실 등 많은 사람과 기관이 참여하였다. 2020년 자치구와 주민자치회가 실행하게 될 사업을 선정하기 위하여, 2019년 3월부터 8월까지 발굴한 사업 48건 중 20건이 주민총회 사업 안건으로 상정되었고, 9월 중순부터 시작된 사전투표 결과와 주민총회를 통한 직접투표 결과를 합산하여 총 12건의 사업이 최종적으로 선정되었다.

　지역 특성으로는 초·중·고 11개 등 다양한 교육기관 분포와 교육수요가 잘 갖춰진 교육특구 도시로서 센트럴파크 공원, 달빛공원 등 친환경 녹지공간을 비롯하여 생태교육관, 인천 글로벌 캠퍼스 PR 센터, 트라이보울 3층 전시관 등의 체험관이 자리잡고 있다. 컨벤시아 중심의 다양한 국제회의와 트라이볼 등을 중심으로 문화행사가 빈번히 이루어지고, 유엔 관련 단체가 상당수 유치되어 있다 보니 주재 외국인들과 가족들의 커뮤니티와 연계한 행사 개최도 가능하다. 다양한 문화·교육 시설기반을 갖춰 지속적인 인구 유입이 이루어지고 있으며 54세 미만 인구가 전체 인구의 85%를 차지하고 있는 활력 넘치는 젊은 도시이다. 이러한 지역 특성에 힘입어 개발되는 평생교육 사업 및 프로그램은 지역사회의 다양한 자원을 발굴하고 지역 활성화, 주민자치 활동을 연계한 선순환 구조를 만들어 가고 있다.

3) 평생교육 프로그램 개발

　프로그램 개발이란 새로운 프로그램을 창출하거나 체계적인 일련의 과정을 거쳐 발전시켜 나가는 활동이다. 프로그램이 기획되면, 교육목표를 설정하여 교육내용과 교수 방법을 선정하는 설계 작업에 들어간다. 새로운 프로그램은 학습자 요구분석과 평생교육기관이나 지역사회 자원 분석 등의 결과를 통합하여 잠재적 학습자들의 요구가 높게 나타난 부분을 위주로 결정할 수 있지만, 때로는 프로그램 운영상의 문제가 있어서 배제해야 할 경우도 있고, 요구는 높지 않더라도 기획 측면에서 필요하다고 판단되는 부분이라 추가될 수도 있다. 기관 자체의 요구분석 자료와 해마다 발간되는 평생교육백서의 통계자료 간 차이를 비교해 보아도 프로그램 개발에 참고할 만한 요소를 발견할 수 있다.

　평생교육백서(교육부, 국가평생교육진흥원, 2019)에 의하면 주제 영역별 평생교육 프로그램 개설·운영률은 직업능력향상교육 분야가 전체의 41.23%로 가장 높았다. 프로그램 수는 2014년 이후 직업능력향상교육, 문화예술스포츠교육, 인문교양교육, 학력보완교육의 순서로 비율이 낮아지는 추세가 안정적으로 유지되고 있다. 앞으로 참여하길 희망하는 구체적인 프로그램으로는 스포츠 강좌(40.4%), 음악 강좌(14.1%), 건강 및 의료 강좌(9.1%), 외국어 강좌(8.3%) 순으로 높게 나타났다. 평생학습 불참요인은 남녀(69.6%, 46.5%) 모두 '직장업무로 인한 시간 부족'이 가장 많았으며, '가족 부양에 따른 시간 부족'으로 평생학습 프로그램을 참여하지 못한 응답은 예상대로 여성(19%)이 남성(5.8%)보다 높았다. 그러나 월 가구 소득이 낮을수록 '동기·자신감 부족', '건강상 이유', '학습비가 비싸서' 참여하지 못하였다는 응답이 높게 나타났다.

　이 기관에서는 분기별로 실시하는 요구조사와 개별 상담 그리고 공모사업 발굴을 통해 새로운 프로그램을 개발하였다. 2020년에 새롭게 모집하는 프로그램은 〈당구 교실〉, 〈그림이 있는 이야기〉, 〈민화 과거에서 현재로〉, 〈휴대폰을 이용한 사진 촬영〉, 〈전통주와 발효음식〉, 〈장선아의 그림 아이〉, 〈왕초보 생활영어〉 등 8개 강좌였다. 주민들의 문화예술스포츠교육과 인문교양교육의 선호도가 반영된 것으로 보인다. 학습 소외계층(남성, 학생, 장애인, 임산부 등)의 학습기회가 상대적으로 적음에 착안하여 근거리 학습권 보장 및 특화된 배움의 기회를 다양하게 제공하고자 '문턱 없는 배움터' 사업을 운영하였다. 직장인과 학생 등의 참여도가 높은 시간대(야간/주말)로 편성하였고, 장애인복지관 등 관련 기관과의 협력을 통해 사업을 추진하고, 사회적 보호 계층에게는 무료 프로그램 운영을 통해 수익금을 환원하였다. 또한 남성들을 위해서는 〈젠틀맨 노래 교실〉, 〈토요일의 힐링 타임〉, 〈남자 요가〉, 〈남자들의 품격 있는 저녁 식사〉, 〈맛있는 주말! 행복한 밥상!〉 등의 프로그램을 준비하였고, 〈임산부 요가〉, 어르신 100여 명 대상의 〈엔도르핀 노래 교실〉 등 전 범위의 수혜자를 고려한 맞춤형 프로그램도 운영하였다.

　또한 '2020 지역문화 생태계 구축 통합 운영' 사업을 기획·개발하였는데, 생활문화 공간의 확보와 생활문화 정책이 절실하다는 필요성에서 출발하였다. 이 사업을 통해 건강한 문화공동체를 형성하여 지속 가능한 지역문화 생태계의 기반이 만들어지기를 기대하고 있었다. 학습자의 요구와 프로그램의 적절성을 고려하여 아파트 소모

임 학습지원사업인 〈삼삼오오 복작복작 단지〉, 공간 리서치로 문화의 다양성을 꾀하
는 〈곁을 내어 주는 테이블〉, 지역 현안과 모둠별 활동 사례를 공유하는 문화이모작
사업 〈유 퀴즈 온 더 송도〉, 운영이 어려운 종합 쇼핑 공간에서 시장이나 공연 프로
젝트를 진행하는 송도문화살롱 〈그래도 사람〉, 신중년 대상 맞춤형 프로그램 〈신중년
인생 2막 변주곡 song do!〉 등 삶과 밀접한 문화예술 활동 프로그램으로 개발하였다.

4) 평생교육 프로그램 홍보 및 마케팅

홍보란 학습자를 모집하기 위한 활동이고, 마케팅은 참여 가능한 학습자를 대상
으로 욕구를 파악하고 참여를 권장하는 모든 활동을 포함한다. 프로그램에 대한 홍
보 및 마케팅이 성공하려면 홍보 대상에 따른 전략이 필요하다. 예를 들어, 불특정
다수를 대상으로 홍보할 때는 전단이나 플래카드를 주로 사용하는 것이 좋다. 눈에
잘 띄는 장소에 플래카드를 걸어 두고, 신문 간지나 아파트 게시판을 활용하여 전
단을 전달하며, 전철역이나 버스정류장 등 사람이 많이 모이는 장소에서 직접 배포
할 수도 있다. 나아가 홈페이지나 지역방송, 인터넷 매체 등을 병행하여 활용하기
도 하는데, 홍보 및 마케팅이 효과적으로 이루어지려면 잠재적 학습자의 특성에 맞
추어 선택과 집중이 이루어져야 할 것이다.

이 기관에서는 리플릿 제작, 분기별 소식지 제작·배부, 카〇〇 채널 앱 활용 등
의 다양한 방법을 사용하여 홍보하였다. 단지 내에 젊은 세대의 비율이 높은 편이라
앱으로 홍보하는 방법이 효율적이었다. 2019년 앱 가입자가 약 1,400여 명 정도였는
데, 이들은 불특정 다수가 아니라 이 기관의 평생교육 프로그램에 참여해 본 경험이
있거나 참여 의사를 가지고 스스로 가입한 사람들이어서 홍보 자체가 마케팅으로 이
어질 확률이 매우 높은 편이었다. 물론 앱에 가입하지 않은 사람들을 위하여 문자나
현수막, 홈페이지를 통해서도 홍보하였지만, 앱을 활용한 경우 홍보 내용 중 궁금한
사항에 대하여 질의응답이 즉각적으로 주고받을 수 있었기 때문에 실무자나 학습자
모두가 이 방법을 선호하였다.
또한 평생교육 프로그램과 연계된 동아리 활동이나 지역사회 기관과 연계된 양성
과정 프로그램을 통해 배출된 인재들의 나눔 활동도 꾸준한 홍보 역할을 다하였고,

제16회 전국주민자치박람회 센터 활성화 분야에서 장려상, 제17회 전국주민자치박람회 학습공동체 분야에서 최우수상, 그리고 2020 평생학습대상에서 대상이라는 수상 이력들도 이 기관의 프로그램 홍보에 효과적인 수단이 되었다.

2. 평생교육 프로그램 운영 지원

평생교육기관에서 사업 및 프로그램이 개설되면 교육과정의 원만한 운영을 위하여 여러모로 세심하게 관리해야 한다. 프로그램 운영 지원의 실습 내용도 평생교육실습과목 운영지침에 의거하여 학습자 관리 및 지원, 강사ㆍ학습동아리 등 인적 데이터베이스 관리 및 지원, 학습정보 데이터베이스 관리 및 지원, 학습시설ㆍ매체 관리 및 지원, 프로그램 관리 운영 및 모니터링, 프로그램 만족도 조사 지원 순으로 설명하되, 행복학습센터의 실천 사례와 병행하기로 한다.

1) 학습자 관리 및 지원

평생교육기관에서 아무리 좋은 프로그램을 개발하였더라도 일정 수의 학습자가 신청, 등록하지 않는다면 개설하지 못하고 그대로 폐강할 수밖에 없다. 다행히 홍보가 잘되어 강좌가 개설되었다 하더라도 담당자로서 주의 깊은 관찰과 세심한 보완을 게을리해서는 안 된다. 강사가 질 좋은 강의를 할 수 있도록, 수강자가 프로그램이 진행되는 동안 학습에 불편함이 없도록 관리ㆍ지원함으로써 중도 탈락자를 최소화하려는 노력이 필요하다. 물론 학습자 개인 사정에 따라 중도 탈락 의사를 밝히면 정해진 규정대로 환급해 주고, 대기자에게 참석 여부 의사를 물어 결원을 보충하는 등의 후속 조치는 즉각적으로 행해져야 한다. 프로그램 운영 과정 중 불만 사항을 비롯한 제반 요구사항은 수시로 상담하여 즉각 해결해야 하겠지만, 그러한 요인이 발생하기 전에 사전 점검하고 예방 조치하는 일이 경험자의 비결이라 하겠다.

이 기관의 프로그램 신청 및 등록은 인터넷을 통한 선착순으로 접수되었다. 인기 프로그램의 경우 신청자가 순식간에 몰리기 때문에 프로그램별로 날짜와 시간을 구분하여 접속하도록 분산시켰다. 예를 들어, 접수가 시작되는 제1일 9시에는 요리/커피 프로그램, 어학/인문 프로그램, 공연/음악 프로그램, 전시/체험 프로그램, 특강 프로그램을 신청받았고, 10시에는 생활체육/건강 프로그램, 저녁 프로그램을 신청받았다. 제2일 9시에는 자격증 대비반, 어린이 프로그램, 토요 프로그램, 눈여겨볼 프로그램 등으로 접속 시간을 달리하여 신청받았다. 미달한 강좌에만 기관 방문 접수를 병행하였는데, 컴퓨터 신청에 능숙하지 못한 나 홀로 고령층의 경우에는 기관 방문자에 한하여 도우미가 인터넷 접수를 도와주기도 하였다.

　수강자 출결에 대해서는 일반적으로 해당 강좌의 강사에게 일임하고 있었다. 온라인 등록시스템으로 프로그램 신청, 접수, 등록 과정까지 원스톱으로 이루어지고 나면, 프로그램별로 출석부(학습자명, 전화번호)를 출력할 수 있었다. 출석부를 출력하여 각 프로그램 강사에게 전달하고, 강사들은 자신의 강좌를 선택한 학습자들의 출결을 관리하였다. 학습자 부담으로 수강료가 책정된 프로그램의 경우 강제 출석을 요구할 수는 없는 상황이었고, 운영 담당자는 대기자 명단을 확보해 두었다가 결원 발생 시 활용하고 있었다.

2) 강사 · 학습동아리 등 인적 데이터베이스 관리 및 지원

　사업 및 프로그램으로 기획된 내용은 강사를 통하여 전달되기 때문에 강사 요인은 프로그램 성패에 큰 영향을 미친다. 따라서 우수한 자질과 역량을 갖춘 강사를 구하기 위해 다양한 방법을 활용했다. 일반적인 구인 방법으로는 현장의 네트워크로 연결된 강사 풀에서 선정하지만, 담당자들이 현장의 긴밀한 네트워크를 활용하여 정보를 교환, 공유하면서 검증된 강사를 섭외하여 실패율을 줄일 수 있다. 지인을 통해 정평이 나 있는 강사를 소개받을 수도 있고, 매스컴을 통해 알려진 사람을 검색할 수도 있는데, 학습자의 평판이 좋은 강사의 경우 우수 강사 목록에 기록, 관리해 두면 기관 간에 좋은 정보로 공유할 수 있다.

　강사료는 강사의 인지도와 강의 수준에 따라 다르게 책정될 수 있으나, 일반적으로 국가공무원인재개발원 또는 지방자치인재개발원의 강사수당 지급기준을 준용하면 된다. 다만, 지리적 접근성 등 우수 강사 확보의 어려움을 참작하여 지급액을 기준액의 20% 범위에서 추가 지급할 수도 있다. 강사의 교통비, 숙박비 등 실비보상은 공무원 여비 규정에 따라 별도 지급이 가능하다. 강사 섭외가 이루어지면 강의의뢰서를 발송하고, 학습자 맞춤형 강의가 이루어지도록 프로그램의 취지와 목적, 내용과 학습자 특성 등을 미리 알려 주는 것이 좋다.

프로그램이 종료된 이후 학습자들이 지속해서 학습하며 활동하기 위하여 학습동아리로 발전하는 경우가 있다. 프로그램 운영 기관은 학습동아리를 효과적으로 구성할 수 있도록 프로그램이 시작될 때부터 학습동아리 구성에 대해 안내를 하고, 기회가 있을 때마다 학습동아리를 구성하도록 독려한다. 동아리 활동 기반을 마련해 주고, 평생학습을 통해 지역사회 발전을 도모할 수 있도록 지원해 줄 필요가 있다.

이 기관의 경우 강사는 2년 주기로 공개 모집하고, 주민자치위원회, 강사간담회 및 워크숍을 통하여 강사 연수를 시행하는 등 강사 채용 원칙이 있었다. 물론 공개 모집이 여의찮을 때 구청 홈페이지에 탑재된 강사은행을 활용하거나 유사 기관 네트워킹을 통하여 섭외하였다. 새롭게 개발한 프로그램의 강사를 주변에서 구하기가 어려워 인터넷 검색을 통하여 해당 분야 전문가를 발굴, 기대 이상의 효과를 거둔 적도 있었다. 강사 관련 업무를 간소화하기 위해 강의의뢰서 발송 과정은 생략하였지만, 전화를 통하여 강의계획서를 의뢰하였다. 2020년 제1기 강사 수는 약 75명을 확보하였고, 강사 프로필은 누구나 볼 수 있도록 복도에 게시하였다.

이 기관에 등록된 학습동아리는 10개 미만이었는데, 기관 차원에서는 활동을 위한 장소를 대여해 주거나, 각종 대회 출전이나 박람회에 연계 참석이 가능하도록 지원해 주었다. 학습동아리 구성은 지원하되, 운영은 동아리별로 이루어졌다. 글쓰기 교실을 통해 배출된 주민기자단은 소식지를 작성하는 동아리 활동을 하였고, 생태환경 학습자원활동가 양성과정 교육을 수료한 생태환경 학습동아리는 현재까지 생태환경 학습에 지속적인 관심을 가지고 실제로 활동하였다. 양성과정 프로그램을 통하여 배출된 동아리들이 장기적인 활동을 이어 간 사례였다.

3) 학습정보 데이터베이스 관리 및 지원

평생교육기관의 학습정보가 데이터베이스화되면 학습자는 물론 운영자에게도 큰 도움이 된다. 잠재적 학습자들에게는 홍보 및 마케팅 효과를 발휘할 수 있고, 기관에서는 실무진이 교체되더라도 업무의 인수인계가 수월하게 이루어질 수 있기 때문이다. 업무가 전자시스템화되어 있지 않았던 과거에는 거의 모든 기록이 수기 작성되어 문서고에 보관되었기 때문에 학습자는 그 기관이 가지고 있는 누적된 학습정보를 알 수 없었고, 담당 실무자는 전임자와의 인수인계가 부실할 경우 또다시 원점에서 업무를 시작해야 하는 비효율성이 발생할 수밖에 없었다.

평생교육기관의 홈페이지에 탑재된 학습정보 데이터베이스는 정기적으로 관리되고 최신 내용으로 수정·보완되어야 한다. 오프라인 학습활동 위주로 운영되는 기관 홈페이지는 정보전달 기능 수준에 머무르기도 하나, 온라인 학습시스템으로 운영되는 기관 홈페이지는 보다 다양한 학습정보가 데이터베이스화되어 있고, 그에 따라 프로그램 홍보에서부터 신청, 등록, 수강, 운용, 평가까지의 전 과정이 이루어지는 시스템이 구축되어 있다. 코로나19 이후 비대면 상황에서 온라인 학습의 정체성이 확립되고 다양한 혼합 학습이 이루어지게 된다면 학습정보 데이터베이스의 관리 및 지원은 더욱 중요한 업무가 될 것이다.

이 기관의 학습정보는 구에서 운영하는 홈페이지 내에서 관리되고 있다. 구의 홈페이지는 평생교육기관들의 학습정보 데이터베이스 플랫폼 역할을 함으로써 각 동에서 실시하는 프로그램의 종류, 신청 기간, 교육기관, 수강료, 수강 장소 등의 정보를 통합하여 관리하였다. 소식란에는 학습 관련하여 추가되는 정보를 공지하였고, 마이페이지를 제공함으로써 학습자들의 학습 이력을 관리하였다.

이 시스템은 2016년 구청이 플랫폼 시범 운영을 시작한 이후 2020년 현재 14개 동 모두가 참여하여 통합시스템으로 운영되었다. 신청과 등록은 물론 수강료 결제까지 한꺼번에 처리되는 온라인시스템 덕분에 분기별 학습자의 신청 정보도 누적 관리될 수 있고, 실무자들의 업무 간소화 효과도 얻었다. 프로그램의 신청, 등록, 수강료 결제 과정이 48시간 이내에 완료되기 때문에 학습자들은 과거처럼 프로그램 신청·등록을 위해 길게 줄을 서지 않아도 되고, 실무자들은 입금 계좌와 수강자들을 일일이 맞추어 보는 수고를 덜었다.

이 기관의 향후 계획 중 하나인 평생학습 계좌제 도입으로 학습자들의 이력 관리를 보다 체계화하여 관리하게 되면 평생학습사회를 살아가는 학습자들에게 더욱 편리하고 정확한 학습정보 데이터베이스 자료를 제공할 수 있을 것이다.

4) 학습시설 · 매체 관리 및 지원

실습생들은 자신이 실습할 평생교육기관의 학습시설 및 매체 관리 현황을 파악해야 한다. 평생교육 프로그램이 진행되는 강의장의 규모와 개수, 강의장 내의 각종 시설 · 설비 및 매체가 어느 정도 갖춰져 있는지, 프로그램에 따라 강의실 배정은 어떻게 달라지며, 프로그램 전후로 검사되어야 할 사항은 무엇인지 등에 대해 구체적인 정보를 파악해야 한다. 컴퓨터와 프로젝터를 점검하지 않아서 강의가 제때 시작되지 않는다거나 화장실 변기가 고장이 난 채로 며칠간 방치된다면 기관에 대한 신뢰도와 학습 참여율에도 영향을 미칠 수 있다. 따라서 프로그램 운영 기간 내내 학습시설 및 매체를 섬세하게 점검해야 한다.

이 기관의 시설 · 설비 현황은 〈표 10-2〉와 같다. 이 기관의 교육 장소는 강당을 포함하여 모두 13개의 강의실이 있다. 프로그램 운영이 시작되면 안내표지판을 곳곳에 부착하였고, 행사용 현수막과 일정표, 주의사항을 부착하여 처음 찾는 사람도 불편함 없이 학습시설을 사용하도록 꼼꼼하게 살폈다. 강의실에 비치된 컴퓨터, 빔프로젝터, 마이크, 이동용 칠판, 백묵 등의 구비 상태를 점검하고 청결 상태를 확인하는 일은 실무자들의 업무이지만, 2~3명의 실무자로 전담하기 어려워 자원봉사자의 도움도 받는다. 시설 · 매체 관리 및 지원 업무를 위한 지방자치단체 보조금이 목적사업비로 교부되어 기관운영비, 시설 · 장비 유지비에 충당되고 있지만, 코로나 팬데믹으로 인해 오프라인에서 온라인 수업으로 급변한 상황에 대비하기 위해 온라인 방송 장비를 갖추기에는 역부족인 예산 규모였다.

‖ 표 10-2 ‖ **당해 기관의 시설·설비 현황**

시설 구분	위치	면적 (㎡)	설비 구분	품목		수량
기계실 및 주차장	지하 2층	892.27	시청각 기기	프로젝터		8
소리 교실, 감시실, 주차장	지하 1층	779.59		음향기기		5
민원실, 회의실	지상 1층	483.31	장서 확보	도서	어린이자료	5,948
북카페, 예술 교실, 창의 교실, 샤워실	지상 2층	366.41			일반자료	7,002
					외국어자료	4,126
GX룸, 주민자치실, 다목적실, 문화 교실	지상 3층	533.23			비도서자료	2,000
작은 도서관, 요리 교실, 바리스타실, 동대본부	지상 4층	533.23	정보화 관련 기기	컴퓨터		10
대강당, 취미 교실, 교양 교실, 공동체실, 문서고	지상 5층	542.83		노트북		2
				프린터		3
장독대, 양봉장	옥상			팩스		1

　우리는 이제 아날로그 문명 시대를 벗어나 디지털 문명 시대로 들어섰다. 더욱이 코로나 펜데믹이 앞당긴 온라인 교육을 훨씬 더 효과적으로 운영하기 위해서 이전과는 다른 방식의 시설·매체 관리가 필요해지는 시점이다. 교육기관은 물론 여타 기관에서도 비대면 학습, 공연, 전시, 회의 등이 새로운 모형으로 대두되는 가운데 현영섭(2020)은 새로운 평생학습의 지평을 보여 준 기관의 사례를 소개하였다.

　경기도 평생교육진흥원은 기존의 오프라인 평생교육을 위한 인적자원을 온라인으로 전환함으로써 전문인력을 확보하였다. 온라인 장비, 평생학습 콘텐츠, 온라인 평생학습 조례 제정 등으로 뒷받침하였고, 평생교육 온라인 콘텐츠 제작, 평생교육 사업 및 행사의 온라인 전환으로 평생교육 담당자는 물론 일반 시민의 이해도를 높였고 지속해서 참여의식을 고취했다.

　부천시 평생학습센터는 기존의 오프라인 교육에서도 모니터링, 교육 준비, 운영 지원 등의 다양한 방식으로 활동하였던 학습매니저나 학습코디네이터가 온라인 콘텐츠 개발이나 방역에 대한 교육에 참여함으로써 온라인 콘텐츠 개발을 위한 방송인, 방역 관리자, 온라인 학습 홍보자 등 다양한 임무를 수행할 수 있었다. 강사나 학습자는 온라인 콘텐츠를 개발하고 공유하기 위한 인적자원으로서 지역주민 누구든지 평생교육에 참여하고, 개발하며, 공유할 수 있는 상황을 마련한 것이다.

은평구 평생학습관에서는 은평 평생학습 네트워크 허브로서 학습관의 역할을 재정립하고, 학습 리더를 위한 학습활동 플랫폼 역할을 강화하는 방향을 모색하였다. 학습관의 역할에서 학습 대상 맞춤형의 온앤오프 학습환경, 콘텐츠 개발 및 평생교육 콘텐츠의 측면에서 평생교육을 알리고 교육 콘텐츠를 공유하는 역할을 수행하였다.

이처럼 코로나19 상황 속에서도 오프라인 프로그램을 온라인 학습유형으로 바꾸어 어려움을 극복해 나가는 기관도 있지만, 동 단위 기관으로서는 온라인으로의 방향 전환이 쉽지 않다. 온라인 교육을 위한 시설 기반 구축은 단순한 카메라나 조명의 구매뿐만 아니라 온라인 콘텐츠 개발 및 방송을 위한 시설 확충 또는 신설을 위한 특별 예산이 지원되어야 하기 때문이다.

게임이나 유튜브 등 온라인 활동이 일상화되고 가상과 현실의 경계가 흐려지는 메타버스가 빠른 속도로 보급되면서 오프라인 경험을 대체해 나갈 것이라는 전망이 나온다. 그러나 비대면만으로는 온전한 경험과 만족감을 얻기 어려울 수 있는 기관별 여건들로 인해 온라인 학습과 오프라인 학습을 혼용하고, 다양한 학습유형까지 혼용되는 교육방식을 모색해 나갈 필요가 있다. 다양하고 융통성 있는 프로그램 개발은 평생교육의 상황 대처 능력을 더욱 높여 줄 것이다.

5) 프로그램 관리 운영 및 모니터링

평생교육기관에서는 운영 중인 프로그램을 지속해서 관리해 나가야 한다. 프로그램 관리는 학습자 욕구의 다양성과 이질성을 충족시키고 학습자에게 학습 연계성을 제공하여 학습자층을 넓혀 주는 장치이다. 기존의 프로그램 중 장기간 유지되는 요소를 살리면서, 새로운 학습 욕구를 반영시켜 신규 프로그램을 개발해야 한다. 잠재적 학습자까지 흡수하거나, 프로그램의 생애 주기를 토대로 시간의 흐름에 따라 프로그램을 관리할 때 장수 프로그램으로 유지될 수 있다. 또한 지역사회의 세대별 변화에 맞추어 실질적인 편의를 제공하기 위해서는 기술적 우위와 혁신을 과감하게 도입하여 성장 잠재력이 있는 시장을 확보할 수 있어야 한다.

다양하게 운영되고 있는 프로그램의 품질 관리를 제대로 하기 위한 과정이 모니터링이다. 이는 프로그램에 대한 전반적인 상태와 구체적인 사안에 대한 조사·관찰을 통해 대상 학습자에 대한 조언 및 권고를 관리하는 일련의 활동이지만, 평가와는 다르게 진행되어야 한다. 모니터링을 위해 프로그램을 참관할 때는 참여자적 관찰자가 되어 학습자와의 대화나 프로그램 개입 등과 같이 눈에 띄는 행동을 하지 않도록 유의해야 한다. 프로그램 운영 담당자, 강사나 학습자 대상의 면담을 할 때에도 프로그램 종료 후에 실시하되 질문용 점검표를 미리 준비한다. 프로그램 만족도 조사는 학습자 전원을 대상으로 하는 것이 바람직하다. 한 기관의 관리 수준은 관찰, 면담, 조사 외에 누적된 자료 분석을 통해서도 나타난다.

　〈표 10-3〉은 이 기관의 프로그램에 대한 연도별 변화 추이를 나타내고 있다. 프로그램 수의 증가세는 프로그램에 대한 학습자 만족도를 어느 정도 예측할 수 있게 한다.

‖ 표 10-3 ‖　**당해 기관 프로그램의 연도별 변화 추이**

연도 (1/4분기 기준)	2013	2014	2015	2016	2017	2018
운영 프로그램 (개)	23	51	95	101	127	118

　이 기관이 속한 지역사회에는 4개 동의 교육행정복지센터, 도서관, 글로벌학습관, 민간기관들에 의해 유사한 프로그램이 많이 개설되었다. 이 기관에서 다수의 프로그램이 운영될 수 있었던 것은 학습자들의 취미나 기호에 맞는 평생학습 프로그램이 제공되었기 때문이다. 2013년에 평생교육 프로그램을 처음 기획했을 당시 약 30개의 강좌를 홍보하였는데 댄스, 요가 등의 신체 운동 프로그램이 전체 강좌의 1/3을 차지하였다. 2019년에도 생활체육/건강 프로그램만 무려 20개 이상이었고, 그중에서 요가 종목은 종류와 시간대에 따라 9개 반으로 모집하였던 것으로 볼 때 요가 강좌는 이 기관의 장수 프로그램인 것을 알 수 있었다.

　2013년 제4기의 평생교육 프로그램 수는 23개, 수강료가 30,000~90,000원이었으나 2019년 제4기에는 약 130개의 프로그램에 45,000원부터 120,000원까지 수강료가 책정되었다. 그러다가 2020년 제1기에는 프로그램 수는 비슷하였으나, 프로그램별 수강료의 폭이 증가하였다. 수업 시간이나 횟수의 다양성, 공모사업 교부금

지원 효과 덕분에 소수의 무료 강좌도 있었으나 대체로 15,000~80,000원까지 다양하게 책정되어 있었다. 이러한 변화를 통해 성장세를 유지해 온 이 기관은 해마다 기획 사업 및 프로그램에 대한 관리와 모니터링을 자체적으로 실시하였다.

6) 프로그램 만족도 조사 지원(결과 분석 수행)

평생교육기관에서 프로그램 만족도를 조사할 때 대체로 학습자 설문조사를 통해 이루어진다. 자료에 내포된 정보를 분석하여 불확실한 사실에 대해 추론을 하거나, 불충분한 자료나 정보를 근거로 하여 향후 일어날 특성치에 대해 예측을 하기위해 수합한 자료를 분석하는 것이다. 결과 분석에는 자료를 수집하고 정리하여 도표나 표를 만들거나, 자료를 요약하여 대푯값이나 변동의 크기 등을 구하는 일련의 과정이 포함된다. 프로그램 만족도 조사를 통하여 회수된 응답지는 통계 과정을 거쳐 운영 결과를 반영하는 피드백 자료로 생성된다. 조사 결과에 대한 분석의 범위와 방법은 다양하지만, 여기에서는 리커트 척도로 제작된 객관형 설문에 대한 분석만 간단하게 살펴보기로 한다.

리커트 척도는 응답자가 설문 문항에 대하여 자신의 심리적 수준을 선택하는 설문조사 방법으로 양적 연구에서 많이 사용하는 척도이다. 각 문항에 대하여 5개의 선택지가 있는 경우에 각 선택지에 대한 응답자의 백분율을 구한다. 만일 남녀별, 나이별 등 비교 집단에 대한 차이를 검증하거나 상관관계를 얻어 분석의 범주를 확대하고자 할 때 개인의 리커트 척도 점수를 구해야 한다.

선택지의 반응 중 가장 긍정적인 태도를 가진 사람이 반응한 응답지에 가장 큰 비중치를 배정하는 것이 타당하다고 보기 때문에, 긍정적인 질문에 대해서는 매우 만족한다, 만족한다, 보통이다, 만족하지 못한다, 매우 만족하지 못한다는 응답지에 대해 각각 4, 3, 2, 1, 0의 점수 배정을 하는 것이 보통이다. 물론 부정적인 질문에 대해서는 배점 가중치를 반대로 하여야 할 것이다. 각 개인에 대한 최종 척도 점수를 구하기 위해서는 각 질문의 5개의 응답지에 대한 반응의 점수를 총합한 것이 한 개인의 척도 점수가 된다. 한 개인의 점수는 각 질문의 응답지에 반응한 점수의 합이 된다. SPSS 통계처리 프로그램을 사용하면 개인의 척도 점수를 일일이 산출할 필요 없이 원점수를 입력하면 총점, 평균값, 백분율, 집단 차이 검증 및 상관계수를 손쉽게 산출할 수 있다.

　학문적인 연구에서는 신뢰도와 타당도를 더욱 정교하게 검증하는 회귀분석 등의 기법을 사용해야 하지만 현장의 만족도 검사는 백분율 분석에서 그치는 경우가 많다. 평생교육사 직무에 연구 활동도 포함된다고 본다면 결과를 만들어 내고 해석할 수 있는 다양한 분석기법을 활용하는 능력도 필요할 것이다.

3. 평생교육 행정 실무

　종래에는 '업무'의 본질을 종이를 사용한 기록·활용 및 보존이라는 '사무'의 범위 내로 좁게 인식하였으나, 현대에는 행정 목적을 달성하기 위한 정보의 수집·가공·저장·활용 등 일련의 정보처리 과정까지 포함한다. 또한 업무의 개념이 사무실뿐만 아니라 국민과의 접점에서 이루어지는 일련의 행정 과정까지 포괄하는 것으로 확대되었다.

　행정업무에 업무관리시스템 도입·운영 근거가 마련되면서 전자문서의 유통범위가 행정기관 간의 유통에서 행정기관과 행정기관 외의 기관이나 단체 등 간의 유통까지 확대되었다. 업무관리시스템이란 업무처리의 전 과정에서 생산된 자료를 과제에 따라 체계적인 처리를 할 수 있도록 개발한 시스템을 말한다. 전자문서시스템은 문서의 기안·결재·등록·시행·접수·공람 등 문서의 모든 처리 절차를 전자적으로 처리되도록 하는 시스템이다. 현재 활용되고 있는 업무관리시스템(온-나라 문서 시스템)은 전자문서시스템의 기능도 포함하고 있다.

　평생교육기관의 행정업무 역시 조직의 목적을 달성하기 위하여 업무의 간소화, 표준화, 과학화, 정보화 등의 관리 원칙을 준수함으로써 업무 전반을 효율적으로 개선하고 비용을 최소화하기 위하여 노력해야 한다. 따라서 평생교육사는 공문서 작성이나 소요예산 산출 등의 행정실무 능력을 갖추어야 하고 행정실무 규정에 익숙해져야 한다. 『행정업무운영편람』(행정안전부, 2020)의 최신 파일은 인터넷 사이트에서 쉽게 접근할 수 있어서 여기서 설명한 내용 중 궁금한 사항들이 생긴다면 검색해 보고, 예산 편성이나 정산 규정에 대한 전반적인 이해가 필요하다면 국가법령정보센터 홈페이지를 검색하는 것이 도움이 될 것이다.

1) 공문서 작성

행정상 공문서란 행정기관 또는 공무원이 직무상 작성하고 처리한 문서 및 행정기관이 접수한 문서를 말한다. 「행정 효율과 협업 촉진에 관한 규정」에는 "공문서란 행정기관에서 공무상 작성하거나 시행하는 문서(도면, 사진, 디스크, 테이프, 필름, 슬라이드, 전자문서 등의 특수매체기록을 포함한다.)와 행정기관이 접수한 모든 문서를 말한다."라고 규정하고 있으며, 전자문서에 대해서는 "컴퓨터 등 정보처리 능력을 가진 장치에 의하여 전자적인 형태로 작성되거나, 송신·수신 또는 저장된 문서"로 규정하고 있다.

공문서는 작성 주체에 따라 공문서와 사문서로 구분되기도 하고, 유통 대상 여부에 따라 유통되지 않는 문서와 유통되는 문서로 구분된다. 유통되지 않는 문서는 내부 결재 문서라고 하는데, 행정기관이 내부적으로 계획 수립, 처리 방침 결정, 업무보고, 소관사항 검토 등을 하기 위하여 결재받는 문서를 말한다. 내부적으로 결재를 받는 문서이므로 발신하지 않는다.

유통 대상 문서에는 대내문서, 외부용 문서, 발신자와 수신자 명의가 같은 문서 등이 있다. 대내문서는 해당 기관 내부에서 보조기관 또는 보좌기관 상호 간 협조를 하거나 보고 또는 통지를 위하여 수신·발신하는 문서를 말하고, 대외문서는 해당 기관 이외에 다른 행정기관(소속기관 포함)이나 국민, 단체 등에 수신·발신하는 문서를 말한다.

(1) 문서작성의 일반 원칙

문서는 행정업무를 수행하는 과정에서 필수적인 요소이다. 일반적으로 문서 없이는 업무처리가 곤란한 복잡한 내용이거나 대화로는 업무처리에 대한 의사소통이 불충분할 때, 행정기관의 의사표시 내용을 증거로 남겨야 할 때, 그리고 업무처리의 형식상 또는 절차상 문서가 필요하거나 업무처리 결과를 보존할 필요가 있을 때에 문서가 필요하다. 문서는 의사의 기록·구체화 기능, 의사의 전달 기능, 의사의 보존 기능, 자료 제공 및 업무의 연결·조정 기능을 가지고 있다.

문서를 작성할 경우 기안은 물론 검토, 협조, 결재, 등록, 시행, 분류, 편철, 보관, 보전, 이관, 접수, 배부, 공람, 검색, 활용의 처리 절차를 업무관리시스템 또는 전자

문서시스템상에서 전자적으로 처리해야 한다. 문서는 어문규범을 준수하고, 국민이 이해하기 쉬운 용어를 사용하여 이해하기 쉽게 작성해야 한다. 문서를 기안하여 결재를 올릴 때 업무관리시스템 또는 전자문서시스템의 '공문서 용어 점검' 기능을 사용할 수 있다. 어려운 행정용어가 자동으로 검색되어 순화어로 변환된다.

(2) 문서의 작성 기준

문서를 구성하고 있는 각 요소에 대한 작성 기준을 요약하면 〈표 10-4〉와 같다.

‖ 표 10-4 ‖ **문서의 작성 기준(예)**

구성 요소	작성 기준
문자	어문규범에 맞게 가로 방향으로 한글로 작성하되, 의미 전달을 위해 한자나 외국어를 사용할 때 괄호 안에 넣을 수 있다.
숫자 등의 표시	아라비아 숫자로 쓴다.
날짜	숫자로 표기하되 연, 월, 일의 글자는 생략하고 그 자리에 마침표를 찍어 표시한다. 월, 일 표기 시 '0'은 표기하지 않는다. 〈예시〉 2011. 12. 12./ 2021. 9. 6. 아라비아 숫자만으로 연, 월, 일을 표시할 때 마침표는 연, 월, 일 다음에 모두 사용해야 한다. 〈예시〉 2006. 1 → 2006.1./ 2021. 7. 15(목) → 2021. 7. 15.(목)
시간	시 · 분은 24시간제에 따라 숫자로 표기하되, 시 · 분의 글자는 생략하고 그 사이에 쌍점(:)을 찍어 구분한다. 〈예시〉 오후 3시 20분(×) → 15:20(○), 오전 7시 9분(×) → 07:09(○)
금액	아라비아 숫자로 쓰되, 숫자 다음에 괄호를 하고 한글로 기재한다. 〈예시〉 금113,560원(금 일십일만 삼천오백육십 원)
문서의 쪽 번호 등 표시	두 장 이상으로 이루어진 중요 문서의 앞장과 뒷장의 순서를 명백히 밝히기 위하여 번호를 매긴다.
표시 위치 및 띄우기	가) 첫째 항목 기호는 왼쪽 기본선에서 시작한다. 나) 둘째 항목부터는 바로 위 항목 위치에서 오른쪽으로 2타씩 옮겨 시작한다. 다) 항목이 두 줄 이상일 때 둘째 줄부터는 항목 내용의 첫 글자에 맞추어 정렬함이 원칙이나, 왼쪽 기본선에서 시작하여도 무방하다. 단, 하나의 문서에서는 같은 형식(첫 글자 또는 왼쪽 기본선)으로 정렬한다.

		라) 항목 기호와 그 항목의 내용 사이에는 1타를 띄운다. 마) 항목이 하나만 있는 경우 항목 기호를 부여하지 아니한다.	
하나의 본문 아래 항목 구분		가) 첫째 항목은 1., 2., 3., … 등부터 시작한다. 나) 첫째 항목은 왼쪽 기본선부터 시작한다.	
구분		항목 기호	
항목의 표시	첫째 항목	1., 2., 3., 4., ……	둘째, 넷째, 여섯째, 여덟째 항목의 경우, 하., 하), (하), ㉻ 이상 계속되는 때에는 거., 거), (거), ㉪, 너., 너), (너), ㉫… 등 단모음 순으로 표시
	둘째 항목	가., 나., 다., 라., ……	
	셋째 항목	1), 2), 3), 4), ……	
	넷째 항목	가), 나), 다), 라), ……	
	다섯째 항목	(1), (2), (3), (4), ……	
	여섯째 항목	(가), (나), (다), (라), ……	
	일곱째 항목	①, ②, ③, ④, ……	
	여덟째 항목	㉮, ㉯, ㉰, ㉱, ……	
규격 용지의 사용		가로 210mm, 세로 297mm(A4용지)의 직사각형이 기본 규격이다.	

(3) 문서의 구성

일반적으로 사용하는 기안문·시행문은 [그림 10-2]와 같이 두문·본문·결문으로 구성된다.

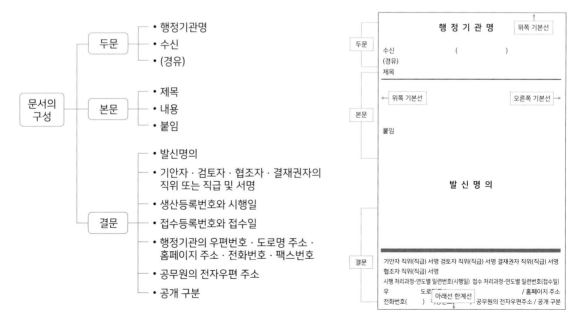

▥ 그림 10-2 **문서의 구성**

출처: 행정안전부(2020). pp. 46-47.

(4) 문서의 기안

기안이란 행정기관의 의사결정을 위해 문안을 작성하는 것을 말한다. 기안은 주로 상급자의 지시사항이나 접수한 문서를 처리하기 위하여 행해지나 법령·훈령·예규 등을 근거로 하거나 순수한 자기발안(自己發案)으로 이루어지기도 한다.

기안자가 고려해야 할 사항으로는, 첫째, 안건에 관련된 문제 파악 및 관계 규정 등을 숙지해야 한다. 둘째, 기안의 목적과 필요성을 파악하고 자료를 수집·분석하며 필요에 따라 설문조사, 회의 등을 통하여 의견을 청취한다. 마지막으로 복잡한 기안의 경우에는 초안을 먼저 작성하여 누락되거나 비논리적인 부분을 검토한다.

문서는 정확한 의사소통은 물론 문서 자체의 품격을 높이고, 해당 기관의 대외적인 권위와 신뢰도를 높여 주기 때문에 올바르게 작성되어야 한다. 기안자는 정확하고(바른 글), 용이하며(쉬운 글), 성실하고(호감이 가는 글), 경제적(효율적으로 작성하는 글)으로 문서를 작성하도록 노력해야 할 것이다.

기안문이 작성되면 검토 및 협조의 절차를 거쳐 결재가 이루어진다. 결재란 해당 사안에 대하여 행정기관의 결정할 권한이 있는 자가 그 의사를 결정하는 행위이다. 결재받은 문서는 모두 등록해야 하고, 외부로 발송할 때 문서 시행의 절차를 밟아야 한다.

(5) 문서의 시행

시행이란 문서의 효력을 발생하게 하는 절차이다. 내부적으로 성립한 행정기관의 의사를 외부로 표시하는 단계로서, 일반적으로 시행문의 작성, 관인 날인 또는 서명, 문서 발신 등의 절차를 거친다. 문서를 시행하는 방법으로는 발신, 홈페이지 게시, 관보 게재, 고시·공고, 교부 등이 있다.

시행문은 결재받은 문서 중 발신할 문서를 대상으로 작성하는데, 2004년부터 기안문과 시행문이 하나로 통합됨에 따라 별도의 시행문 서식은 없다. 따라서 전자 결재가 끝난 일반기안문에 관인을 찍으면 시행문으로 변경된다. 전자 문서의 경우에는 전자 이미지 관인을, 종이 문서는 결재받은 기안문을 복사하여 관인을 찍는다. 다만, 수신자의 개인정보보호 등을 위하여 필요할 때는 수신자별로 시행문을 작성하고 시행하여야 한다.

(6) 문서의 발신

문서는 직접 처리하여야 할 행정기관에 발신한다. 다만, 필요한 경우에는 행정조직상의 계통에 따라 발신한다. 하급기관이 바로 위 상급기관 외의 상급기관(바로 위 상급기관에 대한 지휘·감독권을 갖는 상급기관)에 발신하는 문서 중 필요하다고 인정되는 문서는 바로 위 상급기관을 거쳐 발신하여야 한다. 또한 상급기관이 바로 아래 하급기관 외의 하급기관(바로 아래 하급기관의 지휘·감독을 받는 하급기관)에 문서를 발신할 때도 같은 절차를 거쳐 발신하여야 한다.

문서는 처리과에서 업무관리시스템이나 전자문서시스템 등의 정보통신망을 이용하여 발신한다. 이 경우 그 발신 또는 수신 기록을 전자적으로 관리하여야 한다. 업무의 성질상 정보통신망을 이용하여 발신하는 것이 적절하지 않거나 그 밖의 특별한 사정이 있으면 우편·팩스 등의 방법으로 문서를 발신할 수 있으며 이 경우 발신 기록을 증명할 수 있는 관계 서류 등을 기안문과 함께 보관하여야 한다.

관인을 찍는 문서가 전자 문서일 때는 기안자나 문서의 수신·발신 업무를 담당하는 사람이 전자 이미지 관인을 찍고, 종이 문서일 때는 관인을 관리하는 사람이 관인을 찍은 후 처리과에서 발송한다.

2) 일반기안문 작성 예시

일반기안이란 어떤 하나의 안건을 처리하기 위하여 정해진 기안 서식에 문안을 작성하는 것으로 가장 일반적인 형태를 말한다. 기안문 서식은 일반기안문, 간이기안문의 두 가지가 있는데, 여기에서는 일반기안문 대상으로 작성하는 방법을 설명하기로 한다.

(1) 두문

두문에는 행정기관명과 수신자와 경유를 표시한다. 그 문서를 기안한 부서가 속한 행정기관명을 기재하고, 수신자명을 표시한 다음, 괄호 안에 업무를 처리할 보조·보좌 기관의 직위를 표시하되, 그 직위가 분명하지 않으면 ○○업무 담당과장 등으로 쓸 수 있다. 다만, 수신자가 많은 경우에는 두문의 수신란에 '수신자 참조'라고 표시하고 결문의 발신명의 다음 줄의 왼쪽 기본선에 맞추어 수신자란을 따로 구분하여 수신자명을 표시한다. 경유기관이 없는 경우는 빈칸으로 둔다.

❚ 예시 ❚

○○○동 행복학습센터

수신∨∨국가평생교육진흥원장(○○업무담당과장)

(경유)

---

* 수신에서 한글 1자(2타) 띄우고 그에 해당하는 내용을 작성한다.

* 내부 기안문은 내부 결재로, 외부 발송 문서는 보통 수신기관의 장으로 기재한다.

---

(2) 본문

본문은 제목부터 발신명의 전까지의 내용 부분을 포함한다. 제목을 붙일 때 그 문서의 내용을 쉽게 알 수 있도록 간명하게 기재하고, 제목 아래에 내용을 작성할 때는 문서의 관련 근거를 기재한다. 시행번호는 기관-번호(-날짜) 형식으로 기재하되, 해당 공문의 하단에서 확인할 수 있다.

하나의 본문에 이어서 둘 이상의 항목이 나오는 경우, 첫째 항목은 왼쪽 기본선부터 시작하고 1., 2., 3., …… 등부터 시작한다(둘째 항목: 가., 나., ……). 첫째 항목 기호는 띄어쓰기 없이, 다음부터는 2타씩 들여쓰기하고 항목이 두 줄 이상일 경우에 둘째 줄부터는 항목 내용의 첫 글자에 맞추어 정렬함이 원칙이나, 왼쪽 기본선에서 시작해도 무방하다. 단, 하나의 문서에서는 같은 형식(첫 글자 또는 왼쪽 기본선)으로 정렬한다.

┃ 예시 1 ┃

제목∨∨「제17회 대한민국 평생학습대상 신청서〈사업부문〉」 참여기관 신청서 제출

1.∨귀 기관의 무궁한 발전을 기원합니다.
2.∨『제17회 대한민국 평생학습대상 신청서〈사업부문〉』를 붙임과 같이 ∨∨∨제출합
니다.∨∨끝.

┃ 예시 2 ┃

제목∨∨제17회 대한민국 평생학습대상 공모 관련 사전협의회 개최

1.∨국평원-○○○(2020. 01. 20.) 관련입니다.
2.∨『제17회 대한민국 평생학습대상 신청서〈사업부문〉』 공모 관련하여
사전협의회를 다음과 같이 개최하고자 합니다.
∨∨가.∨일시:∨2020. 3. 2.(월) 14:00~16:00
∨∨나.∨장소:∨행복학습센터 2층 회의실
∨∨다.∨참석 대상:∨주민자치회 기획위원 5명
∨∨라.∨내용:∨붙임파일 참조.∨∨끝.

* 제목에서 한 글자(2타) 띄우고 그에 해당하는 내용을 작성한다.
* 제목의 첫 글자와 맞추어 번호를 시작하고, 번호에서 스페이스바 한 칸(1타) 띄우고 그에 해
당하는 내용을 작성한다.
* 항목 기호와 그 항목의 내용 사이에는 1타를 띄우고, 항목이 하나만 있는 경우 항목 기호를
부여하지 아니한다.
* 가독성을 위하여 본문 항목 사이 위와 아래 여백을 자유롭게 설정할 수 있다.

(3) 첨부물

첨부물 표시의 경우 본문이 끝난 줄 다음에 '붙임'의 표시를 하고 첨부물의 명칭과 수량을 쓰되, 첨부물이 두 가지 이상인 때에는 항목을 구분하여 표시한다. 모든 첨부물의 뒤에는 마침표를 찍는다.

▌예시 3 ▌

(본문) ＿＿＿＿＿＿＿＿＿＿＿를 붙임과 같이 제출합니다.
붙임　1. 제17회 대한민국 평생학습대상 신청서〈사업부문〉 1부.
　　　2. 사업성과 및 활동 사례 1부.
　　　3. 포트폴리오 1부.　끝.

* 붙임은 본문과 구분하여 본문이 끝난 줄 다음에 쓰거나, 여유 있게 줄을 띄어 쓸 수도 있다.
* 문서의 "끝"은 본문 내용의 마지막 글자에서 한 글자(2타) 띄우고 표시한다.

---

(4) 결문

발신명의는 행정기관의 장의 권한일 때 해당 행정기관의 장의 명의로 표시하고, 합의제행정기관의 권한에 속하는 사항은 그 합의제행정기관의 명의로 발신한다. 내부 결재 문서에는 발신명의를 표시하지 아니한다.

기안자, 검토자, 협조자, 결재권자의 직위 또는 직급과 서명을 기재한다. 서명은 기안자, 검토자, 협조자, 결재권자가 자기의 성명을 다른 사람이 알아볼 수 있도록 한글로 쓰거나 전자적으로 표시한다.

문서에 표시하는 생산 또는 접수 등록번호는 처리과명과 연도별 일련번호를 붙임표(-)로 이어 쓰되, 처리과가 없는 기관의 경우에는 처리과명을 대신하여 행정기관명 또는 10자 이내의 행정기관명 약칭을 쓴다.

도로명 주소는 우편번호를 기재한 다음, 도로명 및 건물번호 등을 기재하고 괄호 안에 건물 명칭을 기재한다. 행정기관이 부여한 전자우편주소를 쓰고, 공개 구분은 공개, 부분 공개, 비공개로 구분하여 표시한다.

| 예시 4 |

○○○동 행복학습센터

기안자 김○○(직급) 서명   검토자 박○○ 서명   결재권자 이○○ 서명
협조자
시행   행학센-2020-0021(2020.07.09)   접수   처리과명-연도별 일련번호(접수일)
우 *****   **광역시 **구 **로 *** (**동 ***동주민자치센터) / http://*****.go.kr
전화 번호(032)***-**** 팩스 번호(032)***-**** / *******@daum.net /
대국민 공개

이처럼 두문, 본문, 결문의 작성 방법에 따라 내부 결재용 기안문과 외부 발송용 시행문으로 작성하면 [그림 10-3], [그림 10-4]와 같다.

3) 사업예산의 편성 · 집행

(1) 예산의 개념

한 회계 연도의 수입과 지출을 체계적으로 다루기 위하여 국가나 자치단체에서는 예산을 편성한다. 다음 회계 연도에 시행하고자 하는 시책이나 사업계획을 재정적인 용어와 금액으로 표시하여 세입 · 세출 예산안을 작성하는데, 예산 요구, 조정 그리고 예산안의 확정에 이르는 전체 과정을 포함하여 예산 편성이라 한다.

세입이란 일정 회계 연도에서 국가 또는 지방자치단체의 지출 재원이 되는 모든 수입으로 주된 재원은 조세이다. 세출은 기관의 운영 목적을 수행하기 위한 모든 지출을 말하며, 공무원의 급여 지급, 재화 및 용역의 구매, 이자 및 보조금의 지급 등이 포함된다.

일정 기간(월별, 분기별)에 걸쳐 지출원인행위를 할 수 있는 세출 예산의 한도액을 통지하는 행위가 예산 배정이다. 최종예산 집행권자는 이 배정액을 한도로 하여 계약 체결 등 집행 절차를 밟게 되므로, 최종예산 집행권자의 지출원인행위를 허용하기 위한 통제 수단이기도 하다.

함께하는 공정사회! 더 큰 희망 대한민국!

○○○동 행복학습센터

내부 결재

(경유)

제목　제17회 대한민국 평생학습대상 관련 사전협의회 개최

1. 관련: 국평원-000(2020.01.20.) 공문

2. 『제17회 대한민국 평생학습대상 신청서〈사업부문〉』관련하여 사전협의회를 다음과 같이 개최하고자 합니다.

　가. 일시: 2020. 3. 2.(월) 14:00~16:00

　나. 장소: 행복학습센터 2층 회의실

　다. 참석대상: 주민자치회 기획위원 5명

　라. 내용: 붙임파일 참조. 끝.

붙임　1. 제17회 대한민국 평생학습대상 신청서〈사업부문〉 1부.

　　　2. 사전협의회 자료 1부. 끝.

담당자　　김○○　　　　간사　　박○○　　　　회장　　이○○

협조자

시행　행학센 2020-0010(2020.02.23.)　　　　접수

우＊＊＊＊　＊＊광역시＊＊구＊＊로＊＊＊(＊＊동＊＊＊동주민자치센터)/http://＊＊＊＊＊.go.kr

전화번호　(032)＊＊-＊＊＊＊　팩스번호(032)＊＊-＊＊＊＊ / ＊＊＊＊＊＊@daum.net /

대국민공개

〃\그림 10-3　**내부 결재용 기안문(작성 예시)**

함께하는 공정사회! 더 큰 희망 대한민국!

○○○동 행복학습센터

수신 수신자 참조

(경유)

제목 「대한민국 평생학습대상 신청서〈사업부문〉」 신청서 제출

1. 관련: 국평원-000(2020.01.20.) 공문
2. 『제17회 대한민국 평생학습대상 신청서〈사업부문〉』를 붙임과 같이 제출합니다.

붙임 1. 제17회 대한민국 평생학습대상 신청서〈사업부문〉 1부.
2. 사업성과 및 활동 사례 1부.
3. 포트폴리오 1부. 끝.

○○○동 주민자치위원회장

수신자 교육부장관, 국가평생교육진흥원장, ……

담당자 김○○ 간사 박○○ 회장 이○○

협조자

시행 행학센 2020-0010(2020.02.23.) 접수

우 ＊＊＊＊＊ ＊＊광역시 ＊＊구 ＊＊로 ＊＊＊ (＊＊동 ＊＊＊동주민자치센터) / http://＊＊＊＊＊.go.kr

전화번호 (032)＊＊＊-＊＊＊＊ 팩스번호(032)＊＊＊-＊＊＊＊ / ＊＊＊＊＊＊@daum.net /

대국민공개

그림 10-4 **외부 발송용 시행문(작성 예시)**

자치단체의 세입 예산은 수입의 성질에 따라 지방세수입, 세외수입, 지방교부세, 조정교부금, 보조금, 지방채, 보전수입, 내부거래 등으로 구분하며, 장·관·항·목별로 분류된다. 세출 예산은 사업별 또는 성질별로 정책·단위·세부 사업·목으로 구분하는데, 세출 예산을 성질에 따른 비목별로 구분하면 〈표 10-5〉와 같다.

정책·단위·세부 사업은 자치단체가 분야 부문의 기능에 맞게 설정·운영할 수 있다. 사업 예산을 운영할 때는 「지방재정법」 제3조에 따라 재정을 건전하고 효율적으로 운용하여야 한다. 예를 들면, 사업별 목적·용도 및 추진계획 등을 사전에 구체적으로 확정하지 아니하고 지방자치단체의 장 또는 지방의회의원에게 일정 액씩 예산을 포괄적으로 할당하여 편성·집행할 수 없을 뿐 아니라 법령 등에 따라 반드시 지출하여야 하는 법정·필수적 경비는 세출 예산에 우선 계상하여야 한다.

보조금은 자치단체가 민간이 행하는 사업이나 행사를 권장하기 위하여 내주는 경비이다. 각 자치단체는 보조금 총액한도 내에서 사업별 우선순위를 고려하여 예산을 편성한다. 보조금 예산의 편성, 보조사업자 선정 및 지원, 정산 및 성과 평가, 취소 및 반환, 보조금 지원명세의 공개 등의 세부적인 사항은 행정안전부 장관이 별도로 정하는 기준에 따라 운영한다.

‖ 표 10-5 ‖ **세출 예산의 비목별 구분(예)**

인건비		보수, 무기계약 근로자 보수, 기간제 근로자 등 보수
물건비	일반운영비	사무관리비(위탁교육비, 운영수당, 급량비, 임차료 등)
		공공운영비(공공요금 및 제세, 연료비, 시설장비유지비 등)
		행사운영비, 맞춤형 복지제도 시행 경비
	여비	국내여비, 월액여비, 국외업무여비 및 국제화여비 등
	업무추진비	기관 운영업무 추진비, 부서 운영업무 추진비
	직무수행경비	직책급 업무수행 경비, 특정 업무 경비
	재료비	재료비
	연구개발비	연구용역비, 전산개발비
경상이전		일반보전금, 포상금, 배상금, 출연금, 민간이전, 국외이전 등
자본지출		시설 및 부대비, 자산취득비(자산 및 물품취득비, 도서구입비), 민간자본이전 등

(2) 사업예산의 편성 · 집행

지역 평생교육기관 중 하나인 행복학습센터의 예산도 회계 연도별로 수입과 지출로 편성된다. 수입은 자체 예산과 지방자치단체의 보조금이나 공모사업으로 교부받은 지원금 등 외부 예산까지 포함한 총액으로 산출하고, 지출은 사업별, 비목별로 구분하여 수입에 맞추어 정확하게 편성한다. 특히 수입 중에서 포함된 국가나 지방자치단체의 교부금이 법령 · 조례 · 규칙 · 예규 등으로 기준과 절차로 정해진 경우에는 그 절차와 기준을 반드시 준수하여 예산을 집행하여야 한다. 일반적으로 지방자치단체(광역 · 기초)에서 지원하는 보조금은 교부 목적 외의 용도로 사용할 수 없다.

이 기관에서도 국가나 지방자치단체가 주관하는 공모사업의 보조금을 받기 위하여 사업계획서 작성에 많은 노력을 기울였다. 육하원칙에 의거하여 명확하게 작성하되, 문제의식, 목적, 원칙과 기준, 의미와 가치를 담았다. 사업의 필요성을 강조하고 세부 운영 계획을 통하여 해결책과 전략을 제시하며, 합리적이고 현실적인 예산 책정으로 실현 가능성을 높였다. 〈예시 5〉는 행복학습센터에서 지방자치단체 공모사업에 제출한 사업계획서의 일부 내용이다.

예시 자료에서 볼 수 있듯이 예산 편성 항목을 작성함에 있어서 예산 운영 지침이 적용된다. 총 사업비는 보조금과 자부담 예산을 구분하여 편성되었고, 예산의 금액 단위는 천 원으로 표기되었으며, 소요예산은 '단가×수량×횟수=금액' 형식에 맞추어 산출되었다.

사업 예산은 지출 시기에 맞추어 지출품의서와 지출결의서를 통해 결재받아 집행된다. 지출품의서는 사업계획서의 추진 일정에 따라 각종 항목 및 소요 금액의 지출에 대한 결재를 받기 위하여 작성하는 공문서이다. 일반기안문과 같은 방법으로 작성하면 되는데, 집행의 내용이 예산 편성의 목적과 부합되는지, 집행 예정 금액은 예산액의 범위 이내인지, 집행 예정 금액이 법령이나 지침 등에서 근거한 기준액과 부합되는지를 검토해야 한다. 예산의 집행은 효율성, 투명성과 책임성을 높이면서 신속하고 적극적으로 추진해야 하고, 보조금을 받은 사업이 종료되거나 회계 연도가 끝났을 때는 국가나 지방자치단체의 장에게 〈예시 6〉과 같이 정산 결과가 포함된 사업실적보고서를 제출해야 한다.

| 예시 5 |

사업명: Bees city (도시양봉 과정 초급)

1. 사업의 필요성 및 목적

◎ 주민자치센터의 유휴 공간을 활용한 평생교육 학습의 장 마련
◎ 지역주민들의 직업능력 개발(양봉가)과 도시양봉의 가치를 통해 도시생태계를 복원
  하는 데 공헌할 수 있는 평생학습 기회 제공

2. 프로그램 세부 운영 계획

2-1. 교육과정 및 시간표

일시(요일)	시간	강의 내용	담당 강사	교육장소
매주 수	14:00~17:00	도시양봉가 양성과정	송○○	옥상정원
토요일 (3회)	11:00~13:00	어린이/청소년 체험학습	송○○	강의실, 옥상정원

2-2. 일정별 세부 추진계획
◎ 강사 및 연계 기관 섭외(3. 12.~3. 16.): HONEY WRAP 협약 체결
◎ 홍보 및 수강생 모집(3. 12.~4. 7.): 구·동 홈페이지 공고/관내 아파트 게시판/현수막 등
◎ 프로그램 운영(6. 20.~11. 21.): 정규 프로그램 外 자발적 학습동아리 구성을 통한
  수시 운영 체제
◎ 정산 및 사업평가 보고: 11월 이내

2-3. 프로그램 강사 현황

이름	소속기관	직위	경력·자격증 등 전문성	비고
송○○	HONEY WRAP	대표	*별도 약력 서류 첨부	

2-4. 예산 편성 및 대응투자의 적절성   (단위: 천 원)

구분		산출내역	총 사업비			비고
			계	보조금	자부담	
총 계			6,270	3,000	3,270	
강사비	소계		3,450	3,000	450	
	도시양봉가	150,000×20회=3,000,000원	3,000	3,000	0	성인
	체험학습	150,000×3회=450,000원	450	0	450	어린이 청소년
홍보비	소계		200	0	200	
	현수막	50,000원×4개=200,000원	200	0	200	
기타	소계		2,620	0	2,620	
	꿀벌	250,000×4통=1,000,000원	1,000	0	1,000	4통
	양봉 물품	1식	1,620	0	1,620	붙임 서류

3. 학습 결과 활용방안 및 기대효과

◎ 꿀벌과 사람이 함께 살아가는 친환경 도시생태계 조성

◎ 도시양봉가 양성을 통한 직업능력 개발로 일자리 탐색 기회 제공

◎ 관내 아파트입주자대표회와 연계한 도심 가드닝 사업

◎ 지역사회 기관(학교, 어린이집 등)과 연계한 체험 프로그램 제공

| 예시 6 |

사업 성과 및 사업비 정산 보고

I. 사업개요

기관명	○○○동 주민자치센터			
프로그램명	Bees city(도시양봉 과정 초급)			
필요성 및 목적	• 도시 환경 개선 및 생태적 가치를 확산시키기 위한 미래의 실천 • 생태계의 중요한 수분 매개자이자 환경 지표인 꿀벌의 중요성과 가치를 알리는 도시양봉가 양성 • 학습동아리 구성을 통한 지속적인 학습의 연계성 필요			
프로그램 주요 내용	• 도시양봉을 시작하기 위한 다양한 교육 및 체험(성인 주민) • 어린이와 청소년의 생태 감수성을 기르기 위한 체험 프로그램			
교육 기관	2018년 6월 20일~11월 21일(매주 수요일, 14~17시) 총 운영시간 : 20회×3시간 = 60시간			
교육 장소	주민센터 취미 교실 및 옥상정원			
교육 대상	등록 인원	18명	수료 인원	13명
담당자	연락처	(***)***-****	E-mail	******@daum.net
총사업비	6,270천 원(100%)		보조금	3,000천 원(48%)
			자부담	3,276천 원(52%)

II. 세부 추진 내용(구체적인 내용 생략)

1. 프로그램 운영 현황

   프로그램 교육과정 및 시간표, 프로그램별 참가인원, 프로그램 참여자 현황
2. 프로그램 운영 강사
3. 사업 운영 일정
4. 지역사회 환원
5. 프로그램 운영 자체평가

III. 사업비 집행 결과

◎ 보조금 집행내역   (단위: 원)

구분	보조금 결정액	지출액	잔액	이자 발생액	반납액
구보조금	3,000,000	3,000,000	0	569	569
자부담	3,276,040	3,276,040	0	0	0

◎ 세부 내용: 붙임파일(사업비 집행 결과) 참조

구분		산출 내역	금액(천 원)			비고
			보조금	자부담	계	
총계		6,270	3,000	3,270	6,270	
강사비	강사 (성인)	150×17회 (2시간, 일반강사(나))	2,550		2,550	
	체험학습비 (어린이, 청소년)	10×20명×1회	200		200	
홍보비		60×4개소(현수막)	240		240	
재료비		12×16명×5회	10	950	960	
양봉 1식 (벌통 외 10종)		160×4세트		640	640	
꿀벌		250×4통		1,000	1,000	
방충복		20×20명		400	400	
소모품 구입비 (봉솔 외 7종)		140×2회		280	280	

IV. 사업 증빙자료(구체적인 내용 생략)

◎ 수업 관련 사진 파일

◎ 종이 문서 제출

 1. 지출결의서 및 계좌이체 명세서, 영수증 사본, 계산서 발행 시 사업자등록증 사본 등 각 1부

 2. 회계장부 및 통장 사본 각 1부

정산보고서의 사업비 집행 결과를 사업계획서의 예산 편성액과 비교해 보면 보조금 총액에 차이가 발생한 것을 알 수 있다. 교부받은 보조금은 다른 용도로 사용해서는 안 되기 때문에 이자로 인한 초과액(569원)은 반환 조치를 해야 한다. 지출 비목의 소요예산에서도 편성액과 지출액 사이에 변동이 나타났지만, 이는 사업계획에 포함된 항목 간 변경 사용 등 자치단체장이 정하는 가벼운 사항의 경우에는 목적사업 범위 내에서 승인 없이 변경할 수 있기 때문에 문제가 되지 않는다.

지방보조금에 대한 정산보고서를 작성하게 될 때 첨부 서류가 빠지지 않도록 유의해야 한다. 증빙이 전혀 없거나, 위조하거나, 관련이 없는 증빙을 하거나, 입금 후 돌려 막는 일 등은 감사 지적사항이 되기 때문이다. 예를 들면, 카드 지출의 경우 카드 매출전표 또는 전자 세금 계산서 등이 첨부되어야 하고, 현금(계좌이체) 지출의 경우 사업자등록증, 통장 사본, 세금계산서, 거래명세서 등이 첨부되어야 한다. 또한 강사료 지출의 경우에는 강사 카드(이력서), 강의확인서(출근부), 강의 내용 및 계획서, 강의료 이체내역서, 지방소득세 영수증(원천징수영수증) 등이 첨부되어야 할 것이다.

강인옥, 최두선, 최기웅(2020)은 지방보조금 정산 착안 사항을 다음과 같이 강조하였는데, 각 기관에서 사업실적보고서를 작성할 때 점검표로 활용하면 도움이 될 것이다.

- 사업 종료 후 해당 날짜 안에 정산서를 제출하였는가?
- 보조금 신청 시 자체 부담 비율을 준수하였는가?
- 보조금 신청 시 사용 목적대로 사용하였는가?
- 보조금 신청 시 사업계획을 달성하여 사업 효과가 있었는가?
- 보조금 입출금 전체 내역이 표시된 통장 사본을 제출하였는가?
- 통장의 인출 일자와 회계 지출 일자와 일치하였는가?
- 기존의 통장을 사용하는 경우 통장 잔액을 정리한 후 사용하였는가?
- 집행 잔액이 있는 경우 반납하였는가?
- 전용 카드를 사용하였는가(인건비 등 신용카드 비대상은 제외)?
- 지출 증빙 서류를 잘 갖추었는가?
- 명확한 산출 근거를 명시하고 지출하는 등 적정하게 집행되었는가?

- 보조금 교부 조건을 준수하였는가?
- 전반적인 사업추진 실적을 알 수 있도록 충분한 증빙자료를 첨부하였는가?

 토론문제

1. 국가나 지방자치단체의 공모사업에 선정되려면 평생교육사는 참신하고 파급력 높은 과제를 발굴하는 안목을 지녀야 한다. 예비 평생교육사로서 과거와 현재 과제를 발굴하는 안목을 기르는 방법에 대하여 설명하시오.

2. 평생교육이 코로나 펜데믹과 같은 상황에서 다양성을 확보하며 대응할 수 있는 방안에 대하여 설명하시오.

3. 내부 결재용 기안문과 외부 발송용 시행문의 차이점에 대하여 설명하시오.

참고문헌

강인옥, 최두선, 최기웅(2020). 예산회계 실무 기본서. 광문각.

교육부(2015). 평생교육실습과목 운영지침.

교육부, 국가평생교육진흥원(2019). 평생교육백서.

교육부, 국가평생교육진흥원(2020). 제17회 대한민국 평생학습대상 우수사례집.

국가평생교육진흥원(2011). ISSUE PAPER 평생교육사 배치 활성화 방안 연구.

김동일(2020). 평생교육실습 이론과 실제. 정민사.

김태한, 김기헌(2020). 사회조사방법론. 한국방송통신대학교출판문화원.

김명희(2019). 현장적용을 위한 평생교육실습매뉴얼. 해조음.

오명숙(2019). 평생교육 현장실습. 학지사.

이해주, 윤여각, 이규선(2020). 평생교육실습. 한국방송통신대학교출판문화원.

현영섭(2020). 코로나19에 대처한 지역 평생교육 운영 사례와 방향. 국가평생교육진흥원.

행정안전부(2020). 행정업무운영편람.

국가법령정보센터. http://www.law.go.kr.

국가평생교육진흥원. http:www.nile.kr.

평생교육사의 의사소통[1]

교육은 도덕과 지혜의 두 기반 위에 서지 않으면 안 된다. 도덕은 미덕을 받들기 위해서 있고, 지혜는 남의 악덕에서 자기를 지키기 위해서 있다. 도덕에만 중점을 두면 성인군자나 순교자밖에 나오지 않는다. 지혜에만 중점을 두면 타산적인 이기주의가 나오게 된다. 어느 한쪽에 치우치지 말고 도덕과 지혜의 두 기반 위에 교육이 서 있어야 좋은 열매를 거둘 수 있는 것이다.

– Nicolas Chamfort –

학습목표

1. 평생교육사가 지녀야 할 의사소통의 목적과 유형을 설명할 수 있다.
2. 평생교육사가 현장에서 의사표현을 할 능력을 향상시킬 수 있다.
3. 평생교육사가 직장에서 지켜야 할 예절에 대하여 설명할 수 있다.

학습개요

이 장에서는 평생교육사가 현장에서 지키고, 실행해야 할 의사소통의 목적과 유형을 살펴본다. 또한 직업인으로서 직장에서 상하 간, 동료 간에 있어서의 의사표현 능력을 배양하여 의사소통을 원활하게 하고, 직장예절을 알고, 익힘으로써 평생교육사로서의 역할을 원활하게 하는 것이 중요하다.

---

[1] 이 내용은 한국산업인력공단(2020)을 참조하여 재구성하였다.

1. 의사소통

1) 의사소통의 의의

'communication'의 원래 뜻은 '상호 공통점을 나누어 갖는다.'로, 라틴어 'communis (공통, 공유)'에서 유래한 말이다(한국산업인력공단, 2020a). 의사소통은 조직활동의 기본과정으로서 사람과 사람 사이에 정보가 이동하는 과정을 지칭하며, 하나 또는 그 이상의 유기체가 다른 유기체와 지식, 정보, 의견, 신념, 감정 등을 공유 또는 공통화하는 행동으로 정의된다(유시정, 양태식, 양경미, 2006). 또한 의사소통은 전달자와 수신자 사이의 정보 전환이며, 개인을 포함한 집단 간의 의미전달이라는 성격을 지닌다(Bowdick & Buono, 1985).

의사소통(意思疏通) 혹은 휴먼 커뮤니케이션(human communication)은 사람의 의사나 감정의 소통으로 '가지고 있는 생각이나 뜻이 서로 통함'이라는 의미를 지니고 있으며, 인간이 사회생활을 하기 위하여 가장 필수적으로 가지고 있어야 하는 능력이다. 상호 간 소통을 위해 사용되는 매체로는 구어(口語)와 문어(文語)는 물론 몸짓, 자세, 표정, 억양, 노래, 춤 등과 같은 비언어적 요소들까지 포함된다. 언어적 능력이 발달하지 않은 동물들의 경우 호르몬이나 변뇨의 냄새 또는 울음소리로 의사소통을 한다. 현대의 경우 인터넷의 발달로 직접적인 소통 외에도 네이버, 다음, 네이트와 같은 포털 사이트, 페이스북이나 트위터와 같은 소셜 네트워크 서비스로도 불특정 다수와의 의사소통을 이룰 수 있다.

즉, 의사소통이란 두 명 이상의 사람들 상호 간에 발생하는 의사의 전달과 교류가 이루어진다는 뜻이며, 개인과 개인, 개인과 집단, 집단과 집단 사이에서 발생하는 감정, 느낌, 생각, 정보 등을 전달하고 그것들을 받아들이는 과정을 의미한다. 정보를 매개체로 하는 발신자와 수신자 간의 의사소통에서 신호(signal)는 수신자의 행동 변화를 목적으로 하는 수신 가능한 데이터이자 발신자의 의도를 내포한다. 그러나 신호는 의도하지 않은 정보 또는 제3의 다른 개체의 반응을 통해 비용과 이익 사이의 균형을 부과하는 특성으로 정의되는 큐(Que) 정보의 성질을 동시에 가진다(Hasson, 1994). 신호는 형태와 무관하게 행동, 소리, 색깔 등 다양하게 만들어져 전달될 수 있다. 의사소통의 필요 상황으로는 '비용과 이익의 효율적인 조정'이라는 주요 원리하에서 집단형성, 충돌해결, 환경신호 등의 상황이 있다.

의사소통은 개인 또는 집단 간에 신념, 감정, 생각, 의견, 태도, 정보 등을 주고 받는, 즉 서로 교류하는 행위로 볼 수 있다. 의사소통의 특성은 다음과 같다(김동일, 2020; 최애경, 송연숙, 2018).

첫째, 의사소통은 최소한 2명이 필요하다. 의사소통은 2명 혹은 그 이상의 집단이나 조직 속에서 이루어진다. 둘째, 의사소통에서 각자는 발신자이면서 수신자이다. 의사소통을 할 때 각자는 말을 하는 사람도 되면서 듣는 사람도 된다. 셋째, 의사소통은 대부분 대면으로 이루어진다. 편지, 문서, E-mail, 메신저, 카카오톡, 문자 등을 통해서도 의사소통을 할 수 있지만 서로의 생각과 감정을 주고받는 면대면으로 이루어지는 것이 원칙이다. 넷째, 의사소통은 상호 간 어떤 맥락에서 이루어지고 영향을 받는다. 의사소통이 이루어지는 시간과 분위기, 상대에 따라서 전혀 다른 방향으로 의사소통이 진행될 수 있다. 다섯째, 한 번 이루어진 의사소통은 되돌릴 수 없다. 이미 말을 한 것이나 행동한 것은 취소할 수가 없다.

조직에서 의사소통의 중요성은 다음과 같다.

첫째, 의사소통은 두 사람 또는 두 기관 사이에 공통 이해를 조성하여 공동 목표를 향한 상호 협조를 가능하게 해 준다. 둘째, 의사소통은 조직 내에서 이루어지는 많은 의사결정(decision-making)에 있어서 중요한 전제적 조건이 된다. 셋째, 의사소통은 조직구성원의 심리적 또는 육체적 욕구를 충족시켜 주는 역할을 한다. 넷째, 의사소통은 장래의 대비를 가능하게 해 준다.

2) 조직에서의 의사소통

(1) 조직에서의 의사소통의 의미

조직에서의 의사소통이란 공적인 조직 안에서의 의사소통을 말한다. 공식적 조직 내에서 공식적 통로와 수단에 의하여 공식적으로 의사가 소통되는 것으로 '누가', '누구에게', '무엇을', '어떻게' 전달할 것인가를 공식적으로 법제화하고 이에 근거하여 의사를 전달하는 것이다.

(2) 조직에서의 의사소통의 목적과 기능

조직에서 발생하는 의사소통의 목적은 다음과 같다. 첫째, 조직의 생산성을 높인다. 둘째, 조직 내 구성원들의 사기를 진작시킨다. 셋째, 조직 생활을 위해 필요한 정보를 전달한다. 넷째, 구성원 간의 의견이 다를 경우 설득할 수 있는 도구가 된다.

조직에서 발생하는 의사소통의 기능은 다음과 같다(김동일, 2020; 조경덕, 장성화, 2012). 첫째는 통제이다. 통제는 의사소통을 통해 구성원들의 활동을 통합하고 조정하는 것을 의미한다. 통제를 통해 의사소통 과정에서 해야 할 행동을 규정하고, 하지 말아야 할 행동을 규제하는 것이다. 둘째는 동기부여이다. 동기부여는 구성원들을 자극하고 격려하며 집단목표 달성에 몰입할 수 있도록 하는 것이다. 의사소통을 통해 구성원들이 해야 할 일과 방법을 알려 주고, 성과를 향상시키기 위해서 무엇을 해야 하는지를 분명하게 하는 것을 의미한다. 셋째는 감정표현이다. 감정표현은 의사소통을 통해 구성원들의 욕구불만과 만족감이 표출되는 것을 의미한다. 의사소통을 하면서 자신이 가지고 있는 감정을 상대방에게 표현함으로써 공감하고 자신의 감정도 이해할 수 있다. 넷째는 정보제공이다. 정보제공은 구성원들이 상호 간 의사소통을 통해 의사결정 과정에 참여하고, 필요한 정보와 자료를 교환하는 것을 의미한다. 자신의 생각과 감정을 상대방에게 표현하고 상대방의 생각과 감정을 받아들이면서 상호 간의 정보를 주고받는 것이다.

(3) 조직에서의 의사소통의 중요성

조직에서의 의사소통은 구성원 상호 간에 서로 다른 의식의 차이를 좁혀 주며, 상대방에 대한 선입견을 줄이거나 제거해 주는 수단이 될 수 있다. 또한 직장에서 상급자, 동료 혹은 하급자 간의 의사소통이 원활해지며, 구성원 간 공감력이 증가되고, 조직 내 팀워크도 향상된다. 향상된 팀워크는 조직 구성원들의 사기를 진작시키고 능률을 높여 준다.

따라서 어떤 일이건 조직 내에서의 의사소통은 중요하다. 그러나 조직이란 다양한 사회적 경험과 교육, 가치관을 가진 구성원들로 만들어진 집단이므로 같은 내용의 메시지를 전달하더라도 구성원 각각이 다르게 받아들일 수 있다. 메시지는 주고받는 발신자와 수신자 간의 상호작용에 따라 여러 가지로 변형될 수 있다는 사실을 알아야 한다(한국산업인력공단, 2020a).

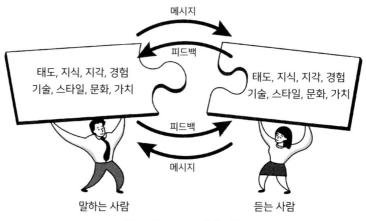

출처: 한국산업인력공단(2020a), p. 43.

2. 의사소통의 종류

조직에서는 많은 구성원과 그 구성원들의 다양한 의사소통 방법을 통하여 업무가 진행된다. 기획서나 보고서, 공문서 등을 작성하는 능력이 필요하고 이미 작성된 문서를 이해할 수 있어야 한다. 또한 일 경험 중에서 만나게 되는 다양한 관계의 사람들과 원활한 소통을 하기 위해 적절하게 본인의 의사를 표현하고 경청하는 태도를 가져야 한다. 이처럼 일 경험을 하는 동안 다양한 의사소통 능력이 요구되는데, 이러한 의사소통 능력은 문서적 의사소통 능력과 언어적 의사소통 능력으로 구분할 수 있다. 또한 세계화 시대에 맞춰 외국인 회사와 업무 협력을 하기 위한 기초외국어 능력 역시 필수적인 의사소통 능력이다(한국산업인력공단, 2020a).

1) 문서를 통한 의사소통

(1) 문서를 통한 의사소통 능력의 의미

문서를 보고 그 내용을 이해하고 요점을 파악하며, 이를 바탕으로 그 문서의 목적과 상황에 적합한 정보를 효과적으로 전달하기 위해 문서를 이해하고 작성하는 능력을 말한다.

조직에서 업무 중에 갖춰야 할 문서적인 의사소통 능력은 대부분의 업무에서 필요한 능력이다. 고객 전화의 메모부터 견적서나 주문서, 직장 내에 본인의 의견을 전달하기 위한 기안서나 기획서, 다른 회사와의 협력을 위한 공문서 작성까지 다양한 상황에서 요구되는 능력이다.

(2) 문서를 통한 의사소통 구분

문서를 통한 의사소통에는 문서이해 능력과 문서작성 능력으로 구분할 수 있다. 문서이해 능력은 업무와 관련된 다양한 문서를 읽고, 문서의 핵심을 이해하며, 구체적인 정보를 획득하고, 수집·종합하는 능력이다. 문서작성 능력은 업무 관련 상황과 목적에 적합한 문서를 효과적으로 작성하는 능력을 말한다.

(3) 문서적인 측면으로서 의사소통의 특징

문서적인 의사소통은 언어적인 의사소통에 비해 권위감이 있고 정확성을 기하기 쉬우며 전달성이 높고 보존성도 크다. 문서적 의사소통은 언어적인 의사소통의 한계를 극복하기 위해 문자를 수단으로 하는 방법이지만 이 또한 그리 쉬운 것은 아니다. 문서적인 방법은 때로는 필수불가결하지만 때로는 혼란과 곡해를 일으키는 경우도 있기 때문이다.

2) 언어를 사용한 의사소통

(1) 언어를 사용한 의사소통 능력의 의미

언어를 사용하여 의사소통을 하는 방법은 의사소통 중에서 가장 오래된 방법이다. 인간은 공식적 또는 비공식적으로 자신의 일생에서 75%의 시간을 언어를 사용하여 의사소통한다.

(2) 언어를 사용한 의사소통 능력의 구분

언어를 사용한 의사소통 능력에는 경청 능력과 의사표현력이 있다. 경청 능력은 원활한 의사소통을 위해 상대방의 이야기에 대하여 주의를 기울여 집중하고 몰입하여 듣는 능력이고, 의사표현력은 자신의 생각을 표현하는 의사를 조직생활의 구성원에게 목적과 상황에 맞게 설득력을 가지고 표현하는 능력을 말한다.

(3) 언어를 사용한 의사소통의 특징

언어를 사용한 의사소통은 다른 의사소통과 비교하여 결점이 있는데 그것은 정확성을 기하기 힘들다는 것이다. 그러나 언어를 사용한 의사소통은 상대방의 반응이나 기분을 바로 살필 수 있으며, 바로바로 상대방을 이해시키고 설득할 수 있다는 점에서 유용하다. 또한 조직의 관리자는 모든 조직 구성원에게 많은 시간과 비용을 들여서 의사소통을 하면서도 듣고 말하는 시간이 상대적으로 많다는 점에서 경청 능력과 의사표현력은 매우 중요하다고 할 수 있다.

3. 의사소통의 유형

1) 공식적 의사소통과 비공식적 의사소통

공식적 의사소통(formal communication)은 제도적 의사소통이라고도 한다. 공식적인 조직 안에서 공식적인 수단과 통로로 의사를 소통하는 것을 말한다. '언제', '누가', '누구에게', '무엇을', '어떻게', '왜' 전달할 것인가를 공식적으로 규제화하고 이를 근거로 하여 의사를 주고받는 것이다. 장점으로는 화자와 청자 간에 책임과 권한 관계가 명확해지고, 의사소통이 확실해지며, 편리하다는 것을 들 수 있다. 반면에 단점으로는 의사소통이 느리며, 상호 간에 이해하는 융통성이 없고, 조직 내 모든 상황을 사전에 알아서 완전히 합리적인 의사소통을 이룩하는 것은 불가능하다는 것을 들 수 있다. 그래서 비공식적인 의사소통의 보완이 필요하다.

비공식적 의사소통(informal communication)은 조직의 구성원들 중에 자발적으로 만들어진 집단(자생적 집단)에서 비공식적으로 이루어지는 의사소통을 말한다. 즉, 자생적(비공식적) 조직 내에서 비공식적인 통로를 통해서 비공식적으로 행해지는 의사소통이다. 자생적(비공식적) 의사소통은 공식적 의사소통에 비하여 매우 소통 속도가 빠르며 또한 융통성을 겸비하고 있다. 장점으로는 관리자로 하여금 구성원들의 동태 파악을 용이하게 하고, 공식적 의사소통에서 공급하지 못하는 유익한 정보를 제공하면서 구성원들의 감정을 잘 나타내는 수단이며, 사회심리적인 만족감과 조직에의 적응력을 높여 줄 수 있다. 반면에 단점으로는 구성원들을 통제하기가 곤란하고, 풍문(rumor)이나 잘못된 정보를 유포시킬 가능성을 내포하고 있으며, 공식적인 권한 관계를 파괴시킬 수 있고, 잘못된 것이 있을 때 이를 조정하기 곤란하게 하는 경향이 있을 수 있다.

2) 수직적(상의하달식, 하의상달식) 의사소통과 수평적 의사소통

의사소통은 의사소통의 방향에 따라 수직적 의사소통과 수평적 의사소통으로 구분될 수 있다(Robbins & Judge, 2011). 수직적 의사소통은 조직의 상하 간 전달되는 의사소통이며, 수평적 의사소통은 동일한 계층 내에서 동료들 간에 이루어지는 의사소통이다.

수직적 의사소통(Vertical communication)은 다시 상위 계층에서 하위 계층으로 전달되는 상의하달(Top-down)식 의사소통과 하위 계층으로부터 상위 계층으로 전달되는 하의상달(Bottom up)식 의사소통으로 구분될 수 있다(강성연, 정재욱, 2011). 상의하달식 의사소통은 명령과 일반정보가 있는데 위에서 아래로 수직적으로 전달하는 의사소통이며, 조직 구성원의 지식을 넓히고 사실을 주지시키기 위한 모든 의사소통수단을 말한다. 명령은 회람, 지시, 고시, 요강, 규칙, 규정, 훈령 등이 있고, 전달방법은 구두명령과 문서명령으로 한다. 일반정보는 조직의 구성원들에게 구성원 개개인의 직무와 조직의 목표 또는 조직의 업무 등에 관한 지식을 알려 주기 위한 편람(manual), 포스터(poster), 뉴스레터(newsletter), 핸드북(handbook), 게시판(reporting board), 구내방송, 강연, 기타 훈시, 훈련 등을 말한다. 하의상달식 의사소통은 하위 계층에서 상위 계층으로 전달하는 의사소통, 즉 하부에서 상부로 정보와 의사가 흐르는 것으로 보고, 면접, 의견조사, 제안제도, 내부결재제도, 기타 상담, 건의함 등이 있다. 보고는 가장 공식적인 의사소통 방법이며 조직의 책임자는 하급자의 보고에 의해서 필요한 의사결정이나 명령을 내릴 수 있다. 면접은 관리자와 구성원들 간에 소원해지기 쉬운 인간관계를 극복해 주나, 업무에 반영하려는 방법이나 비용, 시간이 많이 필요하고 익명성의 보장이 어렵다. 의견조사는 질문서 등을 조직원에게 배포·수집하여 조직원들의 사기 측정이나 태도 조사 등에 유용하게 사용하는 방법이다. 제안제도는 조직원들의 업무 개선에 관한 의견이나 아이디어를 접수하여 유익한 것을 채택해 실시하고 이를 보상하는 제도이다. 내부결재제도(품의제도)는 하급자가 상급자의 의향을 물어 사안의 처리에 관하여 의사결정을 받는 절차를 말한다.

　수평적 의사소통(horizontal communication)은 동일 계층의 구성원들 또는 상하관계에 있지 않는 구성원들 사이에 이루어지는 의사소통을 말한다. 대규모 집단에서 분업이 심해지면 하위 집단 간에 추구하는 목표가 서로 달라 갈등이 생기는 경우가 많아진다. 이럴 때 수평적 의사소통은 하위 집단 간에 추구하는 목표를 조정하는데 매우 중요한 역할을 할 수 있다. 수평적 의사소통의 방법으로는 사전심사제도, 임무조정, 문제해결, 정보공유, 갈등해소, 의회 또는 위원회제도 등이 있다. 사전심사제도는 어떤 계획이나 정책 등의 사안을 최종적으로 결정을 내리기 전에 그 사안과 관련된 전문가들의 의견을 구하거나 조직의 목표와 업무의 적정성 등을 검증 및 조정을 하는 제도이며, 사전사후에 관계없이 이용하는 각서, 어떤 결정이 이루어진 후에 관계자들에게 통지 또는 주지시키는 것을 목적으로 하는 회람 또는 통지, 중요한 결정에 있어서 관계자들을 한자리에 모아 구두 소통시키고 공동연구하게 함으로써 정보나 의견의 교환이 이루어지고 조정을 이룰 수 있게 하는 회의 또는 위원회 제도 등이 있다.

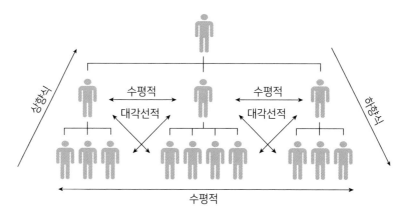

▥\ 그림 11-2　**수직적(상의하달식, 하의상달식) 의사소통과 수평적 의사소통**

3) 언어적 의사소통과 비언어적 의사소통

언어적 의사소통(verbal communication)은 말, 즉 구어로 하는 의사소통으로 언어를 매체로 하여 메시지가 전달되는 것으로서 이는 다시 구두(oral) 의사소통, 문서(written) 의사소통으로 구분된다. 구두 의사소통은 말을 수단으로 하여 직접 정보를 교환하거나 메시지를 전달하는 것이다. 면대면(face to face) 의사소통이 모두 여기에 포함되며, 직원회의, 위원회, 인터뷰 등이 있다. 문서 의사소통은 문서를 수단으로 하는 것으로 메모, 편지, 보고서, 지침, 공문, 안내서, 회람 등이 여기에 포함된다. 구두 의사소통은 즉시성과 대면성이 특징이며, 문서 의사소통은 정확성과 보존성을 가지는 것이 특징이다.

언어적 의사소통은 다음과 같은 제약을 고려해야 한다. 첫째, 언어적 의사소통은 정확한 감정의 표현에 중점을 두는 것이 아닌, 주로 생각과 사실에 강조를 두는 것이다. 둘째, 화자(話者)의 화제 선택이 상황의 근사치에 불과하므로 청자(聽者)가 이해하는 데 잘못된 방향으로 유도할 우려가 있다. 셋째, 전달해야 할 필요가 있는 의견을 논의하기 위해 구성원들을 모이게 하는 것이 어려울 수 있다.

비언어적 의사소통(non-verbal communication)은 언어를 사용하지 않으면서도 강조, 부인, 대리, 보완, 통제 목적으로 메시지를 전달할 수 있는 의사소통으로, 신체적 언어(body language), 물리적 또는 상징적 언어(physical or symbol language) 등이 있다. 신체적 언어를 통한 의사소통에는 눈짓, 몸짓, 웃음, 말의 속도, 목소리의 높고 낮음, 입술의 경련, 얼굴의 붉어짐, 그리고 눈물 등이 포함된다. 물리적 또는 상징적 언어를 통한 의사소통에는 교통신호, 도로표지판, 안내판 등이 있다. 또한 사무실 크기, 좌석 배치, 책상과 의자의 크기, 집기와 비품, 자동차의 크기와 색깔 등과 같이 지위 상징을 나타내는 것도 여기에 포함된다. 의사소통 중에 전달자를 조심스럽게 관찰하는 것은 생각과 의미와 감정을 주고받는 데 큰 도움이 된다.

4. 의사소통 능력 개발

조직 분야와 고용 형태에 상관없이 효과적인 의사소통 능력은 조직생활의 성공을 위한 필수요인이다. 조직의 모든 구성원은 의사소통의 중요성을 알고 있지만, 의사소통 능력은 구성원 개개인에 따라 다르다. 또한 종종 조직 구성원들은 자신도 알지 못하는 사이에 원만한 의사소통을 저해하는 행동을 한다. 의사소통을 저해하는 습성이 없다하더라도 자신의 의사소통 능력을 개발하는 것은 쉬운 일이 아니다.

활동

[지도 방법]
학습자들이 자신이 속한 조직을 다양한 측면에서 생각해 보고, 자신의 대인관계 의사소통 스타일에 대해서도 알아 보는 체크리스트이다. 학습자들이 자신의 대인관계 의사소통 스타일을 체크하게 한 후, 다음에 제시된 표를 통해 자신의 의사소통 스타일을 파악해 볼 수 있도록 지도한다.

※ 일단 어느 조직에서든 의사소통 능력은 직무 능력과 직무 만족을 위해 반드시 필요한 능력이다. 그러나 사람들은 자신의 의사소통 스타일을 잘 알지 못하기 때문에 어려움을 겪는다. 자신의 대인관계 의사소통 스타일에 대해 곰곰이 생각해 보고, 이를 다음에 제시된 Kiesler의 대인관계 의사소통 측정지에 체크해 보자.

‖ 표 11-1 ‖ Kiesler의 대인관계 의사소통 측정지

전혀 그렇지 않다	약간 그렇다	상당히 그렇다	매우 그렇다
1	2	3	4

	문항	1	2	3	4		문항	1	2	3	4
1	자신감이 있다					21	온순하다				
2	꾀가 많다					22	단순하다				
3	강인하다					23	관대하다				

4	쾌활하지 않다				24	열성적이다			
5	마음이 약하다				25	지배적이다			
6	다툼을 피한다				26	치밀하다			
7	인정이 많다				27	무뚝뚝하다			
8	명랑하다				28	고립되어 있다			
9	추진력이 있다				29	조심성이 많다			
10	자기자랑을 잘한다				30	겸손하다			
11	냉철하다				31	부드럽다			
12	붙임성이 없다				32	사교적이다			
13	수줍음이 있다				33	자기주장이 강하다			
14	고분고분하다				34	계산적이다			
15	다정다감하다				35	따뜻함이 부족하다			
16	붙임성이 있다				36	재치가 부족하다			
17	고집이 세다				37	추진력이 부족하다			
18	자존심이 강하다				38	솔직하다			
19	독하다				39	친절하다			
20	비사교적이다				40	활달하다			

※ 채점과 해석

• 각 유형별 문항에 대한 응답을 다음의 칸에 합산하세요. 그리고 그림([그림 11-3])에 자신의 점수를 0표로 표시하고 점수들을 연결하여 팔각형을 그리세요.

• 팔각형의 모양이 중심으로부터 특정 방향으로 기울어진 형태일수록 그 방향의 대인관계 의사소통 양식이 강하다고 해석됩니다. (이 결과는 자신의 대인관계 의사소통에 대하여 주관적으로 지각한 것일 뿐이므로 고정관념을 갖지 않도록 유의하여야 합니다.)

지배형 (1, 9, 17, 25, 33) _____　　실리형 (2, 10, 18, 26, 34) _____

냉담형 (3, 11, 19, 27, 35) _____　　고립형 (4, 12, 20, 28, 36) _____

복종형 (5, 13, 21, 29, 37) _____　　순박형 (6, 14, 22, 30, 38) _____

친화형 (7, 15, 23, 31, 39) _____　　사교형 (8, 16, 24, 32, 40) _____

グ림 11-3   Kiesler의 대인관계 의사소통 양식

출처: 한국산업인력공단(2020), pp. 65-66.

1) 의사소통 장애요인

(1) 의사소통 결정요인

의사소통을 결정하는 요인으로는 인간적 요인, 조직 구조적 요인, 사회문화적 요인이 있다. 인간적 요인은 조직 구성원 개개인의 지식, 경험, 가치관, 철학, 종교관, 선입견 등이고, 조직 구조적 요인은 해당 조직의 크기, 목적, 성격, 전문화, 계층, 인간관계 구조 등이며, 사회문화적 요인은 그 조직을 둘러싸고 있는 사회 · 문화적 영향이다.

(2) 의사소통 저해 요소

① 인간적 요인

첫째, 구성원 개개인의 판단기준으로 볼 때, 조직 구성원이 가지고 있는 각자의 마음, 생각, 지식, 경험, 가치관, 선입견 등은 나와 100% 일치하지는 않는다는 것이다. 그래서 '일방적으로 말하고', '일방적으로 듣는' 행위는 무책임한 의사소통이다. 조직생활에서는 누구나 '실수를 범하지 않도록' 주의하면서 의사소통을 해야한다. 그러나 내가 한 의사표현이 상대방에게 '정확히 전달되었는지', 상대방이 '정확히 이해했는지'를 확인하지 않고 그 순간을 넘겨 버린다면 서로 '다른 의미의 정보'를 가지게 될 수도 있다. 이런 '다른 의미의 정보'에 대한 책임은 듣는 사람에게도 있으며 듣는 사람은 자신이 들은 정보에 대해 확인하는 책임을 가져야 한다. 즉, 의사소통 과정에서 말하는 사람과 듣는 사람 사이의 상호작용 부족현상에서 나오는 것이다.

둘째, 인간의 능력의 한계이다. 어떤 상황에 대하여 거두절미한다든가 축약된 내용만을 전달함으로써 의사가 왜곡되어 전달되는 현상을 말한다. '그래서 하고 싶은 말이 정확히 뭐야?', '무슨 말을 하고 있는 거야?' 등 분명하지 않은 메시지는 듣는 사람이 이해하기 어려운 의사소통으로 많은 정보교환의 오류가 발생한다. 듣는 사람이 이해하기에 너무 복잡한 메시지, 서로 모순되는 내용을 가진 경쟁적인 메시지를 전달하는 것은 '잘못된' 의사소통으로 가는 지름길이다. 복잡한 메시지, 경쟁적인 메시지는 의사소통을 저해하는 요소이다.

셋째, 의식적인 제한이다. 경쟁관계나 적의를 품고 있을 때 나타나는 현상으로, '말하지 않아도 스스로 아는 문화'에 안주하는 것이다. '말하지 않아도 안다.', '일은 눈치로 배워라.' 등과 같이 직접적인 대화보다는 '눈치'를 중요시하는 의사소통을 미덕이라고 생각하는 경향이 있다. 말하지 않아도 마음이 통하는 관계는 '최고의 관계'이지만, 비즈니스 현장에서 필요한 것은 마음으로 아는 눈치의 미덕보다는 정확한 업무처리임을 명심해야 한다. 이는 의사소통에 대한 잘못된 선입견이라고 할 수 있다.

② 조직 구조적 요인

첫째, 해당 조직의 생리이다. 조직의 성격, 규모, 인간관계 구조 등에 의한 것이다.

둘째, 조직 내의 분화이다. 엄격한 계층구조에 의한 신분상의 간격, 고도로 전문화된 각 분야의 간격, 장소 분산에 의한 공간적 간격 등이다.

셋째, 조직의 업무이다. 조직 내의 과다한 업무량, 비밀유지를 필요로 하는 업무도 의사소통의 저해요인이 될 수 있다.

③ 사회문화적 요인

첫째, 언어이다. 여러 가지 종류의 언어를 사용하는 다민족 국가의 경우, 상대방이 이해하지 못하는 은어, 전문용어, 방언, 사투리 등의 사용으로 의사소통이 저해될 수 있다. 예를 들어, 제주도나 경상도, 전라도 사투리를 쓰는 경우에는 사투리를 알지 못하는 상대방과는 의사소통이 어렵다.

둘째, 환경과 정세이다. 물가, 안보 등 상황의 변동으로 상호 간의 의사소통이 어려울 수 있다.

셋째, 사회분화도(social differentiation)이다. 사회분화도가 심화되어 그 전문화의 심도가 넓어지고 깊어진 사회일수록 의사소통이 어려워질 수 있다. 사회분화도란 한 사회의 구성원이 상이한 집단으로 나뉘어 각기 상이한 지위와 역할, 자원을 배분받고, 각 사회집단에 합당한 행동방식을 좇아서 다른 집단과의 상호작용에 임하게 되는 현상을 말한다(황익주, 2008).

의사소통 능력을 개발하기 위해서는 원활한 의사소통을 방해하는 저해요인을 분명히 알고 이를 제거하기 위한 훈련을 해야 한다. 그러기 위해서는 무엇보다도 스스로가 의사소통의 중요한 주체임을 인지하고, 자신의 문제점을 객관적으로 분석할 수 있어야 한다. 또한 타인을 이해하려는 노력과 조직의 구성원으로서 조직 분위기를 개선하도록 노력하는 것도 필요하다.

2) 의사소통 능력 개발

(1) 피드백(feedback)

피드백(feedback)은 상대방의 행동이나 반응의 결과를 참고로 하여 더욱 적절한 것으로 수정하는 방법을 말한다. 즉, 상대방의 행동이나 반응이 나의 행동이나 반응에 어떤 영향을 미치고 있는가에 대하여 상대방에게 솔직하게 알려 주는 것이다.

피드백의 활용으로는, 의사소통의 왜곡에서 오는 부정확성과 오해를 줄이기 위하여 화자(話者)가 피드백을 이용하여 메시지나 행동의 내용이 실제로 어떻게 해석되고 있는가를 확인할 수 있다.

피드백 시 유의사항에 있어서 긍정적인 피드백은 상대방에게 행동을 개선할 기회를 제공해 줄 수 있으나, 부정적인 피드백을 계속해서 주면 오히려 역효과가 나타날 수 있다. 따라서 피드백을 줄 때에는 상대방에게 긍정적인 것과 부정적인 것을 균형적으로 전달하는 것이 중요하다. 또한 반복(redundancy)적으로 의사소통을 해야 한다. 반복적인 의사소통은 전부 또는 일부를 두 번 이상 되풀이하는 것으로 의사소통의 정확성을 높일 수 있다. 그러나 반복적인 의사소통은 의사소통 통로에 추가적인 부담을 줄 수도 있다.

피드백은 화자(話者)가 발송한 정보를 청자(聽者)가 정확히 받아서 바르게 해석하였는가를 화자(話者)가 알 수 있도록 해 준다. 이 방법은 의사소통의 신속성을 감소시키나 정확성을 높일 수 있는 장점이 있으나 의사소통 통로에 추가적인 부담을 주는 단점이 있다.

(2) 언어의 단순화

의사소통에서 나누는 내용을 구성할 때 사용되는 언어는 청자(聽者)를 고려하여 명확하고 이해가 가능한 어휘를 주의 깊게 선택해 사용하여야 한다. 의사소통에서 필요한 상황에 따라 어휘의 선택이 달라질 수 있다. 전문용어는 그 언어를 사용하는 집단 구성원들 사이에서 사용하면 이해를 촉진시키지만 집단 밖의 구성원들에게 사용하면 의외의 문제를 야기할 수 있다. 화자(話者)는 청자(聽者)가 가장 잘 이해하고 해석할 수 있는 방법을 사용하고, 언어적 정보와 비언어적 정보를 동등하게 사용하여 청자(聽者)의 이해를 도와야 한다.

(3) 적극적 경청

우리가 다른 사람과 대화를 할 때 상대의 이야기에 관심을 보이지 않는다면 더 이상 그 사람과 의미 있는 대화를 나누기 어렵다. 단순하게 상대방의 이야기를 들어 주는 것과 경청의 의미는 다르다. 그저 듣는 것이 수동적인 데 반해 경청은 능동적인 의미의 탐색으로, 의사소통을 하는 양쪽 모두가 같은 주제에 관해 생각하는 것이다. 하지만 경청은 지적인 노력과 정신력의 집중을 필요로 하기 때문에 그리 쉬운 일이 아니다. 따라서 적극적 경청은 상대방의 입장에서 생각하려고 노력하면서 감정을 이입하면 현재 일어나고 있는 의사소통에서 무엇이 이야기되고 있는가를 주의 깊게 경청함으로써 의사소통이 더욱 용이해질 수 있다.

(4) 감정의 억제

인간은 감정적인 존재이므로 언제나 이성적인 방법으로 의사소통을 하지는 않는다. 의사소통에 있어서 어떤 느낌을 경험하는 것은 자연스러운 일이다. 하지만 어떤 상황에 대하여 자신의 느낌에 지나치게 몰입하게 되면 의사소통 과정에서 상대방의 메시지를 곡해하기 쉽고, 자신이 전달하고자 하는 의견을 명확하게 표현하지 못하는 경우가 많다. 이러한 상황이 발생될 때 가장 좋은 해결책은 침착하게 마음을 비우고, 어느 정도 평정을 찾을 때까지 의사소통을 미루는 것이다. 하지만 조직 내에서 의사소통을 무한정 연기할 수는 없으므로 먼저 자신의 마음을 평정시키고, 조직의 분위기를 개선하도록 노력하는 등 적극적인 자세가 필요하다.

(5) 신뢰의 분위기

신뢰 분위기의 조성은 조직 내 당사자 간에서 이루어져야 하며, 의사소통은 상호 신뢰를 바탕으로 공개적인 환경과 상황에서 이루어질 때 가장 효과적이다. 상급자는 하급자에게 최대한 모든 관련 정보를 공개적으로 제공하고, 상급자는 하급자와의 접촉을 극대화시키려고 노력해야 한다.

(6) 대인관계의 개선

조직 내 상급자와 하급자 간의 인간관계를 개선하고 조직 구성원 간의 사회심리적 거리를 단축시켜 의사소통을 원활하게 할 수 있다. 구성원 간의 의사표현을 자유스럽게 할 수 있는 분위기를 조성하고, 하급자들이 상급자들에게 접근하기 용이한 문호개방정책(open door policy)을 실시해야 한다. 또한 가족 동반의 사교적 모임을 통해 상급자와 하급자들의 인간적인 분위기를 조성하고 그러한 분위기 속에서 의사소통이 원활히 이루어지도록 한다. 건의함이나 제안함(suggestion box)을 설치하여 의견을 제시할 수 있도록 한다.

(7) 의사소통 체계의 확립

첫째, 공식적으로 의사소통의 통로를 명시하고 모든 구성원에게 알려야 한다. 그래서 조직의 모든 구성원이 명확한 공식적 의사소통의 통로를 알고, 조직 구성원 모두가 조직과 명확한 의사소통관계를 가져야 한다(하의상달, 상의하달의 소통체계).

둘째, 완전한 의사소통의 계선(line of communication)이 사용되어야 한다.

셋째, 의사소통의 계선은 계선 손실(line loss)을 최소화하기 위해 가능한 한 직접적이고 짧아야만 한다.

넷째, 의사소통의 계선은 항상 유지되어야 한다.

다섯째, 모든 필요한 의사소통은 적절히 통제되어야 한다.

5. 직장에서 의사표현 능력

의사표현 능력이란 화자(話者)가 자신의 생각과 감정을 청자(聽者)에게 음성 언어나 비음성 언어(신체 언어)로 표현하는 능력이다. 의사표현 능력은 의사소통의 중요한 수단이며 조직 구성원들이 개인이나 조직 간에 원만하게 관계를 유지하고 업무 성과를 높이기 위해서는 필수적인 능력이다. 해야 할 말을 자신 있게 말하는 사람이야말로 진정 용기 있는 사람이다. 자신의 능력을 제대로 표현하기 위해서 효과적인 의사표현 능력을 갖추도록 해야 한다.

1) 의사표현의 개념과 중요성

(1) 의사표현이란

의사표현이란 곧 말하기이다. 화자(話者)가 자신의 감정, 사고, 욕구, 바람 등을 청자(聽者)에게 효과적으로 전달하는 중요한 기술이며, 여기에는 음성 언어와 신체 언어가 있다. 음성 언어는 입에서 나오는 소리로 말을 표현하는 구어이며, 신체 언어는 신체의 한 부분인 얼굴 표정, 손짓, 발짓, 몸짓으로 표현하는 몸말을 의미한다. 말하기는 우리 생활에 매우 크게 영향을 미치므로 제대로 말하는 방법을 아는 것은 매우 중요하다.

의사표현은 의사소통의 중요한 수단으로, 특히 화자(話者)가 가지고 있는 의도 또는 목적을 달성하는 데 효과가 있다고 생각하는 것을 말하기라는 도구를 통하여 전달하는 것을 의미한다. 말하기는 의사소통의 중요한 수단으로 다음과 같은 경우에 사용된다. 첫째는 화자(話者)가 청자(聽者)의 생각이나 태도를 변화시키려는 의도로 주장하는 것이다. 즉, 설득을 주목적으로 한다. 둘째는 화자(話者)가 자신에게 필요한 정보를 제공받기 위하여 청자(聽者)에게 질문하는 것이다. 셋째는 화자(話者)가 청자(聽者)에게 자신에게 필요한 일을 하도록 요청하는 것이다.

의사표현의 종류는 상황과 사태에 따라 공식적 말하기, 의례적 말하기, 친교적 말하기로 나눌 수 있으며, 대화, 토론, 보고, 연설, 인터뷰, 낭독, 구연, 소개하기, 전화로 말하기, 안내하는 말하기 등이 있다. 첫째, 공식적 말하기는 사전에 준비된 내용을 대중을 상대로 말하는 것으로 연설, 토의, 토론 등이 있다. 둘째, 의례적 말하기는 정치적·문화적 행사에서와 같이 의례 절차에 따라 하는 말하는 것으로, 식사(式辭), 주례, 회의 등이 있다. 셋째, 친교적 말하기는 매우 친근한 사람들 사이에 가장 자연스런 상태에 떠오르는 대로 주고받는 말하기이다.

(2) 의사표현의 중요성

업무를 수행할 때 상대방의 생각과 감정, 의견을 이해하는 것도 중요하지만, 자신의 의견과 감정을 상대방에게 잘 표현하는 것 역시 중요하다. 성공적인 업무수행을 위해서는 반드시 자신의 의사표현을 상대방에게 정확히 전달해야 하며, 이는 인간관계에서도 필수적인 요소라고 할 수 있다. 의사표현, 즉 자신이 하는 말은 자신의 이미지를 결정한다. 화룡점정(畵龍點睛)처럼 언어로 그리는 이미지로 인해서 우리의 이미지를 형상화할 수 있다. 즉, 우리가 자주하는 말로 우리의 이미지가 결정된다는 것이다. 우리는 메시지를 통해 상대방에게 자신이 보여 주고 싶은 모습을 전달할 수 있다. 즉, 의사표현을 통해 우리를 바라보는 다른 사람들의 방식에 영향을 미칠 수 있다.

우리는 적절한 의사표현을 통해 자신이 보이고 싶은 성격, 능력, 매력 등을 타인에게 보여 줄 수 있다. 이를 통해 새로운 사람과의 관계를 시작하거나, 이미 맺은 관계를 관리할 수 있다. 또한 우리가 의사표현을 통해 전달하는 이미지들은 우리에 대한 다른 사람들의 순응을 얻는 데 도움이 될 수 있다. 예를 들어, 일 경험에서 다른 사람들과 나누는 사교적인 대화는 그 사람에게 호의를 얻음으로써 나중에 어떤 문제나 협업이 필요한 상황이 발생했을 때 도움이 될 수 있다.

성공하는 사람의 이미지를 위한 의사표현에 있어서 중요한 것은 다음과 같다.

첫째, 부정적인 말투를 고쳐야 한다는 것이다. 무엇이든 긍정적으로 말을 하는 것이다. 자기 자신이 긍정으로 변할 때까지 긍정적인 말투를 사용하면 긍정적인 자 아상을 만들 수 있다. 그러면 우리의 이미지와 환경이 긍정적인 모습으로 우리 앞 에 나타난다.

둘째, 상대방의 말에 공감하는 것이다. 상대방의 말을 듣고 그럴 수 있다고 생각 하고 상대가 원하는 대답을 해 주는 것이다. 상대에게 기쁨이 되는 말을 하면, 본인 도 기쁨이 되는 말을 들을 수 있다. 그리고 그런 말을 자주 듣게 되면, 우리의 이미 지도 스스로 기뻐할 만한 모습으로 변하게 된다.

셋째, 자신을 너무 과소평가하지 않는 것이다. 즉, 자기 자신을 낮은 자존감과 열 등감으로 대하지 말자는 것이다. 평소에 '죄송합니다', '미안합니다'를 입에 붙이고 사는 사람들은 예의 바르게 보일지 모르나 자기 자신을 비하시키는 것으로 보일 수 있다. 자기 자신의 대화 패턴을 항상 주의 깊게 살펴보는 것도 중요하다. 불필요한 어휘나 부정적이거나 거부감을 주는 표현을 많이 쓰지 않는지, 상대방이 알아 듣지 못하는 전문용어나 사투리를 사용하지 않는지 점검해 보는 것도 좋은 방법이다.

6. 의사표현에 영향을 주는 요인

1) 의사표현에 영향을 미치는 비언어적 요소

의사표현에 영향을 미치는 비언어적 요소로는 대표적으로 연단공포증, 말, 몸짓, 유머 등이 있다.

(1) 연단공포증

연단공포증(Glossophobia)은 대중 연설에 대한 두려움을 의미하며, 그리스어 글 로사(hlossa: 혀)와 포보스(phobos: 공포증)의 합성어이다. 이는 일종의 사회 불안 장 애이며, 증상으로는 면접, 발표 등 청중 앞에서 이야기해야 하는 상황에서 심장이 빠르게 뛰거나, 구역질 및 구토가 나고 어지러움을 느낀다. 근육도 긴장되고 충동을 느끼게 만드는 비행 혹은 싸움 등의 증상을 경험하기도 한다. 이는 모두 연설의 상황에서 벗어나기 위한 몸부림의 일종이다. 이러한 연단공포증은 소수가 경험하는 심리 상태가 아니라, 90% 이상의 사람이 호소하는 불안이다. 그러므로 이를 걱정할 필요는 없으며, 오히려 이러한 심리현상을 잘 통제하면서 구두 표현을 한다면 청자는 그것을 더 인간다운 것으로 생각하게 될 것이다.

극복 방안으로는 미리 준비하기, 반복 연습하기, 연설 자료에 집중하기, 연설 내용을 잊었더라도 차분함 유지하기 등이 있다.

(2) 말

의사표현은 기본적으로 '말하기'이기 때문에 화자(話者)가 전달하려는 메시지의 내용만큼이나 '비언어적' 측면 역시 중요하다. 의사표현을 할 때 말의 장단, 발음, 속도 등이 중요하다.

말의 장단은 목소리의 길이를 한 음절마다 얼마나 오래 끌며 발음하느냐를 의미한다. 똑같은 발음의 '밤'에서 짧게 발음하면 밤(낮과 밤)이 되고, 길게 발음하면 밤:(먹는 밤)이 된다. 즉, 표기가 같은 말이라도 소리가 길고 짧음에 따라 전혀 다른 뜻이 된다. 이런 단어의 경우 긴 소리와 짧은 소리를 구분하여 정확하게 발음할 필요가 있다.

발음은 의사표현을 할 때 나의 생각 혹은 의견을 상대방에게 정확하게 전달하기 위한 것이다. 그런데 발음이 분명하지 못하면 청자(聽者)에게 정확하게 의사를 전달하기 어렵다. 발음을 정확하게 하기 위해서는 천천히 복식호흡을 하여 깊은 소리를 내며 침착하게 이야기하는 습관을 가져야 한다. 발음을 바르게 내는 기본요령으로는 호흡을 충분히 하고, 목에 힘을 주지 않고, 입술과 혀와 턱을 빨리 움직이는 것이다.

누구나 한 번쯤 화가 날 때 말이 빨라지는 것을 경험해 본 적이 있을 것이다. 사람마다 말의 속도는 모두 다르지만, 말을 할 때 속도 변화를 통해 그 순간 화자의 감정을 알 수 있다. 그렇다면 말의 속도에 대한 적절한 기준은 무엇일까? 발표할 때 기본적인 말의 보통 속도는 1분에 100단어 정도를 말하는 것이 청중들이 부담을 느끼지 않고 집중하여 들을 수 있는 말하기 속도이다. 이는 원고지 2장 정도에 해당하는 분량이며, 글자 수로는 1분에 270자 정도를 읽는 속도, 10분에 200자 원고지

13~14매 정도로 하는 것이 적당하다. 이 정도가 청중을 이해시키는 데 가장 좋은 속도이다. 이 기준보다 빠르게 말하면 청중이 내용에 대해 생각할 시간이 부족하고 놓친 메시지가 있을 수 있다.

또한 너무 빠르게 말하면 말하는 사람이 바쁘고 성의 없는 느낌을 주고, 반대로 너무 느리게 말하면, 분위기가 처지게 되어 청중이 내용에 집중을 하지 못할 수 있다. 자신이 평소에 빠르거나 느리게 말하는 습관이 있다면 말하는 속도를 검토해 보며 보통의 속도로 말하려고 노력해야 할 것이다. 발표에 능숙해지면 청중의 반응을 감지하면서 분위기가 처질 경우 좀 더 빠르게, 내용상 중요한 부분을 짚고 넘어가고자 할 경우는 조금 여유 있게 말하는 기술을 더할 수 있다. 말의 속도 변경 시기는 열정, 긴급성, 흥분 및 감정을 나타낼 때는 빠르게 하고, 중요성, 슬픔, 혼란, 요점의 심각성 또는 새로운 아이디어를 도입할 시기에는 느리게 한다.

쉼이란 대화 도중에 잠시 침묵하는 것을 말한다. 쉼은 의도적인 경우와 비의도적인 경우가 있다. 의도적으로 쉼을 잘 활용하면 논리성, 감정제고, 동질감 등을 확보할 수 있다. 듣기 좋은 속도의 이야기에서 숨의 총량이 이야기 전체의 35~40%가 적당하다는 주장이 있다. 쉼을 할 경우는 이야기의 전이(轉移) 시, 양해, 동조, 반문을 할 경우, 생략, 암시, 반성의 경우와 여운을 남길 때이다.

(3) 몸짓

의사표현의 성공을 위한 비언어적 요소로 화자의 몸짓, 표정, 신체적 외모 등도 매우 중요하다. 화자가 의사표현 중에 보이는 몸의 방향, 자세, 몸짓도 중요하다.

먼저 몸의 방향은 주로 화자의 머리, 몸, 발 등이 청자를 향하거나 피하는지를 본다. 예를 들어, 상호 대화 도중에 제3자가 끼어들 때, 화자가 제3자가 대화에 합류하는 것이 반갑지 않을 경우 그에게서 살짝 몸을 돌릴 수 있다. 물론 이런 몸의 방향은 의도적일 수도, 비의도적일 수도 있으나 적어도 지금 현재 화자가 그 사람을 '피하고' 있음을 표현하는 방식이 된다.

자세를 통해 실제로 그 사람의 감정을 이해할 수 있다. 어떤 특정 자세를 보고 그 사람의 분노, 슬픔, 행복과 같은 일부 감정을 맞히는 것은 90% 이상 일치한다는 연구 결과가 있다. 그만큼 자세는 우리가 미처 언어적으로 표현하지 못하는 감정을 표현하는 효과적인 의사표현 요소로 볼 수 있다. 따라서 자신뿐 아니라 지금 대화를 나누고 있는 상대방의 자세에 주의를 기울임으로써 우리는 언어적 요소와는 다른 중요한 정보를 얻을 수 있다.

몸짓은 손과 팔의 움직임으로 중요한 비언어적 요소 중 하나이다. 몸짓의 가장 흔한 유형은 몸동작으로 화자가 말을 하면서 자연스럽게 동반하는 움직임이다. 누군가가 길을 물어볼 때 자연스럽게 말과 함께 손가락과 몸짓을 통해 그 사람에게 길을 알려 준 경험이 있을 것이다. 이런 몸동작은 말로 설명하기는 어려운 것들을 설명하는 데 자주 사용된다. 몸동작이 배제된 의사표현은 때로 어색함을 줄 수 있다. 몸짓의 또 다른 유형으로 상징적 동작이 있다. 우리는 누군가에게 "정말 잘하고 있다.", "최고다."라는 긍정적 신호를 보내기 위해 엄지를 들어올리기도 한다. 이런 상징적 동작은 말을 동반하지 않아도 의사표현이 가능한 몸짓이다. 그러나 몸동작과 달리 상징적 동작은 문화권에 따라 다를 수 있다. 엄지를 드는 동작이 한 문화권에서는 "좋아"라는 의미이지만 다른 문화권에서는 모욕적인 표현이 될 수도 있다. 따라서 우리가 외국과 같은 다른 문화권의 사람들과 의사소통을 해야 할 경우에는 이런 문화적 차이 역시 고려해야 한다.

(4) 유머

유머는 우리의 의사표현을 더욱 풍요롭게 도와준다. 유머가 없는 의사표현은 새가 없는 정원에 비유될 수 있다. 그렇지만 하루아침에 우리가 유머를 포함한 의사표현을 할 수 있는 것은 아니며, 평소 일상생활 속에서 부단히 유머 감각을 훈련하여야만 자연스럽게 상황에 맞는 유머를 즉흥적으로 구사할 수 있다. 건전한 유머를 만끽하며 살아갈 수 있다면 우리의 하루하루는 더욱 더 기쁘고 즐겁고 유쾌한 생활이 될 것이다. 유머는 흥미 있는 이야기로, 과장된 표현으로, 권위에 대한 도전으로, 자기 자신의 이유로 엄숙한 분위기를 가볍게 만들 때, 변덕스러운 말로, 풍자 또는 비교로, 반대 표현으로, 모방으로, 예기치 못한 방향 전환으로 아이러니 등의 방법이 사용될 때 그 성과를 기대할 수 있을 것이다.

3) 효과적인 의사표현 방법

의사소통은 하나 또는 그 이상의 유기체가 다른 유기체와 지식, 정보, 의견, 신념, 감정 등을 공유 또는 공통화하는 행동이다. 정확한 의사소통은 자신의 지식, 정보, 의견, 신념, 감정을 효과적으로 상대방에게 전달하는 동시에 상대방의 메시지를 정확하게 전달받는 것이 중요하다. 이 중에서 의사표현은 자신의 메시지를 상대방에게 전달하는 중요한 능력이다.

메시지를 효과적으로 전달하는 방법은 화자(話者)가 자신이 전달하고 싶은 의도, 생각, 감정이 무엇인지 분명하게 인식해야 하고, 전달하고자 하는 내용을 적절한 메시지로 바꾸어야 한다. 그리고 메시지를 전달하는 매체와 경로를 신중하게 선택하고, 청자(聽者)가 자신의 메시지를 어떻게 받아들였는지 피드백을 받는 것이 중요하다. 또한 효과적인 의사표현을 위해서는 비언어적 방식을 활용하는 것이 좋고, 청자(聽者)의 표정, 음성적 특성, 몸짓 등을 통해 메시지의 내용을 더욱 강력하게 전달할 수 있어야 하며, 확실한 의사 표현을 위해서는 반복적인 전달이 필요하다.

 토론문제

1. 의사소통의 의의에 대하여 설명하시오.

2. 의사소통의 종류에 대하여 설명하시오.

3. 의사소통의 유형에 대하여 설명하시오.

4. 의사소통의 저해요소에 대하여 설명하시오.

5. 의사소통 능력 개발에 대하여 설명하시오.

6. 의사표현에 영향을 주는 요인에 대하여 설명하시오.

7. 효과적인 의사표현 방법에 대하여 설명하시오.

참고문헌

강성연, 정재욱(2011). 기업성장과 조직 내 의사소통의 역할: S사 전략적 성과관리 시스템 도입 실패 및 성공 사례. 한국회계학회 학술대회논문집, 2, 1-30.

김동일(2020). 평생교육실습 이론과 실제. 정민사.

김혜숙, 박선환, 박숙희, 이주희, 정미경(2008). 인간관계론. 양서원.

오정희(2020). NCS 기반 직업기초능력 향상을 위한 직업윤리. 동문사.

유시정, 양태식, 양경미(2006). 조직 내 의사소통 환경이 직무만족과 몰입에 미치는 영향: 서비스 기업의 CEO 리더십 유형을 중심으로. 서비스경영학회지, 7(2), 31-56.

윤세남, 김세남, 최은영(2015). 국가공인 SMAT 서비스경영자격 Module A 비즈니스 커뮤니케이션. 박문각.

조경덕, 장성화(2012). 대인관계와 커뮤니케이션. 동문사.

최애경, 송연숙(2018). NCS 직업기초능력 의사소통능력. 지식공동체.

최창호(2002). 의사소통. 청년문예.

한국산업인력공단(2020a). 직업기초능력가이드북(의사소통능력) 교수자용. 한국산업인력공단.

한국산업인력공단(2020b). 직업기초능력가이드북(직업윤리) 교수자용. 한국산업인력공단.

황익주(2008). 사회분화와 사회계급. 김광억(편). 세상읽기와 세상 만들기: 사회과학의 이해. 서울대학교 출판부.

Bowdic, J. L., & Buono, A. F. (1985). *A Primer on Organizational Behaviour*. John Wiley & Sone.

Hasson, O. (1994). Cheating signals. *Journal of theoretical Biology, 167*(3), 223-238.

Robbins, P. S., & Judge, T. A. (2011). *Organizational Behavior*. Prentice-Hall, Inc.il

찾아보기

저자 소개

조현구(Jo HyunKu)
숭실대학교 대학원 평생교육학과 교육학 박사
전　중원대학교, 경복대학교 겸임교수
　　숭실대학교, 가톨릭대학교, 여주대학교, 백석문화대학교 외래교수
현　(주)비앤에스콘텐츠센터 평생교육원 원장
　　안전평생교육실천협회 회장
　　대진대학교 외래교수

〈주요 저서〉
평생교육경영론(공저, 동문사, 2018), 평생교육방법론(공저, 동문사, 2013)

〈주요 논문〉
평생교육기관 경영자의 서번트 리더십, 상사신뢰, 구성원의 직무태도, 조직성과 간의 구조적 관계(박사학위논문, 2015), 평생교육기관 경영자의 서번트 리더십이 구성원의 직무태도에 미치는 영향(공동, 한국평생교육 · HRD연구, 2015)

김미자(Kim MiJa)
숭실대학교 대학원 평생교육학과 교육학 박사
평택대학교 대학원 사회복지학 박사
전　숭실대학교 대학원 초빙교수
현　구로구 시설관리공단 인사위원회 위원
　　양천구 생활보장위원회 위원

〈주요 저서〉
평생교육론(2판, 공저, 학지사, 2023), 결혼과 가족(공동체, 2018), 사회복지 프로그램 개발과 평가(공저, 양서원, 2014)

〈주요 논문〉
전이학습 관점에서의 여성 결혼이민자의 직업교육과 취업 경험에 대한 사례연구(박사학위논문, 2014), 북한이탈여성의 주관적 삶의 질에 영향을 미치는 요인(박사학위논문, 2008)

박란정(Park RanJung)

숭실대학교 대학원 평생교육학 박사

전   서울대학교사범대학부설중학교 교장

〈주요 논문〉

성인교육적 관점에서의 학교장 리더십과 학교의 조직문화 및 교원학습문화가 조직효과
성에 미치는 영향(박사학위논문, 2010)

박수용(Park SooYong)

숭실대학교 대학원 교육학 박사

한밭대학교 대학원 산업경영공학 박사

현   한밭대학교 융합기술학과 중점교수

      한밭대학교 공동훈련센터 부센터장

      (사)대전충청CTO포럼 아카데미 원장

      한국교류분석석상담학회 조직영역 Master Trainer

〈주요 저서〉

평생교육방법론(공저, 학지사, 2022)

〈주요 논문〉

중소기업 경영자의 긍정적 리더십, 구성원의 긍정적 삶의 태도, 학습조직 활동, 직무 열
의, 조직성과 변인 간의 구조적 관계(박사학위논문, 2015)

양정옥(Yang JungOuk)

숭실대학교 대학원 교육학 박사

전   서정대학교 사회복지행정과 겸임교수

현   찬샘평생교육원 원장

      (사)CR리더십연구원 사무총장

〈주요 논문〉

공직자의 멘토 역할 체험을 통한 온정적 합리주의리더십 개발과정 탐색(박사학위논문,
2021), 사이코드라마 수퍼바이지의 수퍼비전 경험 연구: 포커스 그룹 인터뷰 중심으로
(공동, 한국사이코드라마학회지, 2020), 공직은퇴 베이비부머의 삶의 적응에 따른 전이
학습 경험 의미(사회과학논총, 2019), 에니어그램 순례길을 체험한 성인학습자의 유형
별 셀프리더십 성장경험(CR글로벌리더십연구소, 2018), 이혼위기에 처한 부부들의 부
부갈등과정에 대한 질적 연구(공동, 가족과 가족치료, 2012)

평생교육실습론
Lifelong Education Practice Theory

2023년 6월 20일 1판 1쇄 인쇄
2023년 6월 30일 1판 1쇄 발행

지은이 • 조현구 · 김미자 · 박란정 · 박수용 · 양정옥
펴낸이 • 김진환
펴낸곳 • (주) **학지사**

04031 서울특별시 마포구 양화로 15길 20 마인드월드빌딩
대표전화 • 02)330-5114   팩스 • 02)324-2345
등록번호 • 제313-2006-000265호

홈페이지 • http://www.hakjisa.co.kr
인스타그램 • https://www.instagram.com/hakjisabook

ISBN 978-89-997-2928-7 93370

정가 17,000원

출판미디어기업 **학지사**

간호보건의학출판 **학지사메디컬** www.hakjisamd.co.kr
심리검사연구소 **인싸이트** www.inpsyt.co.kr
학술논문서비스 **뉴논문** www.newnonmun.com
교육연수원 **카운피아** www.counpia.com